Toda criança pode aprender
a ler e a escrever

Conselho Acadêmico
Ataliba Teixeira de Castilho
Carlos Eduardo Lins da Silva
Carlos Fico
Jaime Cordeiro
José Luiz Fiorin
Magda Soares
Tania Regina de Luca

Proibida a reprodução total ou parcial em qualquer mídia
sem a autorização escrita da editora.
Os infratores estão sujeitos às penas da lei.

A Editora não é responsável pelo conteúdo deste livro.
A Autora conhece os fatos narrados, pelos quais é responsável,
assim como se responsabiliza pelos juízos emitidos.

Não foi possível identificar a autoria das imagens reproduzidas
das atividades realizadas pelas professoras em sala de aula.
Localizados os autores, a Editora se dispõe a creditá-los
imediatamente nas próximas reimpressões e reedições.

Consulte nosso catálogo completo e últimos lançamentos em **www.editoracontexto.com.br**.

Magda Soares

Alfaletrar

Toda criança pode aprender
a ler e a escrever

Copyright © 2020 da Autora

Todos os direitos desta edição reservados à
Editora Contexto (Editora Pinsky Ltda.)

A Editora Contexto agradece a Luiz Alves Junior,
Mauricio de Sousa Editora Ltda. e Sérgio Capparelli
pela cessão do material reproduzido na obra.
A Editora agradece também a Francisca Maciel pela ajuda técnica.

Foto de capa
Extraída da série *Aprendizagem inicial da língua escrita*
(produção de ATTA Mídia e Educação)

Montagem de capa e diagramação
Gustavo S. Vilas Boas

Ilustrações de miolo
Ivo Nikaitow
(págs. 17, 126, 127, 155, 199, 200, 201, 220)

Preparação de textos
Vitória Lima

Revisão
Lilian Aquino

Dados Internacionais de Catalogação na Publicação (CIP)

Soares, Magda
Alfaletrar : toda criança pode aprender a ler e a escrever /
Magda Soares. – 1. ed., 7ª reimpressão. – São Paulo :
Contexto, 2025.
352 p. : il.

ISBN 978-65-5541-011-2

1. Alfabetização 2. Letramento 3. Pedagogia I. Título

20-2702 CDD 372.4

Angélica Ilacqua CRB-8/7057

Índice para catálogo sistemático:
1. Alfabetização

2025

Editora Contexto
Diretor editorial: *Jaime Pinsky*

Rua Dr. José Elias, 520 – Alto da Lapa
05083-030 – São Paulo – SP
PABX: (11) 3832 5838
contato@editoracontexto.com.br
www.editoracontexto.com.br

"Não se aprende, Senhor, na fantasia,
sonhando, imaginando ou estudando,
senão vendo, tratando e pelejando."

Camões, "Canto x" de *Os Lusíadas*

Ao Núcleo de Alfabetização e
Letramento do município mineiro de
Lagoa Santa e às professoras e aos
professores do Ciclo de Alfabetização e
Letramento desse município: elas e eles
estão presentes em cada página deste
livro, fruto de nossa ação conjunta e
solidária para que toda criança tenha o
direito de aprender a ler e a escrever.

SUMÁRIO

INTRODUÇÃO **9**

ALFABETIZAÇÃO E LETRAMENTO **15**

UNIDADE 1   Aprendizagem da língua escrita:
um todo em três camadas 17

UNIDADE 2   Conceitos de alfabetização e letramento 23

UNIDADE 3   O texto:
eixo central de alfabetização e letramento 33

A ENTRADA DA CRIANÇA NA CULTURA DA ESCRITA **41**

UNIDADE 1   O objeto do processo de alfabetização:
o sistema de escrita alfabética 43

UNIDADE 2   Desenvolvimento e aprendizagem
na apropriação do sistema de escrita alfabética 51

UNIDADE 3   As primeiras escritas da criança:
dos rabiscos às letras 61

O DESPERTAR DA CONSCIÊNCIA FONOLÓGICA **75**

UNIDADE 1   Consciência fonológica: conceito e dimensões 77

UNIDADE 2   Escrita silábica sem valor sonoro 87

UNIDADE 3   Escrita silábica com valor sonoro 97

CONSCIÊNCIA FONÊMICA: A APROPRIAÇÃO DO PRINCÍPIO ALFABÉTICO......107

UNIDADE 1   O avanço da consciência fonêmica e da
             compreensão do sistema de escrita alfabética:
             a escrita silábico-alfabética......109

UNIDADE 2   A estabilização de uma escrita alfabética......119

UNIDADE 3   Da escrita alfabética à escrita ortográfica......143

LEITURA E ESCRITA NO PROCESSO DE ALFABETIZAÇÃO E LETRAMENTO......191

UNIDADE 1   A presença da leitura e da escrita no processo
             de apropriação do sistema de escrita alfabética......193

UNIDADE 2   Leitura, compreensão e interpretação de textos:
             letramento no ciclo de alfabetização......203

UNIDADE 3   Produção de textos:
             letramento no ciclo de alfabetização......253

PLANEJAMENTO NO PROCESSO DE ALFABETIZAÇÃO E LETRAMENTO......283

UNIDADE 1   A questão do método......285

UNIDADE 2   Planejamento das práticas em
             alfabetização e letramento......291

UNIDADE 3   Acompanhamento do processo
             ensino-aprendizagem: diagnósticos......309

RESPOSTAS E COMENTÁRIOS ÀS QUESTÕES......323

A AUTORA......351

INTRODUÇÃO

Foi em meados do século xx que as oportunidades de acesso à escola pública se ampliaram por meio do crescimento do número de instituições escolares e, consequentemente, do aumento de possibilidades de matrículas no ensino fundamental. Desde então, a taxa de escolarização da população cresceu significativamente, em um processo contínuo que nos trouxe à atual universalização do ensino fundamental: em 2015, a taxa de escolarização de pessoas de 6 a 14 anos atingiu 98,6%. Assegurou-se a todos o *direito à educação*, mas pode-se dizer que se atingiu a *democratização da educação*?

Consideremos a aprendizagem da língua escrita, condição necessária para a continuidade do processo de escolarização em todas as áreas e todos os níveis de ensino. Compare-se a taxa de universalização de acesso à escola com os resultados da Avaliação Nacional de Alfabetização (ANA) em 2016: mais da metade (54,7%) das crianças no 3º ano do ensino fundamental foram avaliadas como estando em "nível insuficiente", quando já teriam pelo menos três anos de escolarização ("pelo menos", porque não estamos considerando a frequência à educação infantil, fase inicial do processo de alfabetização) e deveriam já estar alfabetizadas, capazes de ler e interpretar pequenos textos, habilidades avaliadas pela ANA.

Esses são dados recentes. Se olharmos historicamente, o fracasso em alfabetização tem sido uma constante na educação pública brasileira. Para não retrocedermos muito, em 1982, mais da metade das crianças repetia a 1ª série, considerada então como o "ano da alfabetização". Repetiam uma vez, duas vezes, três vezes até que fossem consideradas alfabetizadas, o que significava, em geral, apenas serem capazes de decodificar (ler) e codificar (escrever) palavras.

Diante desse reiterado fracasso na alfabetização das crianças, conclui-se que a *universalização* do ensino fundamental, na verdade, não resultou em *democratização* da educação: ter acesso à escola mas não ter acesso a um ensino de qualidade significa não conquistar igualdade de direitos e de possibilidades – bases da democracia.

Considerando a aprendizagem da língua escrita particularmente, não se apropriar de habilidades de leitura e escrita faz com que o fracasso se estenda ao longo da escolarização, que depende fundamentalmente dessas habilidades. Há estatísticas que comprovam que as taxas de insucesso escolar crescem ao longo do ensino fundamental a partir do 3º ano: alunos não conseguem avançar para o próximo ano letivo, ou avançam sem habilidades básicas de leitura e de escrita. A pesquisa do Indicador Nacional de Alfabetismo Funcional (Inaf), na edição de 2018, verificou que, entre as pessoas que possuem os anos iniciais do ensino fundamental, mais de dois terços (70%) permanecem na condição considerada Analfabetismo Funcional: têm muita dificuldade para fazer uso da leitura e da escrita em situações da vida cotidiana, como reconhecer informações em um cartaz ou folheto.

As respostas do poder público a esse persistente fracasso na aprendizagem inicial da língua escrita, com tão graves consequências, não têm produzido efeito: de um lado, avalia-se periodicamente o nível de alfabetização das crianças como forma de exercer controle sobre a qualidade da alfabetização e do letramento; de outro lado, diante da repetida constatação da baixa qualidade, implantam-se políticas de formação de alfabetizadores, canceladas e substituídas a cada nova gestão nacional, estadual ou municipal.

Já a resposta pedagógica tem-se limitado, ao longo dessas décadas de fracasso escolar em alfabetizar as crianças, à escolha entre **métodos de alfabetização**, o que resulta em uma permanente alternância entre propostas, em um movimento pendular, um vaivém entre métodos que, na verdade, por caminhos diversos, orientam-se pela mesma concepção restrita de alfabetizar: ensinar a criança a ler (a leitura entendida como *decodificação*) e a escrever (a escrita entendida como *codificação*). Assim, até os anos 1980, a alfabetização era considerada a decifração e cifração de um *código*: relacionar sons da fala às letras do sistema alfabético, e não um sistema de representação, que precisa ser compreendido.

Foi só na década de 1980 que ganharam evidência conhecimentos que vinham sendo construídos, em várias ciências, sobre o *processo* de aprendizagem da língua escrita pela criança e sobre o *objeto* dessa aprendizagem, gerando mudanças na concepção de alfabetização.

Estudos e pesquisas sobre as relações entre a oralidade e a escrita, desenvolvidos pelas ciências da linguagem, particularmente a Fonética e a Fonologia, e pela Psicologia, particularmente a Psicologia do Desenvolvimento e a Psicologia Cognitiva, contribuem com evidências sobre o *objeto* da aprendizagem da língua escrita e sobre o *processo* dessa aprendizagem. A alfabetização não é a aprendizagem de um *código*, mas a aprendizagem de um *sistema de representação*, em que signos (grafemas) *representam*, não codificam, os sons da fala (os fonemas). Aprender o sistema alfabético não é aprender um *código*, memorizando relações entre letras e sons, mas compreender o que a escrita *representa* e a *notação* com que, arbitrária e convencionalmente, são representados os sons da fala, os fonemas. Assim, de um lado, estudos e pesquisas da Psicologia do Desenvolvimento vêm identificando o processo pelo qual a criança vai progressivamente compreendendo o sistema de representação alfabético – a psicogênese da língua escrita na criança; por outro lado, estudos e pesquisas de Psicologia Cognitiva vêm identificando as operações mentais que levam a criança a essa compreensão. Prevalecem, pois, com a contribuição das evidências científicas das ciências linguísticas e das ciências de vertentes da Psicologia, uma nova concepção do objeto da alfabetização e novas concepções sobre o processo de aprendizagem desse objeto.

Contemporaneamente às novas concepções do objeto e do processo da aprendizagem da língua escrita, foi também nos anos 1980 que se assumiu que o foco até então quase exclusivo na aprendizagem do sistema alfabético, isto é, na alfabetização, não era suficiente para formar leitores e produtores de texto. Embora alfabetizados, crianças e jovens, na continuidade de seu processo de escolarização, e adultos já escolarizados revelavam incapacidade de responder adequadamente às muitas e variadas demandas de leitura e de escrita nas práticas não só escolares, mas também sociais e profissionais. Reconheceu-se, assim, que um conceito restrito de alfabetização que exclua os usos do sistema de escrita é insuficiente diante das muitas e variadas demandas de leitura e de escrita, e que é necessário aliar a alfabetização ao que se denominou *letramento*, entendido como desenvolvimento explícito e sistemático de habilidades e estratégias de leitura e escrita. Em outras palavras, aprender o sistema alfabético de escrita e, contemporaneamente, conhecer e aprender seus usos sociais: ler, interpretar e produzir textos. Não apenas alfabetizar, mas alfabetizar e letrar, **Alfaletrar**.

Por que, porém, tantas pesquisas, tantas publicações, tantos eventos, tantos projetos e programas promovidos nos âmbitos nacional, estadual, municipal não têm resultado, há décadas, em ensino de qualidade da língua escrita? Ao contrário, enfrentamos reiteradamente o fracasso na alfabetização e no letramento de crianças e jovens; fracasso sempre denunciado, nunca vencido.

O que apenas se sabe, e pesquisas têm evidenciado, não é uma resposta à pergunta, é uma constatação: o fracasso em alfabetização e letramento concentra-se nas escolas públicas, onde estão as crianças das camadas populares, exatamente aquelas que mais dependem da educação para ter condições de lutar por melhores condições de vida econômica, social, cultural.

Com apoio nessa constatação, a pergunta tem recebido como resposta uma hipótese injustificável: a de que crianças das camadas populares não teriam as condições necessárias à aprendizagem da leitura e da escrita porque vivem em meios pouco letrados, não têm convívio com livros, seu vocabulário é restrito, falam um dialeto diferente do dialeto de prestígio, que é o que a escola espera delas...

Em completo desacordo com essa "hipótese da deficiência", e insistindo em encontrar uma resposta para a pergunta, voltei-me para as escolas públicas e para os processos de alfabetização e letramento que nelas se desenvolvem. De uma imersão, a partir de 2007 e durante os 12 anos seguintes, na rede de ensino de um município de Minas Gerais, Lagoa Santa, vivenciando intensa e permanente interação com todas as escolas da rede, com professoras/es, com crianças, com as salas de aula, posso afirmar que **as crianças podem, sim, aprender a ler e a escrever** nas escolas públicas. **Como?** Colocando o foco na aprendizagem, para a partir dela definir o ensino, conhecer e acompanhar o desenvolvimento linguístico e cognitivo das crianças, dos 4 aos 8 anos, com atenção permanente ao que elas já sabem e ao que já são capazes de aprender. E aprendem mais cedo e mais rapidamente do que em geral se espera.

O que se mostrou essencial para reverter o fracasso foi a mudança do foco da ação docente, por meio de um processo cotidiano de desenvolvimento profissional das professoras e dos professores: definição de metas a alcançar em cada ano de escolarização, construídas coletivamente em 2007, bem antes das discussões sobre a Base Nacional Curricular Comum (BNCC); análise criteriosa e enriquecimento das práticas de ensino; orientação dos processos de conceitualização da língua escrita pela criança e de sua progressiva apropriação do princípio alfabético; desenvolvimento de habilidades de leitura fluente e de interpretação de textos, de produção de textos, desde a educação infantil até os anos iniciais do ensino fundamental; tudo isso com o apoio de uma biblioteca infantil em cada escola, com riqueza de livros, que são o centro das atividades de aprendizagem. Sobretudo, essas ações se davam em um clima de comprometimento com a aprendizagem das crianças, apoiado na confiança em sua capacidade de aprender que elas demonstram realmente ter: **toda criança pode aprender a ler e a escrever**.

Diagnósticos periódicos da aprendizagem, elaborados, aplicados e corrigidos pelas/os próprias/os professoras/es, guiam o processo de ensino. Tecnologias de ensino, com as quais não podem contar a quase totalidade das escolas públicas deste país, são substituídas, atrevo-me a dizer que com vantagem, pela produção de jogos e artefatos confeccionados pelas/os professoras/es com a ajuda das crianças.

E é possível reproduzir pelo país tão bem-sucedida experiência? Sem dúvida. Este livro foi concebido exatamente para isso. O que se faz no ciclo de alfabetização e letramento do município de Lagoa Santa, com bons resultados comprovados pela elevação, ano a ano, dos índices de qualidade e equidade do processo de ensino-aprendizagem, pode inspirar municípios, escolas, professores, para benefício das crianças das escolas públicas.

Dessa forma, ao longo dos seis capítulos que seguem, exponho, em detalhes, o **Alfaletrar** e explico como ele pode ser utilizado por todos os envolvidos na alfabetização e no letramento das crianças deste nosso país.

CAPÍTULO 1

ALFABETIZAÇÃO E LETRAMENTO

Os dois termos que dão título a este capítulo têm suscitado dúvidas e mesmo debates no campo da aprendizagem inicial da língua escrita pela criança: alfabetização e letramento são sinônimos? Ou são dois processos distintos? A alfabetização precede o letramento ou esses dois processos se articulam na aprendizagem inicial da língua escrita? O que significa alfabetizar letrando?

O objetivo deste capítulo é responder a essas perguntas em três unidades:

Unidade 1 – Aprendizagem da língua escrita: um todo em três camadas

Unidade 2 – Conceitos de alfabetização e letramento

Unidade 3 – O texto: eixo central de alfabetização e letramento

UNIDADE 1

Aprendizagem da língua escrita: um todo em três camadas

Os poetas modernos fazem poemas até com elementos simples do cotidiano. Por exemplo, um prato de sopa de letrinhas inspirou o poeta mineiro Carlos Drummond de Andrade. Ele escreveu um poema chamado "Sentimental", que consta no livro *Alguma poesia* (Record), primeira obra do autor.

O texto exibe o eu lírico que se põe a escrever o nome da amada com letras de macarrão em um prato, e a sopa vai se esfriando, repleta de escamas, e outras pessoas contemplam esse trabalho romântico. O sujeito poético dá-se conta de que lhe falta uma letra para completar o nome da amada, e é interrompido por alguém dizendo que a sopa esfria: estaria

> *Observe*:
> A "voz" que fala no poema na primeira pessoa – *(eu) ponho-me a escrever teu nome...* – não é a voz do poeta Carlos Drummond de Andrade, mas a voz de um ser fictício que o poeta cria para expressar sentimentos, emoções que não são dele, do *eu* real, mas de um outro *eu*. A voz de um *eu* que é chamado, na literatura, de *eu literário* ou *eu lírico*.
>
> *Sugestão*: se quiser aprofundar seu conhecimento sobre a diferença entre o *eu real* e o *eu lírico*, compare o poema "Sentimental" com este outro poema do mesmo poeta, em que a voz que fala aproxima-se da voz do *eu real* confundindo-se com o eu lírico: "Confidência do itabirano" (do livro *Sentimento do mundo* – o poeta nasceu em Itabira, Minas Gerais).

17

ele sonhando? Sim, diz o eu-lírico, ele estava mesmo sonhando, e, ironicamente pensa que "há em todas as consciências um cartaz amarelo:/ Neste país é proibido sonhar.".

Vamos admitir que o *eu lírico* no poema é um adolescente. Observe que ele:

➢ usa a escrita para, à distância, expressar a alguém seu sentimento, seus sonhos;
➢ para isso, junta letras que formem o nome desse alguém que povoa seus sonhos;
➢ assim fazendo, transforma uma situação corriqueira – uma refeição com sopa de letrinhas – em oportunidade para escrever o nome da pessoa com quem sonha;
➢ mas é censurado: o momento é de alimentar-se, não de escrever sonhos.

O poema revela, assim, três aprendizagens do *eu lírico*:

➢ a aprendizagem de que a escrita é um meio para expressar-se, para interagir, pois pode ser um *romântico trabalho* de externar sentimentos, sonhos: *ponho-me a escrever teu nome* [...];
➢ a aprendizagem de que a escrita se faz com letras que representam a cadeia dos sons que compõem um nome: *escrever teu nome com letras de macarrão*;
➢ a aprendizagem de que há contextos em que o uso da escrita é socialmente inadequado: numa refeição, o que é esperado é que se tome a sopa – *Olhe que a sopa esfria!* – não que se fique escrevendo com *letras de macarrão: Neste país é proibido sonhar!* (Vamos acrescentar: *quando o momento é de tomar a sopa.*)

Podemos concluir que a simples escrita de um nome depende de três aprendizagens que se sobrepõem, como *camadas*, que pode ser representada assim:

ALFABETIZAÇÃO E LETRAMENTO

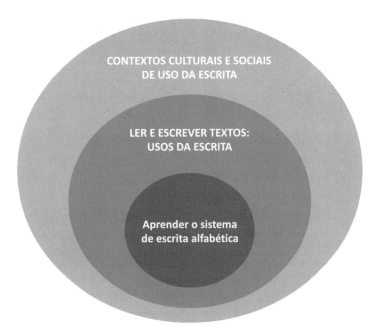

Camadas na aprendizagem da língua escrita

A palavra *camadas* é aqui usada em sentido figurado – uma *metáfora*; para comparar seu sentido próprio com esse sentido figurado, contraste:

CAMADAS: *sentido próprio*	CAMADAS: *sentido figurado*
Partes que se superpõem, constituindo um todo, cada uma diferenciando-se das demais por características próprias, mas interdependentes – o todo é constituído pelas partes, por exemplo: a terra é constituída de crosta, manto e núcleo (pense também em um bolo constituído de camadas).	Aprendizagens que se superpõem constituindo o todo. Cada aprendizagem diferencia-se das demais por processos próprios, mas interdependentes – cada aprendizagem depende das demais, como a aprendizagem do sistema de escrita para que se possa ler e escrever, usando a escrita nas situações culturais e sociais em que a escrita está presente.

19

PARE E PENSE

Reflita um pouco mais sobre as *camadas* da aprendizagem da língua escrita lendo adiante um trecho do livro *Foi assim...*, de um dos principais escritores de literatura infantojuvenil, Bartolomeu Campos de Queirós, em que também encontramos letras de macarrão e podemos identificar camadas da aprendizagem da escrita. Leia um recorte do texto e, então, oriente sua reflexão pelas seguintes perguntas:

1. Em qual camada da aprendizagem da língua escrita se situa o que o pai ensinou ao menino?

2. Quando o menino separou as vogais, entre as letras de macarrão, demonstrou aprendizagem de quê? Em qual camada?

3. Em qual camada situa-se o que a mãe ensinou ao menino quando mostrou a soma de vogais formando palavras?

4. Em qual camada está a aprendizagem do menino quando ele e a mãe conversaram usando as palavras que tinham formado?

5. Por que a mãe e o pai se preocupam em ensinar as letras e a formação de palavras ao filho?

> *Você pode comparar suas respostas com os comentários apresentados no capítulo "Respostas e comentários às questões" no final deste livro.*

FOI ASSIM...

Bartolomeu Campos de Queirós

O menino dizia A, E, I, O, U a toda hora. Sabia que o alfabeto tinha outras letras, mas desconhecia sua ordem, assim como desconhecia a ordem dos números. Gritava Q, M, P, e voltava a repetir A, E, I, O, U. E falava de trás para a frente sem errar: U, O, I, E, A.

Aprendeu as vogais com o pai, com o apelido de cada uma: o A era um telhadinho. O E, uma escadinha. O I, um palito de fósforo. O O, uma bola de gude, de futebol ou o mundo. O U, uma rede de dormir, sem gancho para dependurar.

Mas foi na cozinha que tudo começou.

Sua mãe, observando a curiosidade do filho pela leitura e escrita, pegou um pacote de macarrão de letras. Olhou, pensou e disse:

– Edu, hoje vamos comer uma sopa de vogais! E continuou: – Vou derramar sobre a mesa esse pacote de macarrão. Você já conhece as vogais, aprendeu com seu pai. Vai separá-las para mim, uma a uma. Fazer um montinho de As, outro de Es e assim por diante. Depois a gente cozinha, com bons temperos, e mata a fome.

Edu iniciou o trabalho com vontade. Foi preciso paciência e tempo.

– Mãe, acabei! – gritou o menino.

– Junte o resto das letras e guarde no pacote. Só deixe de fora as casinhas, as escadas, os palitos de fósforo, as bolinhas e as redes – falou a mãe.

Edu fez a tarefa. Olhou para o conjunto de letras. Colocou as turmas em ordem e em fila: A, E, I, O, U. Queria ir para a escola, mas faltava idade. Ah! Como seria bom ler um livro inteiro como seu pai – sonhou o menino.

A mãe chegou perto, beijou a cabeça do filho, se assentou e disse:

– Agora que você sabe dividir, vou lhe ensinar a somar. Somando uma banana com outra banana ficam duas bananas. É somando as letras que a gente faz a palavra. Escrever é aprender a somar. Por exemplo: eu pego um E e um U. Somo as duas, E + U, e vira EU. Pego um A e um I. Somo as duas, A+I, e vira AI.

– Mãe – disse Edu –, eu vou pegar um O e um I e somar. Vai virar OI. Estou certo?

– Certinho, meu menino.

– E, se eu juntar um E com um I, vou escrever EI.

Mãe e filho inventaram um monte de palavras com as vogais: IA, EU, EI, OI, UAI, OU, UI, AI, IOIO, IAIA, AIA, AU, UAU.

Rindo muito, os dois conversaram coisas que só com amor se entende:

– OI?

– EI!

– AI, AI!

– OI...

– EU, IAIA?

– EU, IOIO?

– AU, AU, AU.

– É, UAI?

(texto fragmentado)

UNIDADE 2

Conceitos de alfabetização e letramento

Para nos aproximarmos dos conceitos de alfabetização e letramento e de suas relações, vamos começar por situar esses conceitos historicamente. Leia o parágrafo a seguir sobre a história da escrita:

A escrita foi inventada como consequência direta de exigentes demandas de uma economia em expansão. Em outras palavras: em algum momento do final do 4º milênio a.C., a complexidade do comércio e da administração nas primeiras cidades da Mesopotâmia atingiram um ponto que ultrapassou o poder de memória da elite governante. Registrar transações de forma confiável e permanente tornou-se essencial. Administradores e comerciantes precisavam poder dizer, em sumeriano, frases equivalentes a "Vou colocar isto por escrito" e "Posso ter isso por escrito?".

(*The Story of Writing*, de Andrew Robinson. Tradução da autora.)

No capítulo "A entrada da criança na cultura da escrita", voltaremos a mencionar a história da escrita, ao refletirmos sobre a invenção da escrita alfabética.

No entanto, se você quiser ter um conhecimento mais amplo sobre esse tema, o que é importante para quem é professora/or de alfabetização e letramento, procure ler o livro *Pequena história da escrita*, de Sylvie Baussier (tradução de Marcos Bagno), Edições SM.

Pode ser motivador para crianças que estão se alfabetizando e letrando conhecer um pouco da história da escrita; oriente-as na leitura do livro de Lia Zatz, *Aventura da escrita: história do desenho que virou letra*, Editora Moderna.

O QUE PODEMOS INFERIR SOBRE
AS CAUSAS DA INVENÇÃO DA ESCRITA?

> Foi o surgimento das cidades e as relações complexas entre seus habitantes que tornou necessária a invenção de uma *técnica* – a escrita – que *materializasse*, tornasse *visível* e *permanente* o que não podia mais ficar, ou não devia ficar, ou não se desejava que ficasse guardado apenas na memória, como: transações comerciais, normas, leis, acontecimentos, pensamentos etc.

> A *escrita* surgiu, pois, como uma *tecnologia* que, como toda e qualquer tecnologia, veio responder a práticas sociais, econômicas e culturais.

ALFABETIZAÇÃO E LETRAMENTO

PARE E PENSE

Para aprofundar a reflexão sobre a invenção da escrita como consequência de demandas do contexto social, econômico, cultural, busque respostas para as perguntas a seguir:

1. Por que algumas tribos indígenas que existem ainda hoje no interior da Amazônia são grupos de línguas *ágrafas*?

    Línguas ágrafas são línguas que não têm escrita, são só faladas.

2. O que motiva tribos indígenas ágrafas a desejar, quando entram em contato e convivência com sociedades letradas, a criação de uma escrita para sua língua?

3. Enumere usos que você faz da escrita em seu contexto pessoal, social e profissional – *ler* bilhetes, avisos, publicidade, livros, jornais, revistas etc., e *escrever* bilhetes, lista de compras, recados, e-mails, diário – e reflita:
    - A que demandas seus usos da escrita respondem?
    - Se não existisse a escrita, seria possível você responder a essas demandas?

Você pode comparar suas respostas com os comentários apresentados no capítulo "Respostas e comentários às questões" no final deste livro.

Podemos representar assim o processo histórico de invenção da língua escrita:

Essa representação por setas visualiza um processo sequencial: demandas sociais e culturais levaram à invenção da escrita como meio para responder a essas demandas. Ao longo do tempo, sociedades foram se tornando *grafocêntricas* – centradas na escrita. Assim, já não se trata de um processo sequencial: é preciso

aprender *simultaneamente* a responder às demandas sociais de uso da escrita e, para isso, aprender a tecnologia da escrita – uma representação não em setas sucessivas, mas em camadas sobrepostas. Veja que, na reprodução do gráfico da unidade anterior, acrescentamos os dois termos, **alfabetização** e **letramento**, para esclarecer em que camadas se localizam.

Nos quadros a seguir, você encontra mais esclarecimentos sobre o que é **alfabetização**, o que é **letramento** e as **relações entre esses dois processos**.

ALFABETIZAÇÃO	LETRAMENTO
Processo de apropriação da "tecnologia da escrita", isto é, do conjunto de técnicas – procedimentos, habilidades – necessárias para a prática da leitura e da escrita: domínio do sistema de representação que é a escrita alfabética e das normas ortográficas; habilidades motoras de uso de instrumentos de escrita (lápis, caneta, borracha...); aquisição de *modos de escrever* e de *modos de ler* – aprendizagem de uma certa postura corporal adequada para escrever ou para ler; habilidades de escrever ou ler, seguindo convenções da escrita, tais como: a direção correta da escrita na página (de cima para baixo, da esquerda para a direita); a organização espacial do texto na página; a manipulação correta e adequada dos suportes em que se escreve e nos quais se lê – livro, revista, jornal, papel etc.	Capacidades de uso da escrita para inserir-se nas práticas sociais e pessoais que envolvem a língua escrita, o que implica habilidades várias, tais como: capacidade de ler ou escrever para atingir diferentes objetivos – para informar ou informar-se, para interagir com outros, para imergir no imaginário, no estético, para ampliar conhecimentos, para seduzir ou induzir, para divertir-se, para orientar-se, para dar apoio à memória etc.; habilidades de interpretar e produzir diferentes tipos e gêneros de textos; habilidade de orientar-se pelas convenções de leitura que marcam o texto ou de lançar mão dessas convenções, ao escrever; atitudes de inserção efetiva no mundo da escrita, tendo interesse e prazer em ler e escrever, sabendo utilizar a escrita para encontrar ou fornecer informações e conhecimentos, escrevendo ou lendo de forma diferenciada segundo as circunstâncias, os objetivos, o interlocutor.

Alfabetização e letramento são processos cognitivos e linguísticos distintos, portanto, a aprendizagem e o ensino de um e de outro é de natureza essencialmente diferente; entretanto, as ciências em que se baseiam esses processos e a pedagogia por elas sugeridas evidenciam que são processos simultâneos e interdependentes. A alfabetização – a aquisição da tecnologia da escrita – não precede nem é pré-requisito para o letramento, ao contrário, a criança aprende a ler e escrever envolvendo-se em atividades de letramento, isto é, de leitura e produção de textos reais, de práticas sociais de leitura e de escrita.

Você deve estar pensando...

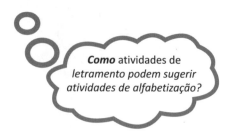

Como atividades de *letramento podem sugerir atividades de alfabetização?*

Leia, a seguir, um registro de aulas observadas durante quatro dias por uma pesquisadora que buscava a resposta para essa pergunta. O livro ao lado foi o centro da aula.

**OBSERVAÇÃO DE AULAS DE LINGUAGEM –
1º ANO DO ENSINO FUNDAMENTAL**

2 A 5 DE ABRIL, 2018 (40 dias após o início do ano letivo)

<u>Primeiro dia, segunda-feira</u>: Depois de conversar um pouco com as crianças sobre o que tinham feito durante a semana anterior (Semana Santa), a professora anunciou que iam começar o dia com uma história bem engraçada; pediu às crianças que se organizassem na "rodinha da hora do conto": percebi que elas já tinham o costume de ouvir histórias em rodinha. Colocou no centro da rodinha uma grande caixa fechada, com sinais de interrogação em cada lado, dizendo que aquela era uma "caixa maluca". Perguntou às crianças o que achavam que havia dentro da caixa e várias sugestões foram dadas: um coelho... chocolate... uma boneca... pipoca... bala... Mostrou, então, o livro, leu o título na capa acompanhando com o dedo cada palavra e sílaba: A CAIXA MALUCA. Apontou na capa o desenho da "caixa maluca" (semelhante ao que estava no centro da rodinha), relacionou o desenho da caixa com a palavra "caixa" no título do livro e perguntou: será que o que está dentro **desta** caixa maluca (apontando o desenho da caixa no título do livro) são aquelas coisas que vocês disseram que estão dentro da **nossa** caixa maluca? Continuou analisando o livro: pediu às crianças que mostrassem onde estava o nome de quem tinha escrito o livro, a *autora*, leu – Flávia Muniz; apontou e leu o nome de quem tinha feito os desenhos do livro, o *ilustrador* – Michele Iacocca. Em seguida, mostrou a quarta capa e pediu que as crianças identificassem os animais que ilustram capa e quarta capa e foi construindo, em uma folha de papel pardo, uma lista (destacou que estava fazendo uma *lista*) com os nomes dos animais identificados (as crianças identificaram vários). Passou, então, a ler a história, com o livro sempre aberto diante das crianças, e correndo o dedo indicador ao longo das linhas, da esquerda para a direita e de cima para baixo; levava as crianças a observar as ilustrações (desenho de animais e alimentos citados na história), apontava e relia no texto a palavra que correspondia à ilustração. Ela lia bem, usando um tom de voz diferente para a fala de cada animal. Antes de virar a página para a que revelava o que havia na caixa, interrompeu a leitura criando suspense: afinal, o que será que está dentro da caixa? As crianças ficaram em grande expectativa, e, quando foi visto e lido o desenlace, manifestaram grande surpresa, riram, comentaram a ilustração, o susto do macaco, a careta da mola. Em seguida, com o auxílio das crianças, abriu a "caixa maluca" colocada no início da aula no centro da rodinha e distribuiu o que havia dentro dela: pirulitos.

Segundo dia, terça-feira: No horário da aula de linguagem, a professora voltou ao livro, fez perguntas de compreensão e interpretação da história, retomando, quando necessário, a leitura (de onde tinha vindo a caixa? Que animal viu primeiro a caixa? Vamos lembrar os animais da história?) – aqui, foi construindo, ao lado da lista já feita com os animais identificados pelas crianças na capa e quarta capa, uma lista dos animais da história não presentes na lista anterior, levou as crianças a comparar as duas listas e a identificar, comparando as palavras, que animais apareciam nas duas listas; construiu também uma terceira lista com as respostas das crianças sobre o que os animais achavam que havia dentro da caixa. Neste momento, fez as crianças observarem as três listas e pediu que concluíssem: o que é uma *lista*? Quando é que a gente escreve em forma de lista? Para que serve uma lista?

Terceiro dia, quarta-feira: Com base nas três listas, que continuavam expostas nas folhas de papel pardo, com o livro ao lado, a professora propôs brincadeiras com os nomes dos animais: identificar que animal tinha o nome maior, orientando-se pela lista; dizer palavras que começassem igual ao nome do animal que tinha visto a caixa primeiro, o SAPO (apontou o primeiro da lista) – as crianças falaram, por exemplo, SACOLA, SALADA, SAPATO, SALA, SACI...); palavras que terminassem igual aos nomes de dois animais da história que terminavam igual, LEÃO e PAVÃO – as crianças falaram, por exemplo, BALÃO, SABÃO, AVIÃO...). Propôs atividades de descobrir na lista e ler palavras que se diferenciavam por uma só letra (fonema): PATO – GATO; GALO – GATO. Em seguida, a professora voltou a atenção das crianças para a caixa que continuava no centro da rodinha e propôs uma adivinhação: disse que tinha posto outra coisa dentro da caixa, distribuiu folhas de papel e pediu que cada criança escrevesse, "do jeito que soubesse", o que achava que ela havia colocado dentro da caixa. Cada criança escreveu e leu o que escrevera e só então a caixa foi novamente aberta, para verificarem quem tinha acertado. A caixa tinha saquinhos de pipoca, cada criança ganhou um – algumas crianças tinham "acertado" escrevendo POK, IOA, PIOA.

Quarto dia, quinta-feira: A professora leu mais uma vez o livro e, em seguida, propôs às crianças a construção de um cartaz que motivasse outras crianças da escola a lerem o livro; o cartaz foi sendo construído com frases sugeridas pelas crianças. A professora funcionando como escriba, escrevendo lentamente, pedindo ajuda das crianças para escolher as letras de certas palavras ou sílabas, e falando em voz alta cada palavra; o cartaz foi ilustrado por algumas crianças, obedecendo as ideias dadas pelos colegas. Verifiquei depois que o cartaz foi realmente colocado na biblioteca.

ALFABETIZAÇÃO E LETRAMENTO

PARE E PENSE

Depois da análise das aulas da professora, a pesquisadora produziu um relatório da observação das aulas, organizando-o em três parágrafos. Faça você também o relatório das aulas que foram descritas, organizando-o nos mesmos três parágrafos da seguinte forma:

1. Separe em dois grupos os procedimentos da professora e indique-os:
   a. procedimentos que têm por objetivo especificamente a alfabetização;
   b. procedimentos que têm por objetivo o letramento – leitura e interpretação.
2. Identifique, na descrição das aulas, as estratégias que a professora usou para integrar letramento e alfabetização.
3. Conclua com a resposta que se pode dar à pergunta "Como alfabetizar e letrar mantendo a especificidade de cada processo e ao mesmo tempo sua interdependência?".

> *Você pode comparar suas respostas com os comentários apresentados no capítulo "Respostas e comentários às questões" no final deste livro.*

31

PARA SABER MAIS

Letramento é um conceito complexo e diversificado. Em primeiro lugar, porque são várias e heterogêneas as práticas sociais que envolvem a escrita em diferentes contextos – na família, no trabalho, na igreja, nas mídias impressas ou digitais, em grupos sociais com diferentes valores e comportamentos de interação. Como há especificidades no uso da escrita em cada contexto, a palavra letramento é muitas vezes usada no plural – **letramentos** – ou acompanhada do prefixo *multi-* ou do adjetivo *múltiplos*: **multiletramentos** ou **letramentos múltiplos**. Em segundo lugar, letramento tem assumido também um sentido plural porque o conceito é ampliado para designar diferentes sistemas de representação, não só o sistema linguístico: letramento digital, letramento musical, letramento matemático (também chamado **numeramento**), letramento científico, letramento geográfico etc. Por outro lado, o termo letramento tem sido conceituado ora como o conjunto de capacidades para usar a língua escrita nas diferentes práticas sociais, ora para designar o próprio conjunto das práticas sociais que envolvem o texto escrito. Neste livro, propõe-se a conciliação desses conceitos, necessária no contexto escolar, particularmente no ensino da língua, em que o objetivo é desenvolver habilidades de leitura, compreensão e produção de textos na modalidade escrita, acompanhada ou não de outras modalidades de expressão, como ilustrações, fotos, gráficos (denominados *textos multimodais*), sempre com o objetivo de formar um leitor e produtor de texto competente e promover a apropriação da leitura literária – ou **letramento literário**, que é o contato e a interação com obras da literatura infantil.

Leia mais sobre os sentidos da palavra *letramento* no *Glossário Ceale*, que você encontra na internet, no site www.ceale.fae.ufmg.br/glossarioceale, nos verbetes *Letramento*, *Letramento digital*, *Letramento visual*, *Letramento literário*, *Letramento escolar*, *Numeramento*.

UNIDADE 3

O texto: eixo central de alfabetização e letramento

Ao ler e analisar o registro das aulas de uma professora, apresentado na unidade anterior, você deve ter percebido que o **texto** foi o eixo que possibilitou a articulação de alfabetização e letramento de forma interdependente:

- ➢ **letrar** desenvolvendo habilidades de leitura, interpretação e produção de **texto**;
- ➢ **alfabetizar** situando no **texto** a aprendizagem do sistema alfabético de que os alunos precisam apropriar-se para que se tornem capazes, eles também, de ler e escrever **textos**.

É indiscutível que o **texto** é o eixo central das atividades de letramento. Então, como desenvolver habilidades de usos sociais da escrita a não ser lendo e interpretando e escrevendo textos? E por que o **texto** deve ser também o eixo central da aprendizagem do sistema de escrita alfabética, da alfabetização?

Para responder a essa pergunta, é preciso esclarecer o que é **texto**. A língua possibilita a *interação entre as pessoas* no *contexto social* em que vivem: sua função é, pois, *sociointerativa*. Essa função se concretiza por meio de **textos**: quando interagimos por meio da língua, falamos ou escrevemos **textos**, ouvimos ou lemos **textos**.

> Ao discutir *Leitura e Produção de textos* no capítulo "Leitura e escrita no processo de alfabetização e letramento", o conceito de **texto** será ampliado com a discussão sobre **tipos** e **gêneros textuais** no ciclo de aprendizagem inicial da língua escrita.

Voltemos agora à pergunta anterior – por que o texto deve ser também o eixo central do processo de alfabetização? – partindo da seguinte afirmação:

O texto deve ser o eixo central do processo de alfabetização.

Reflita sobre os argumentos, apresentados a seguir, que apoiam essa afirmação e formule, como resposta à pergunta, a conclusão a que eles conduzem.

ARGUMENTOS:

1. Como o convívio com bebês e crianças pequenas evidencia, a criança adquire a fala *naturalmente*, sem necessidade de ensino explícito, em contextos sociointerativos em que tem oportunidades de ouvir e falar palavras, frases e **textos**. É que a fala é, no ser humano, uma capacidade inata, um instinto geneticamente programado.

2. A escrita é uma tecnologia *criada* há apenas 3 ou 4 mil anos, uma *invenção cultural* que, como todo artefato cultural, precisa ser *aprendida*.

3. Se fala e escrita se diferenciam por a primeira ser adquirida naturalmente e a segunda ter de ser aprendida, ambas, porém, se igualam em sua função interativa: a criança adquire a língua oral ouvindo **textos** ou falando **textos** em eventos de interação com outras pessoas; da mesma forma, a criança aprende a escrita buscando sentido, em eventos de interação com material escrito, nos **textos**.

4. Tal como seria artificial (e impossível!) pretender levar a criança a adquirir a fala ensinando-a a pronunciar fonemas e reuni-los em sílabas, estas em palavras, para enfim chegar a textos que a habilitassem a interagir no convívio social, também se torna artificial levar a criança a aprender a leitura e a escrita desligadas de seu uso, ensinando-a a reconhecer e traçar letras, relacioná-las a seu valor sonoro, juntá-las em sílabas, estas em palavras, para enfim ler e escrever **textos**, tornando-a capaz de inserir-se no mundo da escrita.

CONCLUSÃO?

Veja a proposta no box a seguir.

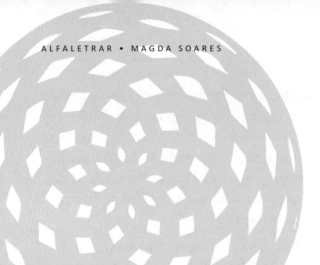

PARE E PENSE

Após refletir sobre os argumentos apresentados, formule agora você a conclusão, respondendo à pergunta proposta:
Por que o texto deve ser o eixo central do processo de alfabetização?

> *Você pode comparar sua conclusão/resposta no capítulo "Respostas e comentários às questões" no final deste livro.*

Para completar e ampliar a reflexão sobre o texto como eixo de integração de letramento e alfabetização, retomemos a figura que ilustrou o início desta unidade: o que ela pretende representar? Algumas pistas são dadas, como a inclusão de palavras que não estão na figura que aparece no início da unidade.

> Duas peças de um quebra-cabeça que se completam representam a integração de alfabetização e letramento.
> As duas peças do quebra-cabeça – uma representando alfabetização e a outra representando letramento –, embora se complementem, têm formas diferentes. O texto a seguir traduz em palavras a simbologia da figura:

Como em um quebra-cabeça, cada peça só ganha sentido quando associada a outra peça que a complementa. Também alfabetização e letramento são processos interdependentes.

Como em um quebra-cabeça, as peças são diferentes, com cada peça tendo uma forma que se encaixa à forma específica de outra. Também os processos de alfabetização e letramento são diferentes, envolvendo, cada um, conhecimentos, habilidades e competências específicos, que implicam processos de aprendizagem diferenciados e, consequentemente, procedimentos diferenciados de ensino.

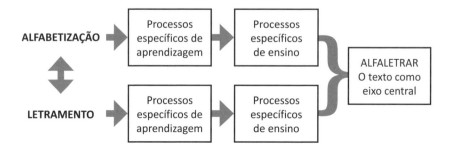

37

Conclusão: para alfabetizar e letrar de forma indissociável e simultânea, é necessário que se compreendam:

- os processos de aprendizagem do sistema alfabético de escrita, que envolvem habilidades cognitivas e linguísticas necessárias à apropriação de um objeto de conhecimento específico, um sistema de representação abstrato e bastante complexo;
- os processos de aprendizagem da leitura e da produção textual, que envolvem habilidades cognitivas e linguísticas necessárias à aquisição de objetos de conhecimento específicos – as competências de leitura e interpretação e de produção de textos, em diferentes situações que envolvem a língua escrita – eventos de letramento.

Assim, neste livro, embora partindo do princípio de que alfabetização e letramento devem desenvolver-se de forma interdependente, nos capítulos "A entrada da criança na cultura da escrita", "O despertar da consciência fonológica" e "Consciência fonêmica: a apropriação do princípio alfabético", o foco é sobretudo a alfabetização, dada a especificidade da aprendizagem do sistema de escrita alfabética, sempre, porém, em contexto de letramento. No capítulo "Leitura e escrita no processo de alfabetização e letramento", o foco se volta para o letramento: as habilidades de leitura e interpretação e de produção de textos no ciclo de alfabetização e letramento. O roteiro que deve orientar a integração de alfabetização e letramento em todas as aprendizagens discutidas nesses quatro capítulos é apresentado no box "Na sala de aula": ele garante a necessária e indispensável simultaneidade de alfabetização e letramento – como você verá nas atividades apresentadas ao longo do livro.

NA SALA DE AULA

Desta unidade, que inferências você pode fazer para sua ação na sala de aula?

→ No ciclo de alfabetização e letramento, segmento privilegiado neste livro, o ensino do sistema de escrita alfabética e de seus usos pessoais e sociais deve desenvolver-se integrando os dois processos: alfabetização e letramento.

→ Para possibilitar a integração desses dois processos, o texto deve ser sempre o eixo central das atividades de alfabetização e letramento.

→ Ao planejar uma sequência ou uma unidade didática, o primeiro passo deve ser a escolha de um texto que desperte o interesse das crianças e esteja compatível com o nível linguístico e cognitivo delas. Os critérios para a escolha dos textos serão discutidos no capítulo "Leitura e escrita no processo de alfabetização e letramento", que tem por tema leitura, interpretação e produção de textos.

→ Escolhido o texto, prepare sua leitura e as questões a serem propostas às crianças para desenvolver habilidades de interpretação, e identifique vocabulário a ser esclarecido – esses temas também serão tratados no capítulo "Leitura e escrita no processo de alfabetização e letramento".

→ Escolha no texto, considerando o nível de desenvolvimento cognitivo e linguístico das crianças, palavras e sentenças que serão objeto de atividades de alfabetização. Os níveis de desenvolvimento da criança ao longo do ciclo de aprendizagem inicial da língua escrita são discutidos nos capítulos "A entrada da criança na cultura da escrita", "O despertar da consciência fonológica" e "Consciência fonêmica: a apropriação do princípio alfabético".

CAPÍTULO 2

A ENTRADA DA CRIANÇA NA CULTURA DA ESCRITA

O processo de alfabetização – o aprendizado do sistema de escrita alfabética, porta de entrada para a cultura da escrita –, como todo processo de aprendizagem, inclui *aquele que aprende* – neste livro, a criança em desenvolvimento; o *objeto a ser aprendido* – a escrita alfabética e seus usos; *aquele que ensina* – a/o *professora/or alfabetizadora/or*; e a *interação entre quem aprende e quem ensina*. Em outras palavras, inclui a criança que aprende um objeto de conhecimento – a língua escrita – e aquele que com ela interage para que ela se aproprie desse objeto.

O objetivo deste capítulo é caracterizar, em três unidades, esses componentes do processo de alfabetização: o objeto (sistema de escrita alfabética), a interação entre o desenvolvimento da criança e a aprendizagem e, ainda, os primeiros passos da criança em direção à apropriação da escrita alfabética:

Unidade 1 – O objeto do processo de alfabetização: o sistema de escrita alfabética

Unidade 2 – Desenvolvimento e aprendizagem na apropriação do sistema de escrita alfabética

Unidade 3 – As primeiras escritas da criança: dos rabiscos às letras

UNIDADE 1

O objeto do processo de alfabetização: o sistema de escrita alfabética

> **O QUE a criança aprende quando se apropria do sistema de escrita alfabética?**
>
> - aprende que a palavra oral é uma cadeia sonora independente de seu significado e passível de ser segmentada em pequenas unidades;
> - aprende que cada uma dessas pequenas unidades sonoras da palavra é representada por formas visuais específicas – as letras.

Por meio dessas duas aprendizagens, que se desenvolvem em mútua dependência, é que a criança se apropria do *sistema de escrita alfabético*: um sistema que representa o *significante* das palavras, não o *significado* das palavras.

Para melhor compreensão do **objeto** de conhecimento no processo de alfabetização, vamos saber um pouco mais, nesta unidade,

Significante é a cadeia de sons que representa um ser, um conceito, uma ideia; *significado* é o ser, o conceito, a ideia a que a cadeia de sons se refere.

sobre o sistema de escrita alfabético, o objeto de conhecimento de que a criança deve se apropriar, aprendendo a associar significantes a significados (ler) e a representar significados com significantes (escrever).

O sistema de escrita alfabético é apenas um entre vários sistemas de escrita. Esses vários sistemas podem ser agrupados em dois conjuntos:

sistemas de escrita 〈
sistemas que representam o *significante*
sistemas que representam o *significado*

SISTEMAS QUE REPRESENTAM O SIGNIFICADO

Os primeiros sistemas de escrita foram inventados no final do quarto milênio antes de Cristo – releia o quadro no início da unidade 2 do primeiro capítulo: ali você leu sobre a escrita sumeriana, inventada nas primeiras cidades da Mesopotâmia, uma escrita que representava o *significado*. Quando se inventou a escrita,  a primeira alternativa foi representar aquilo de que se falava, então, desenhava-se, de forma simplificada, o *significado* das palavras, em tabletes de barro ou argila, únicos suportes então disponíveis. Veja, na escrita sumeriana no tablete, o quadrado indicado pela seta: cada bolinha ⚪ indicava o número 10, o desenho △ representava "pão": 30 pães, é o que significam esses desenhos, talvez uma anotação do que tinha sido vendido ou comprado.

Também uma escrita desenvolvida no Antigo Egito, por volta do terceiro milênio antes de Cristo, representava o *significado* por meio de figuras, os *hieróglifos*, grafados em paredes, pedras, argila e, mais tarde, em  folhas de papiro, criadas pelos egípcios com as fibras de uma planta encontrada nas margens do rio Nilo. Um novo suporte para a escrita: o papiro, considerado o precursor do papel.

Esses antigos sistemas evidenciam que a escrita, quando surgiu, representava *significados*, por meio de *pictogramas* (desenhos que representam objetos) ou *ideogramas* (símbolos que representam ideias ou conceitos). Há quatro  milênios, ao sentir a necessidade de registrar a fala, a possibilidade que se apresentou foi representar o significado por meio de desenhos.

Mas não só escritas antigas são exemplos de escritas ideográficas. A escrita chinesa e a escrita japonesa são exemplos de escritas ideográficas, embora incorporem alguns elementos que representam parte do som das palavras. Veja acima exemplos de ideogramas chineses e como se combinam para formar outros significados.

PARE E PENSE

1. Observe, no quadro anterior, dois exemplos de associação de ideogramas para compor um novo significado: qual a explicação para cada uma dessas associações?

2. Imagine-se ensinando a uma criança chinesa a escrita ideográfica. O que lhe parece mais fácil: ensinar a escrita ideográfica ou a alfabética? Por quê?

Sugestão: para ajudar você a responder, veja no YouTube o vídeo "Ideogramas fáceis | PROFESSORA CHEN XIAOFEN", disponível em: https://www.youtube.com/watch?v=hfQF4Sz32_4 (duração de 16 minutos).

Você pode comparar suas respostas com os comentários apresentados no capítulo "Respostas e comentários às questões" no final deste livro.

SISTEMAS QUE REPRESENTAM O SIGNIFICANTE

Como você certamente pôde inferir do que foi dito sobre os sistemas que representam o significado – sistemas pictográficos e ideográficos –, esses modelos tornam a leitura e a escrita muito trabalhosas: é preciso conhecer e memorizar um número muito grande de ideogramas. Voltemos a nos referir à escrita chinesa: apenas para escritas de uso cotidiano, é necessário conhecer em torno de 4 mil ideogramas; uma gráfica chinesa comum usa cerca de 6 mil ideogramas; somente para ler os jornais, a pessoa deve dominar pelo menos 3 mil ideogramas. Para uma criança chinesa tornar-se capaz de ler e escrever textos comuns da vida cotidiana precisa aprender cerca de 1.500 ideogramas! Para isso, são necessários de 5 a 6 anos de aprendizagem!

Foram os fenícios, povo que desenvolvia intensas atividades de navegação e articulação comercial com outras civilizações, que, necessitando de uma forma de controlar o intenso fluxo de mercadorias, inventaram um sistema de registro orientando-se pelo som das palavras, pelo *significante*, não pelo significado. Surgiu, assim, por volta de1200 a.C., o que se pode considerar o primeiro *alfabeto*: um sistema de escrita de *representação dos sons* das palavras, não de seus significados. Os gregos, no século ix a.C., adotaram esse primeiro alfabeto fenício, aperfeiçoando-o: o sistema de escrita fenício representava apenas as consoantes, os gregos introduziram nele as vogais, tornando-o, assim, capaz de representar todos os segmentos da fala. Os romanos, por sua vez, adaptaram o alfabeto grego, constituindo o sistema alfabético latino ou romano, o sistema mais utilizado por um grande número de línguas e até mesmo para criar sistemas de escrita para línguas ágrafas.

O alfabeto, um *objeto cultural*, é considerado uma das mais significativas invenções na história da humanidade. Ele representa a descoberta de que as cadeias sonoras da fala podem ser segmentadas, e que os segmentos podem ser representados por sinais gráficos, o que torna extremamente econômica a escrita: como os segmentos da cadeia sonora se repetem nas palavras, constituindo um conjunto finito, com um pequeno número de sinais gráficos – no caso do nosso alfabeto, denominado *alfabeto latino*, com 26 letras – pode-se escrever qualquer palavra. É este o *sistema de escrita alfabético* que a criança aprende quando se alfabetiza. Releia o quadro introdutório desta unidade para compreender agora plenamente e para responder às perguntas a seguir, que haviam sido antecipadas no quadro como resposta à questão aqui retomada:

> O número de letras varia em diferentes alfabetos, um pouco mais ou um pouco menos de 26 – por exemplo, o alfabeto russo tem 33 letras –, como também varia a forma das letras:
>
> | А | Б | В | Г | Д | Е |
> |---|---|---|---|---|---|
> | Ё | Ж | З | И | Й | К |
> | Л | М | Н | О | П | Р |
> | С | Т | У | Ф | Х | Ц |
> | Ч | Ш | Щ | Ъ | Ы | Ь |
> | Э | Ю | Я | | | |
>
> **алфавит**
> (escrita da palavra *alfabeto*, em russo)
>
> O princípio, porém, é sempre o mesmo: a *representação do significante*.

O QUE A CRIANÇA APRENDE QUANDO SE APROPRIA DO SISTEMA DE ESCRITA ALFABÉTICO?

PARE E PENSE

Releia as respostas dadas para a pergunta "O que a criança aprende quando se apropria do sistema de escrita alfabético?" no quadro de abertura da unidade e, em seguida, reflita sobre as questões abaixo.

1. A criança aprende um sistema de escrita que representa o significante, não o significado. O que quer dizer representar o *significante*?
2. De que símbolos é constituído um sistema alfabético?
3. Por que o sistema de escrita alfabético é mais econômico que sistemas que representam o significado?

Você pode comparar suas respostas com os comentários apresentados no capítulo "Respostas e comentários às questões" no final deste livro.

PARA SABER MAIS

Nossa escrita é alfabética, mas usamos também *sinais gráficos* que acrescentam determinado sentido às frases que a escrita alfabética por si só não indica, e usamos *símbolos* que, como os ideogramas, representam o significado, não o significante, como faz o sistema alfabético. Assim, os *sinais de pontuação* que usamos ao escrever um texto ou que interpretamos ao ler um texto são acrescentados à escrita alfabética para indicar o que as letras não expressam: pausas, como por exemplo a vírgula [,], o ponto e vírgula [;], o ponto [.]; ou o sentido que se deve acrescentar à frase pela entonação, como a interrogação [?] para informar que se trata de uma pergunta, a exclamação [!] para denotar surpresa, as reticências [...] para designar a interrupção de uma enumeração (aqui está um caso do uso das reticências para indicar que os exemplos poderiam prosseguir), entre outros. Também os acentos – agudo, grave, circunflexo – são sinais gráficos que usamos no português para orientar a pronúncia das palavras (há línguas sem acentos, como o inglês, e há línguas com um grande número de acentos, como o tcheco).

O uso de *símbolos* em lugar da escrita é frequente no nosso cotidiano para substituir as palavras, como estes:

Ou para organizar o trânsito, como estes:

Atualmente, nas trocas de mensagens, os *emojis* são como ideogramas que substituem a escrita para comunicar sentimentos, emoções:

NA SALA DE AULA

Atividades de letramento que esta unidade sugere para sua ação na sala de aula

→ Será interessante e enriquecedor, como complemento de atividades para compreensão do alfabeto, contar a história da invenção dele: da escrita a partir de desenhos até a invenção das letras. Há farto material no Google (procure por "a invenção da escrita") ou leia para as crianças o livro infantil que já foi citado no capítulo anterior, na unidade 2: de Lia Zatz, *A aventura da escrita: história do desenho que virou letra* (Editora Moderna).

→ Outra oportunidade de letramento relacionada com as atividades de compreensão de formas de escrita diferentes da escrita alfabética são atividades de leitura e interpretação de textos verbo-visuais – livros de imagem, histórias em quadrinhos, tirinhas, cartazes –, orientando as crianças a identificar e diferenciar comunicação por meio de desenhos ou recursos gráficos e por meio de palavras: expressões faciais de personagens, ilustrações que acompanhem textos, palavras e símbolos em balões de histórias em quadrinhos, onomatopeias e sua tradução em palavras oralmente e por escrito (professor como escriba).

→ Atualmente, a escrita alfabética é substituída com frequência por emojis: mostrar às crianças, em cartaz ou fichas, vários emojis para que identifiquem qual mensagem cada um transmite, e como traduzi-la em palavras, oralmente ou por escrito (professor como escriba). (Na internet, vá ao Google Imagens e insira a palavra "emoji", e você encontrará e poderá copiar os que considerar mais significativos.)

→ Leve os alunos a reconhecer símbolos presentes em outras disciplinas, como na Matemática, em que são frequentes (sinais de adição, de diminuição, de multiplicação, de divisão, de igualdade etc.), na História, na Geografia e em Ciências. Uma pesquisa nos livros didáticos usados revelará vários símbolos (significantes) que representam significados.

UNIDADE 2

Desenvolvimento e aprendizagem na apropriação do sistema de escrita alfabética

Imersa em ambientes socioculturais em que a leitura e a escrita têm papel e função centrais, como acontece em nossas sociedades grafocêntricas, a criança, antes mesmo de entrar na escola, vai progressivamente se aproximando do conceito de escrita, percebendo que escrever é transformar a fala em marcas sobre diferentes suportes, e que ler é converter essas marcas em fala. A criança vive, assim, desde muito pequena, antes mesmo de sua entrada na escola, um processo de construção do conceito de escrita, por meio de experiências com a língua escrita nos contextos sociocultural e familiar. Mas é pela interação entre seu *desenvolvimento* de processos cognitivos e linguísticos e a *aprendizagem* proporcionada de forma sistemática e explícita no contexto escolar que a criança vai progressivamente compreendendo a escrita alfabética como um sistema de representação de sons da língua (os fonemas) por letras – apropria-se, então, do *princípio alfabético*.

Essa interação entre desenvolvimento e aprendizagem é um dos temas centrais na obra do psicólogo russo Vygotsky (1896-1934), que enfatiza a importância da aprendizagem propiciada pelo contexto social, cultural e escolar para que o desenvolvimento da criança avance. Desde que nasce, o *desenvolvimento* da criança vai ocorrendo

> Por destacar o papel do contexto sociocultural no desenvolvimento/ aprendizagem da criança, a teoria de Vygotsky é denominada *Psicologia sociocultural* ou *sócio-histórica*.

não só biologicamente, em um processo que resulta em progressiva maturação de sua estrutura física e de seu sistema nervoso – processo que vem sobretudo *de dentro para fora* –, mas também psicológica e socialmente, em um processo de evolução cognitiva e de internalização de comportamentos, valores, atitudes, conhecimentos. Esse processo é resultado dos estímulos recebidos na interação da criança com seu grupo social e seu contexto cultural – processo que vem *de fora para dentro*, isto é: um processo de *aprendizagem* da criança ao observar, imitar ou experienciar situações que lhe são propiciadas em seu contexto social e cultural. Nas palavras de Vygotsky, em seu livro *A formação social da mente*:

> "O processo de desenvolvimento prepara e torna possível um processo específico de aprendizagem. O processo de aprendizado, então, estimula e empurra para frente o processo de desenvolvimento. [...] O mais importante aspecto novo desta teoria é o amplo papel que ela atribui ao aprendizado no desenvolvimento da criança."

Infere-se dessa citação a importância da mediação pedagógica em contexto escolar para que, considerando o nível de desenvolvimento a que já chegou a criança, a aprendizagem estimulada por professores oriente-a para avançar em seu processo de desenvolvimento.

Considerando especificamente a apropriação da escrita alfabética, podemos esclarecer, assim, a interação entre desenvolvimento e aprendizagem:

DESENVOLVIMENTO	APRENDIZAGEM
Processo que resulta dos níveis de maturação psicológica da criança em interação com experiências com a língua escrita em seu contexto sociocultural – o desenvolvimento se faz *de dentro para fora*.	Processo pelo qual a criança, pela mediação de outros, adquire informações sobre a escrita e habilidades com a escrita, o que possibilita que formule e reformule conceitos a respeito da escrita – a aprendizagem se faz *de fora para dentro*.

A seta entre desenvolvimento e aprendizagem representa a interação de mão dupla entre esses dois processos: o nível de desenvolvimento da criança possibilita determinadas aprendizagens, e estas, por sua vez, fazem avançar o desenvolvimento.

> Saiba mais sobre esta e outras implicações relevantes da teoria de Vygotsky para a educação e a aprendizagem da escrita na segunda parte do livro dele: *A formação social da mente* (Editora Martins Fontes), onde se encontra a citação apresentada no quadro anterior.

Assim, no que se refere à aprendizagem da escrita alfabética, cabe à escola, conhecendo o nível de desenvolvimento cognitivo e linguístico já alcançado pela criança e partindo dele, orientá-la para que avance em direção ao nível que ela já tem possibilidade de alcançar.

Para designar esse intervalo entre o nível de desenvolvimento que a criança já alcançou – nível de *desenvolvimento real* – e sua capacidade de avançar – nível de *desenvolvimento potencial*, Vygotsky formulou o conceito de *zona de desenvolvimento potencial* ou *proximal*, sobre a qual o professor pode atuar estimulando o processo de desenvolvimento, como representado no gráfico ao lado.

Do ponto de vista da criança, esse processo pode ser assim representado:

Já no início do século passado, Vygotsky e seu parceiro e discípulo Luria buscaram compreender a concepção sobre a língua escrita que crianças teriam em seu *desenvolvimento real*, isto é, antes de serem introduzidas à *aprendizagem*, e, assim, identificaram o que denominaram de a *pré-história da linguagem escrita*. Para caracterizar essa

> O capítulo intitulado "A pré-história da linguagem escrita", do livro já citado, *A formação social da mente* (Editora Martins Fontes), de Lev Vygotsky (1896-1934), é uma leitura fundamental para reconhecer o caráter simbólico de atividades infantis – gestos, desenhos, brincadeiras – como estágios preparatórios para a compreensão do caráter também simbólico do sistema alfabético, representação dos sons da fala.

pré-história, a pesquisa de Luria identificou como crianças de 3, 4 e 5 anos usavam rabiscos, garatujas e desenhos como marcas que lhes permitiam recuperar palavras e frases que tinham sido solicitadas a "escrever" e, em seguida, recordar, o que faziam com apoio nas marcas feitas. Vygotsky e Luria focalizaram, assim, o que consideraram um *precursor* da escrita: o estágio inicial por que passa a criança em seu processo de compreensão das *funções* da escrita – marcas gráficas como um instrumento de apoio à memória.

A ENTRADA DA CRIANÇA NA CULTURA DA ESCRITA

Mais adiante, a partir aproximadamente da segunda metade do século passado, cerca de 50 anos depois dos estudos de Vygotsky e Luria sobre a *pré-história* da língua escrita, pesquisadores de várias áreas – da Linguística, da Psicolinguística, da Psicologia Cognitiva, das Neurociências – vêm se dedicando a caracterizar o *desenvolvimento* da criança em sua progressiva compreensão da escrita como uma representação dos sons da língua, não apenas como um instrumento de apoio à memória.

Dando, de certa forma, continuidade à *pré-história da língua escrita*, Emilia Ferreiro e Ana Teberosky, no final dos anos 1970, no marco de referência da teoria de Piaget sobre os processos de construção de conceitos pela criança, realizaram pesquisa, replicada e aprofundada por Ferreiro em muitas outras pesquisas nas décadas seguintes, investigando a *história* da conceitualização da escrita alfabética pela criança ao longo de seu desenvolvimento. Construíram, assim, uma teoria, a *psicogênese da escrita*: um modelo explicativo da *gênese* (da origem) dos processos cognitivos (*psíquicos*) que conduzem a criança, ao longo de seu desenvolvimento, à progressiva construção do conceito de escrita como um sistema de representação dos sons da língua por letras. A aquisição de conhecimento como um processo de *construção*, fundamento da *teoria da psicogênese da escrita*, é o que explica por que é frequente que essa teoria seja impropriamente denominada *construtivismo*, palavra que limita o sentido da teoria e tem conduzido a equívocos no campo da alfabetização.

A psicogênese da escrita esclarece o *desenvolvimento* psíquico da criança em sua progressiva compreensão da natureza deste produto cultural que é o sistema alfabético. Em suas pesquisas, Ferreiro

> Jean Piaget (1896-1980), psicólogo suíço, foi pioneiro em estudos sobre o desenvolvimento dos processos cognitivos da criança em interação com objetos de conhecimento, privilegiando, em sua pesquisa, conhecimentos lógico-matemáticos e físicos; com a mesma metodologia de pesquisa de Piaget (o método clínico), Ferreiro tomou como objeto de conhecimento o sistema de escrita alfabético.

propõe a crianças de 4 a 6 anos, falantes da língua espanhola, ainda não alfabetizadas, a escrita de palavras e pequenas frases – denominada "escritas espontâneas" –, que revelavam suas hipóteses sobre o que seria a escrita. Ela conclui, então, que as crianças evoluem em níveis sucessivos, em uma progressiva compreensão da escrita como um sistema de representação. Esses níveis têm sido confirmados em numerosas pesquisas com crianças falantes de outras línguas, particularmente aquelas que, como o espanhol, têm fronteiras silábicas claramente demarcadas (como o português, o italiano, o catalão, o hebraico).

> O termo *construtivismo* designa uma teoria de desenvolvimento do conhecimento que se aplica a diversas áreas, não apenas à alfabetização; sobretudo, não é um "método" de alfabetização, como tem sido erroneamente considerado.

Pesquisas que têm por objeto a construção do conceito de escrita por crianças, tanto as de Ferreiro e seu grupo de pesquisa, no quadro da psicogênese da escrita, como outras, no quadro da pesquisa experimental, são realizadas sem intenção educativa e em contextos não escolares: pesquisas em interação individual com a criança, utilizando o "método clínico" próprio dos estudos piagetianos, ou pesquisas com pequeno grupo de crianças em situações experimentais, com controle de variáveis. Em ambos os casos, em situações fundamentalmente diferentes do ensino em sala de aula, pois o objetivo é identificar o desenvolvimento da criança em seu processo de compreensão da natureza da escrita, construindo "evidências científicas" que possam orientar ações pedagógicas.

> Conheça as pesquisas de Emília Ferreiro sobre as concepções da criança a respeito do sistema de escrita em seu livro *Reflexões sobre alfabetização* (Cortez Editora).

Diagnosticar o nível de compreensão da escrita em que se encontram as crianças tem, para a ação educativa de alfabetizar em situação escolar, objetivos pedagógicos: a partir desse diagnóstico, podem ser definidos procedimentos de mediação pedagógica que estimulem e orientem as crianças a progredir, a avançar de um nível ao seguinte, atuando, nas palavras de Vygotsky, sobre sua *zona de desenvolvimento potencial.* Para essa atuação, contribuem outras teorias, desenvolvidas em outros campos de conhecimento, como veremos nos capítulos deste livro.

As escritas das crianças apresentadas neste livro não são resultados de pesquisas. Foram produzidas em situações *reais* de atividades de alfabetização, observadas durante mais de uma dezena de anos, em salas de aula das escolas públicas de uma rede municipal de ensino, em que se adotou, como princípio pedagógico, compreender as estratégias cognitivas e linguísticas da criança ao longo de sua progressiva evolução na construção do conceito da natureza da língua escrita – *como a criança aprende a ler e a escrever?* – para, então, definir: *como devo ensiná-la a ler e escrever?*

Ainda neste capítulo e nos seguintes, o processo de desenvolvimento e aprendizagem das crianças será apresentado sequencialmente, dos primeiros rabiscos até a apropriação plena do sistema alfabético de escrita: a aprendizagem das relações entre fonemas e letras.

PARE E PENSE

Com base na leitura desta unidade, quais são suas conclusões sobre as questões seguintes:

1. No texto desta unidade, há referência à "conceitualização da língua escrita pela criança": o que significa a palavra *conceitualização*?
2. Que contribuição a psicogênese da escrita dá ao processo de alfabetização?

Você pode comparar suas respostas com os comentários apresentados no capítulo "Respostas e comentários às questões" no final deste livro.

NA SALA DE AULA

Atividades que esta unidade sugere para que você identifique e acompanhe o desenvolvimento de crianças em seu processo de construção do conceito de escrita

→ Se você está em exercício em escola, faça um diagnóstico de crianças em turma de início de alfabetização (1º ano do ensino fundamental ou pré-escola – crianças de 5 anos), pedindo-lhes que escrevam algumas palavras de uso comum: palavras com sílabas de estrutura consoante-vogal (como boneca, gato e pirulito). Dite as palavras ou, de preferência, entregue às crianças uma folha com os desenhos para que escrevam o nome de cada um. Crianças ainda não alfabetizadas costumam se recusar, dizendo que ainda não sabem escrever. Insista, peça que escrevam "como acham que é". Analise que conceito cada criança tem de escrita (Desenhos? Rabiscos? Letras? etc.), à medida que for lendo o que está proposto nos capítulos seguintes deste livro. Guarde as produções das crianças para repetir alguns meses depois a mesma atividade, com as mesmas palavras ou figuras, e, então, analise a evolução das crianças em seu conceito de escrita.

→ Se você ainda está em formação para a docência na educação infantil e nas séries iniciais do ensino fundamental, busque uma escola que lhe possa ceder algum tempo em uma turma de início de alfabetização (final da educação infantil ou início do 1º ano), e desenvolva a atividade sugerida acima. Volte à escola alguns meses depois e repita a atividade, para comparar as escritas das crianças nesses dois momentos.

→ Se você não é professor ou professora, mas tem interesse sobre o processo de desenvolvimento da criança em sua progressiva construção do conceito de escrita, realize as atividades sugeridas acima com crianças de seu contexto familiar e social e acompanhe sua evolução em produções escritas.

UNIDADE 3

As primeiras escritas da criança: dos rabiscos às letras

As crianças desde muito pequenas desenham supondo que estão, assim, "escrevendo": entendem que escrever é representar aquilo de que se fala, os *significados*, tal como faziam os primeiros sistemas de escrita discutidos na unidade 1 deste capítulo. À medida, porém, que vivenciam o uso da escrita em seu contexto familiar, cultural e escolar, as crianças vão percebendo que escrita não é desenho, são traços, riscos, linhas sinuosas, e, então, passam a "escrever" imitando essas formas arbitrárias. É o início de uma evolução que levará as crianças, ao longo da educação infantil e dos anos iniciais do ensino fundamental, à progressiva compreensão da escrita como representação dos sons da fala, dos *significantes*. Essa progressiva compreensão é revelada por escritas *espontâneas, inventadas* pela criança.

Acompanharemos essa progressiva compreensão apresentando, ao longo desta unidade e dos próximos capítulos, escritas de crianças recolhidas em escolas públicas, produzidas em atividades diversas em que eram proporcionadas oportunidades de escrita e de experiências de leitura.

> Oportunidades de tentar escrever – *escrita espontânea* ou *inventada* – devem ser frequentes desde a educação infantil. Atividades diagnósticas periódicas permitem identificar em que nível de compreensão da escrita está a criança, solicitando-lhe escrever palavras ou frases escolhidas de acordo com critérios adequados a cada idade ou ano de escolarização.

Nesta unidade, apresentamos os dois primeiros níveis de conceitualização da escrita. Como é pedagogicamente necessário diagnosticar, periodicamente, em que nível cada criança ou cada grupo de crianças está, para orientação das ações de ensino, vários exemplos apresentados nesta e nas próximas unidades são respostas de crianças de diferentes idades a atividades de *escrita inventada* que permitem identificar a evolução de cada uma em seu processo de compreensão da escrita.

A idade das crianças é sempre indicada, e, por ela, pode-se situá-las no nível de escolarização em que se encontram: educação infantil ou séries iniciais do ensino fundamental.

RABISCOS, DESENHOS, GARATUJAS

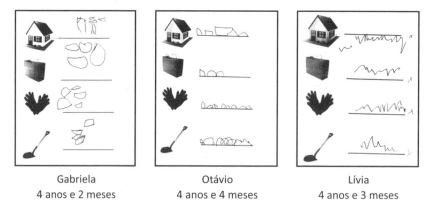

Gabriela
4 anos e 2 meses

Otávio
4 anos e 4 meses

Lívia
4 anos e 3 meses

O que essas "escritas" revelam?

> Gabriela revela que ainda não está segura da diferença entre desenho e escrita: produz rabiscos que se aproximam de desenhos (fase que pode ser considerada como **icônica**), sem semelhança com os traços retos e curvos das letras; também ainda não percebeu a linearidade da escrita.
> Otávio parece já compreender a linearidade da escrita e usa algumas formas que lembram letras. Na tentativa de escrita da palavra luva e, sobretudo, da palavra pá, parece imitar a letra cursiva, que as crianças veem, com frequência, ser usada por adultos.

➢ Lívia também parece imitar a escrita cursiva com linhas sinuosas, que usa em todas as palavras, e mostra já compreender a linearidade da escrita. É o que se confirma quando, pretendendo "escrever" um "texto", usa pautas sucessivas imitando a escrita cursiva; além disso, obedece, como foi observado enquanto "escrevia", a direção da escrita: de cima para baixo, da esquerda para a direita:

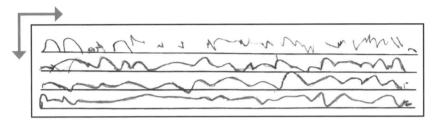

Lívia
4 anos e 3 meses

O que essas crianças ainda não perceberam? Não perceberam que a escrita se faz com sinais gráficos, as letras.

À medida que a criança vai convivendo com a escrita, no contexto familiar e sobretudo no contexto escolar, passa a compreender que ela é feita com letras: recebe uma ficha com seu nome e aprende a reconhecê-lo e copiá-lo, observa palavras escritas no contexto da sala de aula povoada de material escrito – nomes dos colegas em lista de frequência, etiquetas de identificação de caixas de material, alfabeto na parede, alfabeto móvel, cartaz com a rotina diária; disponibilidade e manipulação de diferentes suportes de escrita na biblioteca ou no cantinho de leitura da sala de aula: revistas, folhetos, sobretudo livros de literatura infantil. Acompanha a leitura de histórias, poemas, parlendas pela professora, que orienta a criança a diferenciar ilustração de escrita, a observar que a parte escrita é constituída de letras que se sucedem da direita para a esquerda, de cima para baixo. Veja em seguida sugestões de atividades para que a criança evolua para a compreensão de que a escrita se faz com letras.

NA SALA DE AULA

Como orientar a criança para que compreenda que a escrita se faz com letras?

Algumas sugestões de atividades:

→ Entregue à criança seu primeiro nome escrito em uma ficha, com letras maiúsculas de imprensa. Ao entregar a ficha, leia o nome acompanhando com o dedo a leitura, em seguida aponte e nomeie cada letra.

→ Habitue a criança a sempre escrever seu nome em seus pertences e em suas atividades desenvolvidas em papel, copiando-o da ficha com seu nome, orientando-a a grafar adequadamente as letras.

→ Após atividades com parlendas, cantigas ou poemas, leve as crianças a prestar atenção no som das palavras (consciência fonológica), escreva na lousa, com letras maiúsculas de imprensa, um ou dois versos, pronunciando as palavras à medida que as escreve, assim, a criança vai se apropriando do conceito de que palavras faladas são representadas por letras na escrita.

→ Mantenha na sala um *quadro de palavras* que tenham sido destacadas durante a leitura de histórias, poemas, parlendas: escreva-as em fichas, com letras maiúsculas de imprensa, acompanhadas do desenho do objeto ou ser que representam, e mantenha-as no quadro por algum tempo, para que as crianças as vejam repetidamente, associando o objeto ou ser à palavra escrita que os nomeia.

→ Com cantigas e brincadeiras, leve as crianças a aprender o nome das letras, recitar o alfabeto, cantar canções de alfabeto (na internet, especialmente no YouTube, você encontra muitas canções que as crianças podem ouvir e aprender a cantar).

→ Desenvolva atividades com alfabeto móvel, pedindo à criança que monte seu nome e nomes de colegas, guiando-se pelas fichas, a dela e a de colegas, ou que monte palavras que estejam fixadas no *quadro de palavras*.

→ Mostre e leia para as crianças livros de alfabeto, escolhendo aqueles em que as letras estejam claramente apresentadas (sem intervenção de desenhos que as desfigurem) e exemplificadas com palavras que se iniciem pela letra em foco.

A inserção da criança em contextos de letramento, como os citados no box "Na sala de aula", leva-a a se familiarizar com as letras, a substituir rabiscos e garatujas por letras, mas ainda sem atribuir valor sonoro aos segmentos da palavra. A essa fase, vamos denominar de *escrita com letras*.

ESCRITA COM LETRAS

Reveja a escrita inventada por Otávio aos 4 anos e 4 meses, apresentada anteriormente, quando ainda escrevia garatujas, mas já com traços que lembram letras.

Otávio
4 anos e 8 meses

Observe, ao lado, que, quatro meses depois, Otávio já usa letras, embora em sequências aleatórias que tomam toda a largura da página, sem nenhuma relação com a figura cujo nome supõe escrever, com letras ainda mal desenhadas, sem espaçamento adequado entre uma e outra, demonstrando insegurança no traço e uso de um repertório pequeno de letras. Entretanto, é um significativo progresso em apenas quatro meses.

Isabel, em comparação com Otávio, domina melhor a escrita de letras: traços mais claros e espaço entre uma letra e outra; mostra, porém, ter um repertório limitado de letras, varia o tamanho delas e evidencia dificuldade em manter a linearidade da escrita. Também como Otávio, Isabel não estabelece relação entre o tamanho dos nomes das figuras (trissílabas – boneca, girafa; dissílaba – vela;

Isabel
4 anos e 8 meses

65

monossílaba – pá) e o número de letras, nem entre as letras e o som das palavras que nomeiam as figuras.

Isabel e Otávio ainda não perceberam que as letras representam sons, mas já perceberam que é com elas que se escrevem palavras.

Ao pretender "escrever textos", crianças nessa fase revelam frequentemente já estarem, tal como Lívia no exemplo anterior da seção "Rabiscos, desenhos, garatujas", em fase de garatuja, com compreensão da escrita em linhas sucessivas, e já revelam uma aproximação ao conceito de palavras. Veja a seguir um "texto" em que Aquiles descreve uma gravura que apresenta três crianças lendo:

Aquiles
5 anos e 2 meses

Aquiles parece já ter se aproximado do conceito de palavra: manteve espaços entre grupos de letras, compreendeu a linearidade e a direção da escrita – escreveu da esquerda para a direita e de cima para baixo; curiosamente, até já percebeu a presença do ponto como sinal gráfico em textos, colocando-o ao final de cada linha. No entanto, Aquiles foi incapaz de ler o que tinha escrito, quando lhe foi solicitado pela professora: juntou letras sem atribuir-lhes valor sonoro ou significado.

Como os exemplos evidenciam, as crianças já compreendem que a escrita é feita com letras e "escrevem" palavras, e até mesmo "textos", usando as letras que conhecem.

Em síntese, as duas fases iniciais de conceitualização da escrita até aqui discutidas têm em comum uma característica: são fases em que a criança *ainda não compreendeu que a escrita representa os sons da fala* e "escreve" com rabiscos, garatujas, em seguida com letras sem relação com os sons da fala. No entanto, essas duas fases iniciais evidenciam a apropriação pela criança de dois atributos fundamentais da natureza do *princípio alfabético*.

Em um primeiro momento, compreende que a escrita é *arbitrária*, não é desenho – fase dos rabiscos, das garatujas. Em seguida, percebe que a escrita é feita com determinados sinais gráficos, as letras – formas visuais também *arbitrárias*, sem relação com os sons que representam.

No entanto, na fase *escrita com letras*, a criança *imita* o que as pessoas *fazem* quando escrevem: usam letras. Como escreve por *imitação*, seu repertório de letras é limitado e as letras são grafadas com evidente insegurança – como mostram os exemplos da fase *escrita com letras* analisados neste capítulo.

> Grafar letras com segurança depende do nível de desenvolvimento motor da criança: destreza manual, coordenação de movimentos das mãos e dos dedos para segurar e usar o lápis, o papel, entre outros. No início do processo de alfabetização, a criança aprende as letras maiúsculas de imprensa, porque são caracteres isolados e com traçado simples. A atividade grafomotora de traçar letras é mais uma atividade que se acrescenta às atividades que, sobretudo na educação infantil, têm por objetivo o desenvolvimento motor da criança, em suas várias modalidades.

As sugestões propostas anteriormente, no box "Na sala de aula", como preparação para que as crianças compreendam que a escrita se faz com letras, são atividades que não só ampliam o repertório de letras das crianças, mas também as levam a reconhecer, nomear e desenvolver sua habilidade de grafar letras.

Em síntese, com a ampliação de seu contato com a escrita, sobretudo na sala de aula, a criança passa a conhecer, reconhecer, nomear e grafar letras, progressivamente com mais segurança e habilidade grafomotora, o que é essencial para a aprendizagem do sistema alfabético, cuja culminância é a relação entre as letras e os fonemas que elas representam.

PARA SABER MAIS

Na fase em que a criança começa a usar o alfabeto quando pretende escrever, é importante desenvolver de forma sistemática o conhecimento e reconhecimento das letras.

Quando a criança avança para a compreensão de que as pessoas escrevem ou leem sequências de *letras,* passa também a usar sequência de letras – a *escrita com letras*, como caracterizada neste capítulo. As letras, porém, são consideradas pela criança, nessa fase, apenas como formas visuais compostas de linhas verticais, horizontais, semicírculos, não como símbolos que representam sons da fala. Ela ainda não desenvolveu *consciência fonológica*. Por isso, nessa etapa, a criança, com frequência, não distingue entre letras e números, além de ter dificuldade em discriminar letras de traçados semelhantes:

- entre as maiúsculas, letras que diferem apenas pelo fechamento de uma curva, como em **C** e **O**, **R** e **B**, ou pela adição de uma pequena linha, como em **M** e **N**, **O** e **Q**, **P** e **R**;
- entre as minúsculas, as letras que também diferem pelo fechamento de uma curva, como em **c** e **o**, ou pelo acréscimo ou prolongamento de uma linha, como em **l** e **i**, **m** e **n**, **h** e **n**. Aqui cabem atividades de diferenciação entre letras e outros símbolos, e de discriminação visual entre letras de traçado semelhante.

Acrescente-se a dificuldade da criança para reconhecer a mesma letra em suas duas formas gráficas, a maiúscula e a minúscula: **A – a**, **B – b**, **E – e**, **N – n** etc. Embora nas fases iniciais de apropriação do sistema alfabético seja mais adequado o uso da maiúscula, tanto pela/o professora/or quanto pela criança, esta deve ser orientada para reconhecer as minúsculas nos textos que vê em diferentes portadores – e convém que o alfabeto exposto na sala de aula apresente cada letra em suas duas formas, maiúscula e minúscula. São necessárias atividades em que a criança relacione cada letra maiúscula com a minúscula correspondente.

Outra dificuldade que a criança enfrenta nessa etapa em que as letras são consideradas apenas como formas visuais decorre de que, enquanto os objetos com que ela interage não se alteram segundo sua orientação e posição no espaço, pois o nosso sistema visual é *simétrico* (uma xícara é sempre uma xícara, independentemente da posição em que esteja colocada), o mesmo não ocorre com algumas letras, em que a orientação e a posição mudam sua natureza: **n** é diferente de **u**, **b** é diferente de **d**, que é diferente de **p**, que é diferente de **q** etc. A rotação de uma grafia, no eixo vertical ou horizontal, muda não só o nome da letra, mas, também, e, sobretudo, sua relação com determinado fonema. É o que se costuma denominar *escrita espelhada*, que pode ser corrigida rapidamente com atividades de discriminação visual entre essas letras, para que a criança não enfrente dificuldades quando evoluir para a compreensão das letras como representações dos sons da fala. (Apenas quando se prolonga por alguns anos, a escrita espelhada pode ser indício de problema neurológico, particularmente de dislexia.)

No vídeo do YouTube "Alfaletrar - Conhecimento das letras", você encontra uma orientação sobre a aprendizagem das letras, com cenas de interações das crianças com professoras evidenciando essa aprendizagem.

PARE E PENSE

Analise a atividade que uma professora realizou em uma turma de crianças entre 4 anos e meio e 5 anos, em fase da aprendizagem de escrever e reconhecer letras, e que tendiam a confundir letras de traçados semelhantes.

> Professora: *Vamos fazer um jogo com letras do alfabeto. Vou colocar em cada mesinha* (4 crianças em cada mesinha) *um montinho de letras, vou colocar bem no centro da mesinha.*
> Vai colocando e recomendando: *Não mexam ainda no montinho.*
> *Agora prestem atenção como é o jogo: vocês vão separar as letras de seu montinho de duas em duas, juntando as letras que são iguais, formando pares de duas letras iguais, tá certo? Todos os montinhos têm letras repetidas.*
> *Quando terminarem, vamos ver quantos pares cada mesinha fez e com quais letras.*

▶ Em cada montinho, a professora colocou as seguintes letras maiúsculas (do alfabeto móvel ou em cartelas – atenção para que as letras do alfabeto móvel ou as cartelas indiquem qual é a "base" da letra, para que a criança não interprete, por exemplo, **N** como **Z** ou **M** como **W**):

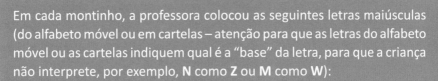

1. O que a professora queria verificar sobre o conhecimento de letras das crianças?

2. Suponhamos que:
   Um grupo formou o par P F ; outro grupo formou o par O Q .
   Outro grupo formou o par E F ; outro grupo formou o par M N .
   O que levou as crianças a formar esses pares como letras iguais?

3. Conclua: qual foi o critério da professora para escolher as 12 letras que compunham os montinhos?

(Você pode repetir essa atividade com as letras minúsculas. Oriente-se pelos exemplos no box "Para saber mais".)

Você pode comparar suas respostas com os comentários apresentados no capítulo "Respostas e comentários às questões" no final deste livro.

NA SALA DE AULA

*Como orientar a criança para que compreenda
que as letras correspondem a segmentos sonoros das palavras?*

Na fase de escrita com letras, a orientação deve colaborar para que a criança:

1. preste atenção ao som das palavras, por meio dos jogos de rimas, aliterações (consciência fonológica);

2. desenvolva a habilidade de distinguir letras entre outros sinais gráficos e de reconhecer letras independentemente da forma em que se apresentam;

3. perceba que letras se relacionam com segmentos sonoros;

4. compreenda que não há relação entre o tamanho do ser ou objeto e o tamanho da palavra que o nomeia: algumas crianças, nesta fase, ainda têm a hipótese de que o tamanho do significante corresponde ao tamanho do objeto ou ser que ele designa – é o que se denomina *realismo nominal* (se o boi é grande, a palavra que o denomina deve ser grande, ter muitas letras; se a formiga é pequena, a palavra que a designa deve ser também pequena).

Tomemos como exemplo de orientação da criança para refletir sobre sua própria escrita um episódio observado na interação entre a alfabetizadora e Isabel, autora da *escrita com letras* apresentada anteriormente.

— *Isabel, me mostre onde você escreveu a palavra GIRAFA* (a criança aponta, procurando a figura); *vamos agora pronunciar devagarinho a palavra, separando-a em pedacinhos? Vamos ver quantos pedacinhos a palavra GIRAFA tem?*

> Isabel pronuncia GI - RA - FA, segurando um dedinho para cada pedacinho.
> – *Quantos são?*
> Isabel conta os dedinhos separados e responde: *Três*.
> – *Leia agora o que você escreveu, apontando com o dedo para cada pedacinho em sua escrita.*
> Isabel aponta as três primeiras letras: **L** (fala **GI**) – **A** (fala **RA**) – **G** (fala **FA**).
> – *E estas outras letras que sobraram?* Isabel olha de novo a palavra, desliza o dedo ao longo de todas as letras prolongando o som das vogais: GIII RAAA FAAA. E explica: *A girafa é grande, precisa de muitas letras.*
> – *Então, vamos ver agora como você pronuncia a palavra VELA. Pronuncie VELA, conte os pedacinhos e me diga quantos são.*
> Fala VE - LA, segurando um dedinho para cada pedacinho, e responde: *Dois pedacinhos*.
> – *Leia como você escreveu VELA, apontando com o dedo cada pedacinho.*
> Isabel aponta as duas primeiras letras: **L** (fala **VE**) – **A** (fala **LA**). Olha indecisa as letras que sobraram e resolve: *Tenho de apagar, tá sobrando. A vela é pequena, não precisa de tanta letra.* Apaga, deixando apenas as duas primeiras letras.

O procedimento precisará ser repetido outras vezes com a criança, até que ela reformule suas hipóteses sobre a relação entre segmentos orais da palavra e o número de letras, e a ausência de relação entre o significado e o significante. O procedimento pode ser realizado reunindo, em grupos, crianças que escrevem juntando letras e crianças já silábicas: a troca de ideias enriquece a reflexão, colaborando para a compreensão de que letras representam sons da fala e o tamanho das palavras não se relaciona com o nome do objeto ou ser que elas nomeiam.

CAPÍTULO 3

O DESPERTAR DA CONSCIÊNCIA FONOLÓGICA

As duas fases iniciais do desenvolvimento da criança em seu processo de progressiva compreensão da escrita alfabética, apresentadas e analisadas no capítulo anterior, são fases em que ela, tendo já compreendido que a escrita se faz com *letras*, ainda não percebeu a relação entre escrita e oralidade, não tomou consciência de que a escrita representa os sons das palavras: ainda não desenvolveu a *consciência fonológica,* a capacidade de prestar atenção no *som* das palavras, no *significante*, distinguindo-o do *significado*.

Os objetivos deste capítulo são conceituar a consciência fonológica e suas dimensões, apresentar o despertar da consciência fonológica na criança e analisar as primeiras escritas que ela produz quando começa a revelar compreensão das relações entre os segmentos sonoros da palavra e sua representação por letras. São três as unidades deste capítulo:

Unidade 1 – Consciência fonológica: conceito e dimensões

Unidade 2 – Escrita silábica sem valor sonoro

Unidade 3 – Escrita silábica com valor sonoro

UNIDADE 1

Consciência fonológica: conceito e dimensões

Nos capítulos anteriores, vimos que o conceito que a criança ainda não alfabetizada inicialmente tem sobre a escrita é o de "marcas" que as pessoas fazem em diferentes suportes. As crianças tentam imitar essas marcas inicialmente com rabiscos, garatujas e finalmente com letras. Mesmo quando a criança *ouve* a leitura em voz alta de um texto, de uma história, ainda que ela *veja* que o que está sendo lido são sequências de letras, ela presta atenção no *significado* das palavras, não na cadeia sonora que corresponde a esse significado. Assim, para se apropriar da escrita alfabética, as crianças precisam aprender que aquilo que *veem* escrito representa o que elas *ouvem* ser lido; que as palavras que *escrevem* devem ser a representação dos *sons das palavras* que escrevem.

Essa capacidade de refletir sobre os segmentos sonoros da fala é o que se denomina **consciência fonológica**: a capacidade de focalizar e segmentar a cadeia sonora que constitui a palavra e de refletir sobre seus segmentos sonoros, que se distinguem por sua dimensão: a palavra, as sílabas, as rimas, os fonemas. A figura abaixo representa os níveis de consciência fonológica necessários para que a criança chegue ao *princípio alfabético*:

CONSCIÊNCIA FONOLÓGICA

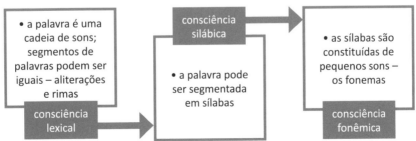

O *desenvolvimento* da consciência fonológica associa-se à *aprendizagem* das letras. Inicialmente, a criança aprende que a palavra é uma cadeia sonora representada por uma cadeia de letras, e compreende a diferença entre o significante e o significado – *consciência lexical*. Em seguida, a criança torna-se capaz de segmentar a cadeia sonora da palavra em sílabas, e representa as sílabas por conjuntos de letras – *consciência silábica*. Finalmente, ela identifica fonemas nas sílabas e os representa por letras – *consciência fonêmica*.

Discutimos nesta unidade a **consciência lexical**, dedicando as duas próximas unidades às dimensões que mais diretamente conduzem a criança à compreensão do *princípio alfabético*: a consciência silábica e a consciência fonêmica.

A consciência lexical supõe a compreensão do conceito de *palavra*. Como as palavras não se separam no fluxo sonoro da fala, a capacidade de segmentar frases em palavras, e o próprio conceito de palavra, só são claramente compreendidos pela criança quando ela se alfabetiza, porque é a língua escrita que individualiza as palavras por meio de limites marcados por espaços em branco. A criança enfrenta dificuldades para isolar e identificar palavras como unidades na cadeia sonora da fala – dificuldades sobretudo para separar palavras *funcionais* de palavras *de conteúdo*, e mesmo para reconhecer palavras funcionais como "palavras". É o que explica por que a criança, em suas primeiras produções escritas, costuma juntar a palavras de conteúdo, ou separar delas, palavras funcionais. Alguns exemplos colhidos em textos de crianças de 6-7anos: *osolhos* (os olhos), *com migo* (comigo), *de vagar* (devagar), *derrepente* (de repente), *jaera tarde de mais* (já era tarde demais). É por meio de experiências com textos lidos e da orientação da/o alfabetizadora/or que as crianças vão pouco a pouco construindo o conceito de palavra e desenvolvem a

> *Palavras de conteúdo*, também chamadas *palavras lexicais*, são aquelas que expressam significados, fazem referência a seres ou eventos do mundo real ou imaginário: substantivos, adjetivos, verbos.
> *Palavras funcionais*, também chamadas *gramaticais*, são aquelas que ligam as palavras de conteúdo, articulando as ideias: os conectores (conjunções), as preposições, os artigos.

O DESPERTAR DA CONSCIÊNCIA FONOLÓGICA

capacidade de segmentar frases em palavras. Por isso é necessário, já nas fases iniciais do processo de conceitualização da escrita, que muitas atividades se baseiem em palavras destacadas de textos – palavras de parlendas, cantigas, histórias, em atividades de leitura, escrita ou jogos lúdicos (lembre-se: *o texto como centro*, sempre).

O aspecto da consciência lexical é relevante na aprendizagem inicial da língua escrita. Mencionamos, no final do capítulo anterior, no box "Na sala de aula", o **realismo nominal** – a suposição, em crianças pequenas, de que a palavra que designa um ser, coisa ou objeto é proporcional a seu tamanho: nomes grandes designam coisas grandes, nomes pequenos designam coisas pequenas. Segundo essa suposição, os nomes remetem ao significado, ao referente, não ao significante.

Com crianças que pensam assim, é importante trabalhar palavras – significantes – de diferentes tamanhos, faladas ou escritas, levando-as a compreender que o tamanho da palavra não tem relação com o tamanho daquilo que elas designam, um primeiro passo para diferenciar significado de significante. Por exemplo, após leitura e interpretação da fábula "O leão e o ratinho" para um grupo de crianças de 4 anos, a professora propôs:

Escutem bem o nome dos dois animais que aparecem na história: LEÃO, RATINHO. *Vejam aqui nestas fichas o nome deles (mostra duas fichas: uma em que está escrito* LEÃO, *outra em que está escrito* RATINHO*) e me digam em qual ficha vocês acham que está escrito o nome do* LEÃO *e em qual está escrito o nome do* RATINHO.

Depois de discutir as respostas, em que predominava a indicação de RATINHO como nome do LEÃO, a professora levou as crianças a analisar uma ilustração do livro lido em que apareciam os dois animais, a comparar o tamanho dos animais com seus nomes, para que concluíssem que o tamanho dos nomes não se relaciona com o tamanho dos animais, e acrescentou:

Vou pregar aqui na lousa as fichas com o nome dos dois animais; em qual ficha está escrito LEÃO? *e* RATINHO? *Vamos contar em que nome temos mais letras? É o nome do animal maior?*

Outro aspecto da consciência lexical relacionada mais diretamente à compreensão do *princípio alfabético* é a dificuldade da criança em dirigir a atenção para a cadeia sonora da fala. Com crianças que concebem a escrita como rabiscos, garatujas, sequências de letras, são necessárias atividades que desenvolvam sua capacidade de voltar a atenção para os *sons* da palavra, não para seu significado, particularmente por meio de atividades com **rimas** e **aliterações**.

Veja um exemplo da dificuldade de crianças em fase inicial de alfabetização (idade média de 4 anos e meio) de distinguir o significado do significante em jogo proposto pela professora para orientá-las a prestar atenção no som das palavras; neste caso, no som da sílaba inicial de palavras:

A professora propõe uma brincadeira na rodinha:

– *Vamos brincar de "Lá vai o meu barquinho"? Da última vez, colocamos **doces** no barquinho, lembram? hoje é diferente, vamos colocar **palavras**, tá?*

A professora faz um barquinho de papel e explica:

– *Vamos carregar o barquinho com **palavras** que **começam** com **LA**, como **LA**GARTA, como **LA**TA... **LA**, vamos repetir: **LA** (crianças repetem em coro). Vou começar.*

– *Lá vai o meu barquinho carregado de **LA**ranja...* (joga o barquinho para uma criança, enfatizando o **LA**).

Várias crianças respondem, sem aguardar a resposta da colega que recebeu o barquinho: *Maçã... pera... mexerica... banana...*

Apesar da explicação inicial da professora, as crianças não conseguem prestar atenção no *som* da palavra, em seu segmento inicial, pensam no *significado* da palavra e dão exemplos de outras frutas. Como orientar as crianças para que desenvolvam a sensibilidade ao *som* das palavras, passo necessário para que compreendam que a escrita representa os sons e não os significados? Veja como agiu a professora, continuando a interação com as crianças:

– MAÇÃ??? Começa com LA??? MA-çã... LA-ranja... MA, LA... são iguais? e PEra? Começa com LA? PE-ra... LA... PE... é igual? Vamos falar: LA é de... (As crianças acompanham em coro:) *LARANJA. E agora: MA é de...* (Em coro:) *MAÇÃ... PE é de LARANJA?* (Crianças em coro:) *Nããão....* PE é de.... (Crianças respondem:) *PERA.*

*– Então agora lembrem: vamos carregar o barquinho de **palavras** que começam com LA, não vamos carregar de frutas! Laranja, maçã, pera são frutas, o nome delas não começa igual, só laranja é que começa com LA. O barquinho vai carregar **palavras** começando com LA, por isso eu coloquei no barquinho LARANJA.*
– Vou dar umas dicas de palavras que começam com LA. Aqui na sala tem uma criança que o nome começa com LA...
Crianças se entreolham, falando baixinho os nomes dos colegas.
Uma criança:
– Achei! Larissa.
Professora:
– Larissa começa com LA? Crianças concordam, repetem: *LARISSA.*
Professora:
– Eu estou vendo uma coisa na cabeça da Mariana que começa com LA... crianças se voltam para Mariana e dizem em coro: *LAÇO.*
– E isto aqui na minha mão: começa com LA? (segura um lápis).
Crianças em coro: *Começa! LÁPIS.*
– E isto aqui, começa com LA? (mostra um livro).
– Nããão... crianças respondem.
– Então começa com quê? Algumas crianças falam a palavra: *LIVRO...*
Concluem: *Começa com LI.*
– Posso colocar a palavra LIVRO no barquinho das palavras que começam com LA?
– Nããão...
Em seguida, a professora escreve na lousa, em lista, as três palavras que começam com LA, destacando a sílaba inicial:

     LARANJA

     LARISSA

     LÁPIS

A professora volta então ao jogo, sugerindo continuarem com palavras que começam com outra sílaba, palavras que começam com **BO**, como **BO**CA, **BO**NECA...

As crianças ainda não sabem ler, mas levá-las a observar a escrita das palavras destacando a primeira sílaba, como fez a professora, já as encaminha para a compreensão de que a escrita representa a fala, e que segmentos de sons iguais se escrevem com as mesmas letras, desse modo aproximando-as do fundamento do *princípio alfabético*: a escrita representa os sons da fala, sons que se repetem em palavras são escritos com as mesmas letras.

No exemplo apresentado, a professora desenvolveu um jogo com foco em **aliteração**: a semelhança entre sílabas iniciais de palavras. Da mesma forma, e com o mesmo objetivo, devem ser realizados jogos com **rimas** para o desenvolvimento da consciência lexical: as crianças são orientadas a prestar atenção nos sons das palavras e identificar sons iguais no final delas. O mesmo jogo desenvolvido pela professora para aliteração – "Lá vai o meu barquinho" – pode ser desenvolvido carregando o barquinho com palavras que *terminam* igual. Por exemplo: *Lá vai o meu barquinho* carregado de palavras que terminam em -**eca**, como bon**eca** (can**eca**, car**eca**, perer**eca**), ou palavras que terminam igual a caf**é** (sap**é**, bon**é**), ou que terminam igual a cora**ção** (irm**ão**, bal**ão**, sab**ão**). Essas são atividades lúdicas que levam as crianças a prestar atenção no significante, distinguindo-o do significado.

PARE E PENSE

1. Analise o incidente abaixo, ocorrido no início do ano letivo em uma turma de crianças entre 3 anos e meio e 4 anos. Explique as causas do incidente.

> A professora está entregando às crianças as fichas com seus nomes quando percebe um conflito entre duas crianças que disputavam a posse das fichas que tinham recebido.
> – *O que está acontecendo aqui, crianças?*
> – *Ele tá com a minha ficha e não quer trocar* – reclama Yuri.
> A professora olha as duas fichas e verifica que cada uma das crianças está com sua própria ficha.
> – *Tá tudo certo, Yuri, é esta mesmo a sua ficha. Por que é que você quer trocar a sua com a do Wellington?*
> – *Porque aqui tá um nome pequenininho e na dele tá um nome grande, e eu sou muito 'mais grande' que ele.*

2. Que procedimento você usaria para, a partir do incidente, e usando outros nomes de crianças da turma, mostrar que não há relação entre o nome e o tamanho da pessoa?

> *Você pode comparar suas sugestões com os comentários apresentados no capítulo "Respostas e comentários às questões" no final deste livro.*

Como já foi dito, nas duas fases analisadas no capítulo anterior, as crianças ainda não compreenderam que a escrita representa os sons das palavras – "escrevem" com rabiscos e garatujas ou com sequência de letras sem relação com os sons da palavra e em geral não têm ainda a capacidade de focalizar o som das palavras, como mostrou a atividade com o jogo "Lá vai o meu barquinho". Para orientá-las a refletir sobre o som das palavras foram sugeridas, neste capítulo, atividades de mediação pedagógica com aliterações e rimas, que as levassem a focalizar o som das palavras e refletir sobre sua escrita, já orientando seu avanço para o nível seguinte, a escrita silábica.

Relembre, no capítulo anterior, na interação entre Isabel e a professora, a fala da menina quando percebeu que havia mais letras para a palavra VELA que as necessárias:

> Isabel aponta as duas primeiras letras: **L** (fala **VE**) – **A** (fala **LA**). Olha indecisa as letras que sobraram e resolve: *Tenho de apagar, tá sobrando. A vela é pequena, não precisa de tanta letra.* Apaga, deixando apenas as duas primeiras letras.

Isabel conclui que LA seria suficiente para escrever VELA: embora ainda meio confusa entre a relação da palavra com o objeto (*a vela é pequena, não precisa de tanta letra*) e com o número de letras para representá-la, mostra-se capaz de dividir a palavra em segmentos sonoros, as sílabas, o que já indica uma habilidade inicial de *consciência silábica*: capacidade de separar oralmente segmentos da palavra. No entanto, Isabel, ao preservar apenas as duas primeiras letras de sua escrita, faz uma correção *quantitativa*, não *qualitativa*: ao deixar LA como escrita de VELA a intenção foi apenas reduzir o número de letras, e não colocar uma letra para cada sílaba. Isabel ainda não desenvolveu a consciência silábica.

NA SALA DE AULA

Como atuar para que as crianças desenvolvam a capacidade de segmentar palavras em sílabas?

Atividades com rimas e aliterações têm por objetivo levar as crianças à capacidade de focalizar o som das palavras, mas não à capacidade de segmentar em sílabas a cadeia oral da palavra, já que aliterações e rimas nem sempre são segmentos silábicos. Mas a capacidade de dividir palavras em sílabas manifesta-se de forma quase espontânea, porque a sílaba é uma unidade fonológica que pode ser produzida isoladamente, com independência. Jogos e brincadeiras de divisão de palavras em sílabas visam a desenvolver a *consciência* desses recortes da palavra, ajudando as crianças a avançar para a escrita silábica. Sugestões:

→ as crianças segmentam oralmente uma palavra em sílabas, batendo palma para cada sílaba;

→ proposta uma palavra, as crianças caminham, na sala de aula ou no pátio, fazendo cada passo corresponder a uma sílaba que pronunciam oralmente;

→ uma variante das duas atividades anteriores: propostas duas palavras de tamanhos diferentes (como *elefante* e *zebra*, ou o nome de duas crianças, como *Mariana* e *Pedro*), as crianças segmentam, oralmente, cada uma em sílabas, comparam o número de palmas ou de passos das palavras e identificam qual das duas é a maior e qual é a menor;

→ as crianças recebem uma página com figuras de animais, objetos etc., pronunciam oralmente a palavra que dá nome à figura e fazem, abaixo ou ao lado, um tracinho para cada sílaba da palavra;

→ a/o alfabetizadora/or pronuncia oralmente uma palavra, pede às crianças que a pronunciem separando as sílabas, em seguida sugere que retirem a primeira ou a última sílaba e vejam "o que sobra". Exemplo: ma-ca-co, vamos tirar o ma-, que palavra fica? E se tirarmos o -co, que palavra fica?; ga-li-nha, vamos tirar o ga-, que palavra fica? De preferência, deve ser formada uma nova palavra sem a sílaba inicial (exemplos: es-quilo, fi-vela, sa-pato, ta-manco) ou sem a sílaba final (exemplos: jaca-ré, calça-do, toma-da, sola-do, gira-fa). Podem, porém, ser usadas palavras que, sem a sílaba inicial ou final, não formam nova palavra. O objetivo é que a criança desenvolva a capacidade de segmentar palavras em sílabas.

Veja, na unidade seguinte, o box lateral com indicação de fontes onde você pode encontrar jogos de divisão de palavras em sílabas, entre outros.

UNIDADE 2

Escrita silábica sem valor sonoro

Quando a criança se torna capaz de segmentar a cadeia sonora da palavra em sílabas e, em *escrita inventada*, representar cada sílaba por uma letra, já revela consciência de que a palavra é constituída de segmentos sonoros representados por letras. De início, porém, escolhe qualquer letra para representar cada sílaba. Escreve silabicamente – uma letra para cada sílaba –, mas as letras que escolhe não têm relação com os sons – os fonemas – presentes na sílaba. Isto é, ainda não adquiriu a capacidade de *fonetização* – a capacidade de perceber, na sílaba, sons individuais (fonemas) representados pelas letras que a compõem. É uma *escrita silábica sem valor sonoro*.

Observe exemplos de como crianças escrevem silabicamente as palavras *pera, tomate, jacaré, pé, maracujá, xícara*:

Amanda
5 anos e 2 meses

Eduardo
5 anos e 3 meses

87

As duas crianças escrevem silabicamente – uma letra para cada sílaba da palavra, evidenciando competência em segmentar as palavras em sílabas. Já compreendem que a escrita se faz com letras, representando cada sílaba por uma letra, mas usam qualquer letra, sem relação com o som das sílabas. Ainda não chegaram ao conceito de que as letras representam sons da fala; ainda não atribuem valor sonoro à sílaba. Ao serem solicitadas a ler o que escreveram, orientam-se pela figura, não conseguem ler orientando-se pelas letras. Nem Amanda nem Eduardo conseguiram ler o que tinham escrito quando as figuras foram ocultadas.

Uma observação interessante é que tanto Amanda quanto Eduardo parecem perceber relação entre o som do monossílabo *pé* e o nome da letra P, e possivelmente consideram a letra como equivalente à sílaba PE; assim, para representar *pé*, usam não uma letra qualquer, mas a letra P, o que já indica uma aproximação ao valor sonoro do nome da letra. Eduardo, porém, acrescenta mais uma letra ao P, um L: muitas crianças na escrita silábica, com ou sem valor sonoro, parecem considerar que uma palavra tem de ter uma quantidade mínima de letras, não pode ser representada por uma só letra, e assim, na escrita de monossílabos, acrescentam uma ou duas letras à letra que escolheram para representar a sílaba. Excetuando-se essa possível influência do nome da letra na escrita silábica sem valor sonoro, as duas crianças usam quaisquer letras para "escrever" o nome das figuras.

Várias atividades estimulam a criança a avançar para a fase silábica com valor sonoro. Jogos lúdicos de aliteração e rima, com palavras retiradas de parlendas, poemas ou histórias colaboram para tornar *consciente* o som da sílaba (já vimos um exemplo na brincadeira "Lá vai o meu barquinho", apresentada anteriormente neste capítulo). Há muitos e variados jogos para o desenvolvimento da consciência fonológica, entre eles atividades com aliterações e rimas. Você pode usar jogos existentes (veja sugestões no quadro da página seguinte) ou pode criar jogos. O importante para a escolha ou a criação de um jogo é que ele atenda ao *objetivo*. Nesse caso, o de desenvolver a consciência fonológica por meio de atividades de reconhecimento de sons iguais no início ou no fim de palavras diferentes – aliterações e rimas – e que sejam adequadas ao *nível de conceitualização da escrita* das crianças.

Além de jogos, atividades com parlendas, cantigas de roda ou poemas – sempre *o texto como centro* – oferecem oportunidades de desenvolver a consciência fonológica

Na internet:
- http://www.plataformadoletramento.org.br/acervo-para-aprofundar/248/manual-didatico-jogos-de-alfabetizacao-ceel-ufpe.html
- https://www.portaltrilhas.org.br/download/biblioteca/ caderno-de-jogos-20150209123419.pdf.

Livros:
- Marylin Adams et al., *Consciência fonológica em crianças pequenas*, Grupo A Editora.
- Susie Enke Ilha et al., *Consciência fonológica: coletânea de atividades orais para a sala de aula*, Appis Editora.
- Artur Gomes de Morais, *Consciência fonológica na educação infantil e no ciclo de alfabetização* (particularmente o capítulo 3), Autêntica Editora.

por meio de rimas, já que em geral são gêneros de textos rimados. Veja como exemplo a sequência didática realizada por uma professora com crianças com idade média de 5 anos, em que fez uso da parlenda (esta parlenda será retomada sob a perspectiva do planejamento no capítulo "Planejamento no processo de alfabetização e letramento"). Lembre-se: *o texto como centro*.

ATIVIDADE COM PARLENDA METAS: CONSCIÊNCIA FONOLÓGICA – RIMAS E CORRESPONDÊNCIA RIMAS-LETRAS		
TEXTO	**Parlenda**: *Galinha choca / comeu minhoca / saiu pulando / que nem pipoca*	
OBJETIVOS	1. Conhecer o gênero parlenda. 2. Relembrar parlendas conhecidas. 3. Memorizar e recitar a nova parlenda. 4. Interpretar a parlenda. 5. Identificar rimas na parlenda. 6. Comparar rimas na fala e na escrita.	
ETAPAS	1ª	Conversa com as crianças: quem sabe o que é parlenda? Vocês já aprenderam algumas parlendas... lembram algumas? Qual vocês querem recitar? (Escolher duas ou três das sugeridas.)	segunda
	2ª	Anunciar que vão conhecer uma parlenda nova, pedir que ouçam com atenção. (recitar a parlenda) Repetir a parlenda pedindo que acompanhem em coro. Repetir algumas vezes até perceber que as crianças memorizaram a parlenda.	
	3ª	Perguntas de compreensão: sabem o que é uma galinha choca? O que foi que a galinha comeu? Ela saiu pulando que nem pipoca... Pipoca pula? Como é pular que nem pipoca? Vamos pular que nem pipoca?	terça
	4ª	Repetir a parlenda, pedindo que prestem atenção nas palavras que acabam igual (enfatizar na leitura a rima **-oca**). Perguntar: quais palavras acabam igual? Falar de novo a parlenda pedindo que falem junto só as palavras que terminam igual. Falar quantas vezes for necessário até que as crianças identifiquem choca, minhoca, pipoca. Sugerir que pensem em outras palavras que terminem com **-oca** (dorminhoca, mandioca, paçoca, foca, boboca etc.).	quarta e quinta
	5ª	Escrever a parlenda em um cartaz ou na lousa – usar cor diferente para a rima **-oca** em cada palavra, levando as crianças a acompanhar sua escrita. Ler a parlenda apontando cada palavra, chamando a atenção para o espaço em branco entre elas e a mudança de linha após cada verso. Chamar a atenção para a escrita igual das rimas: partes das palavras que são iguais na fala são iguais também na escrita, as letras são as mesmas.	sexta

Na quinta etapa, para atingir um dos objetivos que definiu para a sequência didática – comparar rimas na fala e na escrita –, a professora leva as crianças a observar que o som das rimas é representado por letras. Assim, a professora encaminha as crianças para a compreensão de que a escrita representa a fala e que segmentos de sons iguais se escrevem com as mesmas letras: já as encaminha para a escrita silábica com valor sonoro, objeto da próxima unidade.

PARE E PENSE

1. Interprete e analise a escrita das quatro crianças abaixo.

Eduarda
4 anos e 6 meses

a. Que conceito Eduarda tem sobre o que é a escrita?
b. O que ela já sabe sobre a escrita alfabética?
c. O que ela ainda não sabe sobre a escrita alfabética?
d. O que você faria para que Eduarda reformulasse seu conceito sobre o que é a escrita alfabética?

Lucas
5 anos e 2 meses

a. Que conceito Lucas tem sobre com quantas letras se escreve cada palavra?
b. O que ele ainda não sabe sobre a escrita alfabética?
c. Analise a escolha das letras para cada palavra: Lucas às vezes parece que já percebe o som das letras em algumas palavras... quais?
d. O que você faria para que Lucas avançasse em seu processo de conceitualização da escrita?

O DESPERTAR DA CONSCIÊNCIA FONOLÓGICA

Eliel
4 anos e 3 meses

a. Para Eliel, escrever é representar o significado ou o significante?
b. O que Eliel ainda não sabe sobre a escrita alfabética?
c. O que você faria para que Eliel avançasse em seu processo de conceitualização da escrita?

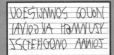

Luana
5 anos e 2 meses

a. Luana pretendeu escrever um texto: que conceito ela tem sobre o que é a escrita?
b. O que Luana já sabe sobre a escrita de textos?
c. O que você faria para que Luana avançasse em seu processo de conceitualização da escrita de palavras e textos?

2. Orientando-se pelo exemplo da sequência didática apresentada, construa uma sequência didática para atividades com a seguinte parlenda:

Quem vai ao ar
perde o lugar.
Quem vai ao vento
perde o assento.
Quem vai à ribeira
perde a cadeira.

Sugestões: Você pode construir sua sequência em um quadro, como no exemplo apresentado, ou em outra forma de sua preferência – inclua objetivos e etapas.

Você pode comparar suas respostas com os comentários apresentados no capítulo "Respostas e comentários às questões" no final deste livro.

93

NA SALA DE AULA

Como atuar na zona de desenvolvimento proximal para estimular crianças silábicas a avançar para a fonetização no nível da sílaba?

Crianças silábicas já dominam conhecimentos e habilidades essenciais à aprendizagem da escrita:

→ conhecem letras;

→ são capazes de segmentar palavras em sílabas oralmente;

→ sabem que se escreve com letras.

O que ainda não perceberam é que as letras representam o "som" da palavra, por isso colocam qualquer letra para representar cada sílaba. Já tendo adquirido essas habilidades, estão potencialmente em condições de avançar para a fonetização das sílabas: perceber em cada sílaba o som (fonema) que mais se destaca e escolher a letra que representa esse som.

Sugestões de atividades:

→ Em jogos de aliteração ou de rima, em brincadeiras com parlendas, trava-línguas, cantigas, poemas, escrever na lousa as palavras ou os textos, grifando ou separando cada sílaba à medida que escreve e lendo-as em voz alta, chamando a atenção para a escrita igual de rimas e aliterações.

→ Ensinar uma 'cantiga de alfabeto' (há várias, escolha uma que relacione as letras com palavras que comecem com a letra/fonema) e repetir com frequência a "hora de cantar o alfabeto".

→ Orientar a reflexão da criança sobre sua escrita silábica sem valor sonoro. Veja um diálogo entre a professora e Amanda – reveja a escrita de Amanda apresentada anteriormente como exemplo de escrita silábica sem valor sonoro:

— *Amanda, leia para mim como você escreveu* JACARÉ, *mostrando com o dedinho cada sílaba.* (Amanda escreveu MOO). Amanda aponta **M**, diz JA, aponta **O**, diz CA, aponta o segundo **O**, diz RÉ.

> — *Então, para escrever o **RÉ** de JA-CA-**RÉ** a gente põe a letra **O**?*
>
> Amanda olha a palavra MOO, parece ter alguma dúvida, mas confirma:
>
> — *Tem que pôr, RÉ precisa de uma letra.*
>
> — *Mas **O** serve para escrever **RÉ** de jacaRÉ? Acho que vai ficar JACARÓ...*
>
> — (Amanda ri) *Ah! não é jacaró, é jacaré, tenho de escrever um E no lugar do O.*
>
> — *Agora vamos ver este outro O, vamos pensar igual fizemos com o RÉ: nesta sílaba CA, de JA**CA**RÉ (acentua o CA na palavra e repete CA, prolongando o A). Que letra seria melhor escrever aqui?*
>
> Amanda se alegra: *ah, agora já sei, é o A.* Apaga a segunda letra O e escreve A.
>
> A professora continua a orientar Amanda da mesma forma na análise do M, escrito para JÁ: *M é a letra do nome da Marisa,* **JA**CARÉ *começa igual a **MA**RISA?*
>
> Amanda fala vagarosamente JA... MA... JA... *o nome do JAIR começa com JA, igual a JACARÉ. Vou colocar J em vez de* M.
>
> Finalmente a escrita para JACARÉ se transformou em JAE, para grande alegria de Amanda, que, nas atividades seguintes de escrita de palavras, mostrou que tinha avançado na reflexão sobre os sons das sílabas.

A estratégia usada pela professora pode ser realizada com grupos que reúnam crianças com escrita silábica sem e com valor sonoro, levando-as coletivamente a uma comparação, reflexão e reelaboração de suas escritas de palavras.

Na análise da escrita silábica de Amanda, no relato apresentado no box "Na sala de aula", foi possível identificar que, ainda na fase silábica predominantemente sem valor sonoro, com a atuação da professora na zona de desenvolvimento proximal, a menina está prestes a avançar para a fonetização no nível da sílaba. Em outras palavras, está prestes a perceber na sílaba um pequeno som que se destaca dos demais e se relaciona com uma determinada letra – o *fonema.*

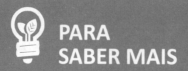
PARA SABER MAIS

Ao realizar jogos e brincadeiras com rimas, quando se tem como objetivo desenvolver a consciência fonológica e evidenciar a correspondência entre os sons da rima e as letras que a representam, é preciso escolher o tipo de rima adequado ao objetivo que se procura alcançar e à atividade que vai ser desenvolvida.

Há diferentes tipos de rima: rimas **consonantes** e rimas **assonantes**.

RIMAS CONSONANTES

Há coincidência de consoantes e vogais no segmento da rima

→ Rima a partir da vogal tônica ou de ditongo tônico:

Exemplos: vi**ola** – cart**ola**   viol**eiro** – leit**eiro**
  ↑   ↑   ↑   ↑
   vogais tônicas   ditongos tônicos

→ Rima entre os fonemas finais de palavras oxítonas:
Exemplos: caf**é** – bon**é**   irm**ão** – bal**ão**

→ Rima entre as sílabas finais das palavras:
Exemplos: bo**la** – vi**la**   va**ca** – fo**ca**

→ Rima entre as duas últimas sílabas das palavras:
Exemplos: bo**neca** – ca**neca**   fa**vela** – no**vela**

RIMAS ASSONANTES

Há coincidência da vogal da sílaba tônica e diversidade de consoantes
Exemplos: cach**i**mb**o** - dom**i**ng**o**; vi**ú**v**a** - cor**u**j**a**

Todos esses tipos de rima são adequados quando as atividades pretendem levar a criança a prestar atenção no som das palavras. Se o objetivo é também levar as crianças a identificar a igualdade de letras no segmento rima, as rimas a partir da vogal tônica ou de ditongo tônico e as rimas assonantes não são adequadas.

Escolha, para atividades de identificação ou produção de rimas, parlendas, poemas e histórias que exploram palavras que rimam, e jogos que desenvolvem habilidades de identificar e produzir palavras que rimem.

UNIDADE 3

Escrita silábica com valor sonoro

Veja, a seguir, exemplos de crianças, aproximadamente da mesma idade de Amanda, cuja escrita silábica sem valor sonoro analisamos na unidade anterior. As três já escrevem *silabicamente com valor sonoro*:

| João Victor | Helen | Gabriel |
| 5 anos e 4 meses | 5 anos e 6 meses | 5 anos e 8 meses |

Como se revela, na escrita dessas três crianças, a fonetização das sílabas?

> As três crianças escrevem silabicamente, uma letra para cada sílaba da palavra, mas não escolhem qualquer letra, escolhem aquela que corresponde ao som que mais se destaca na pronúncia da sílaba; esse som em geral é o da vogal, obrigatória em todas as sílabas do português, consideradas o *núcleo* da sílaba. Além disso, as vogais são as únicas letras cujo nome corresponde ao fonema que representam, são os únicos fonemas pronunciáveis (como veremos no capítulo seguinte). Assim, as três crianças escrevem, por exemplo, a palavra MARACUJÁ silabicamente, uma letra para cada sílaba, mas fonetizam as sílabas representando-as pela vogal núcleo de

97

cada uma: AAUA; escrevem a palavra **PERA** por EA, como fazem João Victor e Gabriel.

> Os critérios de fonetização das sílabas por Helen diferem da escrita das duas outras crianças. Ela representa a palavra **PERA** por PA, e não por EA: como a sílaba inicial da palavra é o nome da letra P, ela se orienta pelo nome da letra e não pelo som da vogal, tal como revelam a escrita de Eduardo e Amanda, analisadas anteriormente. É significativo observar também a escrita de PE por Helen. Enquanto João Victor e Gabriel escrevem com segurança a letra E, identificado no traçado firme da letra, Helen parece ter ficado em dúvida entre a vogal E e a letra P: percebe-se que inicialmente escreveu E, depois decidiu encaixar um P antes do E no pequeno espaço de que dispunha, revelando que se viu dividida entre a saliência oral da vogal E aberta e o nome da letra P: entre a consciência do fonema vocálico e o conhecimento do nome da letra. Confirmando o critério de usar seu conhecimento do nome das letras para representar a sílaba, Helen usa ainda o nome da letra T para escrever a sílaba final da palavra TOMA**T**E, que escreve como OAT, enquanto João Victor e Gabriel escolhem as vogais para representar a palavra: OAE.

> Também na escrita da palavra XÍCARA Helen se orienta pelo nome da consoante inicial da sílaba, *xis*, e escreve **X**KA, enquanto João Victor se orienta pela vogal: IAA. Gabriel também, como Helen, se orienta pelo nome da letra **x**, mas acrescenta a letra **i: XI**AA. Percebe a presença de um som (fonema) vocálico no nome da letra X (o som da vogal **i**), o que o leva a acrescentar essa vogal na representação da sílaba inicial da palavra xícara, em que o núcleo é o fonema /i/. O que se pode inferir é que os conhecimentos de Helen e Gabriel sobre o nome das letras influencia a fonetização da sílaba; Gabriel revela ainda a capacidade de orientar-se não só pelo critério do nome da letra, mas também pelo critério fonológico. Confirma-se a influência desses dois critérios sobre Gabriel em sua escrita da palavra **JACARÉ**: as grafias que usa permitem supor que escreveu inicialmente de forma silábica com fonetização, AAE, em seguida percebeu o som

inicial do nome da letra **J** (jota) na primeira sílaba da palavra, ou percebeu o fonema e inseriu essa letra no pequeno espaço antes do A, o que parece indicar uma transição para o nível silábico-alfabético, tema do próximo capítulo.

> Observe-se ainda na escrita de Helen o uso da letra K para representar a sílaba CA em JACARÉ e XÍCARA. Tal como usou o nome da letra P para representar a sílaba PE da palavra PERA, usa o nome da letra K (ca) para representar a sílaba CA em **JKE** (jacaré) e em **XKA** (xícara).

Embora já escrevam as sílabas das palavras usando letras com valor sonoro, as crianças não conseguem ler o que escreveram sem o apoio das figuras: diante de OAE ou de AAUA, dizem o nome das letras, mas não são capazes de identificar nas letras as sílabas.

Dos exemplos do uso de consoantes para representar a sílaba em escritas silábicas, ou do acréscimo da consoante antes da vogal – como em **PA**, *pera*; **XKA** e **XIAA**, *xícara*; AAK e JAAE, *jacaré* – pode-se inferir que o conhecimento do nome de certas consoantes parece auxiliar a criança a identificar, na sílaba, os fonemas que essas consoantes representam. Isso indica já a identificação de mais de um fonema na sílaba – o fonema /p/ e o fonema /e/, na sílaba inicial de **pe**ra; o fonema /ʃ/ e o fonema /i/, em **xí**cara; o fonema /ʒ/ em **ja**caré. São exemplos que já evidenciam a identificação de fonemas consonantais, o que assinala a evolução para a fase seguinte, a escrita silábico-alfabética e, finalmente, a escrita alfabética, objeto do próximo capítulo.

> Como você pode notar, fonemas são representados com um símbolo nem sempre igual à letra, e são transcritos entre barras: /ʃ/ corresponde ao som de CH, em algumas palavras representado por X; /ʒ/ corresponde ao som da letra J. Na fonologia, usa-se um *alfabeto fonético* em que símbolos representam os fonemas. Você não precisa aprender o alfabeto fonético, ele é usado neste livro apenas para facilitar a explicação da escrita das crianças. Se você quiser saber mais sobre alfabeto fonético, consulte: https://www.normaculta.com.br/transcricao-fonetica/.

PARA SABER MAIS

As crianças, quando começam a compreender a fonetização da escrita, representam preferencialmente as sílabas pelas vogais, porque são as letras cujo som se destaca, e seu nome muitas vezes corresponde ao fonema que representam. Entretanto, como vimos em algumas das escritas analisadas nesta unidade, encontramos sílabas representadas por consoantes cujo nome é uma sílaba que começa com o fonema que a letra representa, sobretudo quando seguida pela letra E. Nesses casos, a criança considera a consoante equivalente à sílaba. O quadro abaixo mostra quais são essas consoantes, com exemplos de escritas silábicas ou silábico-alfabéticas (estas últimas serão discutidas no próximo capítulo):

LETRA	NOME	EXEMPLOS
B	bê	K**B**LO (cabelo), **B**LEA (beleza), **B**KO (beco)
D	dê	K**D**RA (cadeira), **D**CTO (decerto), PE**D** (parede)
P	pê	**P**TK (peteca), **P**LO (pelo), A**P**T (tapete)
T	tê	**T**LOE (telefone), BO**T** (bote), OA**T** (tomate)
V	vê	**V**LA (vela), **V**NEO (veneno), SO**V**T (sorvete)
Z	zê	A**Z**DO (azedo), **Z**BA (zebra), D**Z**A (dezena)
C antes de E	cê	**C**OA (cebola), VO**C** (você), A**C**SO (aceso)
G antes de E	gê	**G**LO (gelo), **G**LIA (gelatina), **G**MA (gema), **G**IO (gênio)
Q	quê	**Q**MA (queimada), A**Q**LE (aquele), **Q**JO (queijo)

Frequentemente também a letra K – cá – é usada em escritas inventadas para representar a sílaba CA, de que são exemplos as escritas apresentadas anteriormente de *jacaré* como JKE e de *xícara* como XKA. Menos frequente é o uso da letra H – agá – a para representar a sílaba GA. Exemplos com H encontrados em escritas de crianças silábicas com fonetização: a palavra *galinha* escrita como HLIA, *tartaruga* escrita como TAUH, *gato* como HTO. Infere-se que o nome de certas letras auxilia a criança a identificar mais de um fonema na sílaba, o que é um passo importante para o desenvolvimento da consciência fonêmica, objeto do próximo capítulo.

Crianças silábicas com valor sonoro já são capazes de escrever pequenos textos. Anteriormente, quando foram discutidas as *escritas com letras*, analisamos o "texto" de Aquiles sobre a figura de crianças lendo – reveja o texto de Aquiles no capítulo "A entrada da criança na cultura da escrita". Ele tinha então 5 anos e 2 meses. Aquiles evoluiu rapidamente para a escrita silábica com valor sonoro e, quatro meses depois, aos 5 anos e 6 meses, lhe foi proposto escrever de novo sobre a mesma gravura. Veja o texto que então ele escreveu e logo em seguida leu para a professora – abaixo do texto está o registro da leitura que Aquiles fez do texto que escrevera:

Aquiles
5 anos 6 meses

Aquiles representa as palavras por suas vogais, sendo que, na palavra *sentado,* já representa a sílaba inicial por C, usando o nome da letra, e escreve os dois fonemas da segunda sílaba, TA, aproximando-se da escrita silábico-alfabética. Teve dificuldade em representar as vogais nasais, representando por E a nasal na palavra *lendo*, e também representando por E, e não por A, a vogal nasal na sílaba *ban-* de *banco*. Como veremos adiante, a identificação da diferença fonológica entre vogal oral e vogal nasal e a aprendizagem das normas de nasalização das vogais – ora com til (*maçã*), ora com a letra **m** (*campo*), ora com a letra **n** (*canto*), ora por influência da sílaba seguinte que comece com **m** (*lama*) ou **n** (*cana*) ou com **nh** (*manhã*) – dependem de ensino que será pertinente quando a criança chegar à escrita alfabética.

Algum tempo depois, Aquiles não conseguiu ler o texto que escrevera, apresentado a ele sem a presença da figura. A criança *escreve* silabicamente, mas não é capaz de *ler* uma escrita silábica com valor sonoro, ainda que produzida por ela mesma, se não tiver o apoio da figura. Para avançar para a escrita alfabética, a criança precisa avançar em sua consciência fonológica, para que se torne capaz de identificar todos os fonemas das sílabas, o que depende do desenvolvimento da consciência fonêmica e da aprendizagem das relações fonemas-letras, como veremos no próximo capítulo.

NA SALA DE AULA

Como atuar na zona de desenvolvimento proximal para estimular crianças silábicas com valor sonoro a avançar para a compreensão de que há mais de um fonema nas sílabas?

As escritas silábicas com valor sonoro apresentadas nesta unidade foram escolhidas entre as produzidas por crianças do grupo que se revelou em nível silábico com valor sonoro em uma das atividades de diagnóstico de uma turma de 5 anos. O principal procedimento para ajudar crianças a avançar em níveis de conceitualização é, atuando na *zona de desenvolvimento proximal*, levá-las a refletir sobre sua escrita. Veja a interação de uma alfabetizadora com as crianças da turma, analisando como escreveram o nome das figuras na atividade diagnóstica:

> — *Vou devolver a atividade de escrita que vocês fizeram ontem* (distribui as respostas ao diagnóstico) *e vamos comparar como vocês escreveram. Para o nome da* PERA, *algumas crianças escreveram* EA, *outras escreveram* PA (escreve na lousa). *Vejam aí como vocês escreveram* PERA (aguarda que as crianças identifiquem sua escrita da palavra).
> — *Vamos ler o que está escrito aqui* (aponta na lousa PA, crianças dizem 'pe-ra'). *Eu estou lendo 'pa', um P com um A. PA é igual ao começo do nome do* **Pa**ulo, *não é? Paulo, mostre a ficha de seu nome*, vejam como começa: P + A, PA. *O da* **Pa***trícia começa também com* PA. *Você também, Patrícia, mostre a ficha de seu nome, aponte aí o começo de seu nome.* (Patrícia aponta a sílaba PA.) '**PE**RA' *começa igual a* **Pa***ulo e a* **Pa***trícia? Comparem:* PA, PE... **PA**ULO, **PE**RA, **PA**TRÍCIA, **PE**RA...

O DESPERTAR DA CONSCIÊNCIA FONOLÓGICA

– *Nãããoooo* (respondem em coro várias crianças).
– *O que podemos fazer para* a letra P *virar* PE, *de* PERA? (crianças ficam em dúvida, muitas pronunciam baixinho PE, PA, acentuando a articulação bilabial do P).
– *Estou lembrando aqui do nome do* **Pe**dro... *mostre a ficha de seu nome, Pedro. Olhem e ouçam bem:* **PE**RA *começa igual a* **PE**DRO?
– *Começa!* (coro de crianças)
– *Então como vamos escrever a primeira sílaba de* PERA?
– *Tem que botar um P antes do* E (dizem várias crianças).
– *Então vai ficar assim:* PEA (escreve na lousa e lê). *PE-A, é 'pea' ou 'pera'?* Repete: *ra, ra... não está faltando um som aqui? Uma letra?* Crianças repetem: *ra... ra....* A professora ajuda:
– *Aqui na sala tem uma menina que o nome termina com RA...* (crianças se entreolham, em dúvida). A professora diz:
– *Vamos procurar aqui na lista da chamadinha só os nomes das meninas.* Lê alguns nomes, privilegiando aqueles em que A é o núcleo da sílaba final. *Aman**da**...* **DA** *é igual a* **RA** *de* PERA? (crianças negam, *nãããoo...*), *Caroli**na**...* **NA** *é igual a* **RA** *de PERA?* (crianças negam de novo), *Lara...*
– *É o meu nome, é o meu*, grita Lara, e repete: *Lara, pera,* acompanhada em coro pela turma. *É uma rima* (diz uma das crianças).
– *Muito bem,* La**ra** *rima com* Pe**ra**. *Então o que temos de fazer agora com* PEA, *pra PE-RA rimar com LA-RA?*
– *Põe um R antes do A* (sugerem as crianças).
– *Então agora temos PE-RA, PE de Pedro e RA de Lara, PERA. Escrevam aí na frente da figura da pera, podem riscar ou apagar o jeito que escreveram antes.*

Interações reflexivas como a relatada caracterizam-se como *atuação sobre a zona de desenvolvimento proximal*, orientando crianças silábicas com valor sonoro a avançar para a identificação de mais de um fonema nas sílabas.
O recurso ao nome de crianças da turma é sempre estimulante, mas pode ser substituído por outras palavras com que as crianças tenham familiaridade.

PARE E PENSE

Compare as escritas das palavras *jacaré* e *xícara* apresentadas nesta unidade por três crianças:

João Victor

Helen

Gabriel

João Victor

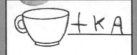
Helen

Gabriel

1. Compare as escritas da palavra *jacaré* por João Victor e Helen. Qual é a diferença entre elas em relação à escolha de letras para representar as sílabas?

O DESPERTAR DA CONSCIÊNCIA FONOLÓGICA

2. Compare as escritas de *jacaré* e *xícara* de Gabriel com as escritas dessas duas palavras por João Victor e Helen: por que se pode dizer que Gabriel está mais avançado na percepção dos sons das sílabas?

3. Baseando-se no relato da interação entre professora e crianças sobre a escrita da palavra PERA, apresentado anteriormente, e usando procedimentos semelhantes para orientar a reflexão das crianças, imagine e escreva agora **você** o relato da interação que você promoveria com uma turma de crianças para a análise das escritas da palavra *jacaré* por João Victor, Helen e Gabriel.

4. Tente ler, ou "decifrar", o bilhete que Mateus escreveu para Papai Noel:

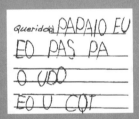

Mateus
5 anos e 2 meses

Você pode encontrar contribuições sobre as questões e sugestões para seu relato nos comentários apresentados no capítulo "Respostas e comentários às questões" no final deste livro.

CAPÍTULO 4

CONSCIÊNCIA FONÊMICA: A APROPRIAÇÃO DO PRINCÍPIO ALFABÉTICO

Nos dois capítulos anteriores, analisamos as primeiras etapas da criança em sua progressiva compreensão da escrita como um sistema de representação dos sons da fala. Nessa análise, entrecruzamos processos que se desenvolvem em paralelo: o conhecimento das letras, o desenvolvimento da consciência fonológica em suas diferentes dimensões e os processos cognitivos que levam a criança a compreender e a se apropriar das relações entre a escrita alfabética e a cadeia sonora da fala.

Este capítulo discute o desenvolvimento da consciência fonêmica e o avanço na compreensão do funcionamento do sistema de escrita alfabética. Este é o momento em que, finalmente, a criança se torna capaz de relacionar fonemas e letras e de escrever alfabeticamente, além de acrescentar regras e irregularidades ortográficas básicas para que a escrita alfabética se torne também ortográfica, nos limites das possibilidades das crianças.

São três as unidades deste capítulo:

Unidade 1 – O avanço da consciência fonêmica e da compreensão do sistema de escrita alfabética: a escrita silábico-alfabética

Unidade 2 – A estabilização de uma escrita alfabética

Unidade 3 – Da escrita alfabética à escrita ortográfica

UNIDADE 1

O avanço da consciência fonêmica e da compreensão do sistema de escrita alfabética: a escrita silábico-alfabética

Em escritas inventadas analisadas na unidade anterior, foram apresentados exemplos de crianças que já percebiam que uma sílaba pode ser constituída por mais de um som e representavam esse som pela letra a ele correspondente. Recordemos, nas escritas de Gabriel, a inclusão da letra **J** em *jacaré*, pela percepção do fonema /ʒ/ no início da palavra, e ainda a grafia da sílaba inicial de *xícara* como **XIAA**, percebendo o fonema /i/ no nome da letra **X**, e talvez também no núcleo da sílaba inicial da palavra. Também Helen corrigiu sua escrita da palavra *pé*, inicialmente grafada com apenas a vogal E, introduzindo um P antes dessa vogal. Infere-se que, ainda na educação infantil, sem ensino formal e sistemático, crianças já intuem a presença de mais de um fonema nas sílabas e sua correspondência com determinadas letras.

Conclui-se que, na transição entre a **escrita silábica com valor sonoro** e a **escrita alfabética**, a criança já percebe a possibilidade de segmentação de *algumas* sílabas em unidades sonoras menores (fonemas) e usa mais de uma letra para representá-las: sua escrita alterna entre silábica e alfabética, e é, por isso, considerada no nível **silábico-alfabético**. Neste nível, há um avanço *qualitativo* – a criança percebe que o som de algumas sílabas pode ser segmentado em mais de um (mais de um fonema), e disso resulta um avanço *quantitativo* – a criança usa mais de uma letra para essas sílabas. Esses avanços evidenciam que a criança percebe que uma sílaba pode ser segmentada em mais de um som – ou seja, já identifica alguns fonemas – e relaciona os sons com as letras que os representam. Alcançado esse nível, a criança avança, em geral rapidamente, para a capacidade de segmentar **todas** as sílabas das palavras em elementos fonêmicos

109

intrassilábicos que representa pelas letras correspondentes – o que exige, talvez mais que nas etapas anteriores, orientação *explícita* das relações fonemas-letras, tema que trataremos na próxima unidade.

Compare nos exemplos a seguir a escrita de Gabriel, já analisada na última unidade do capítulo anterior, com a escrita das mesmas palavras por Sara e Carlos, em início do 1º ano do ensino fundamental:

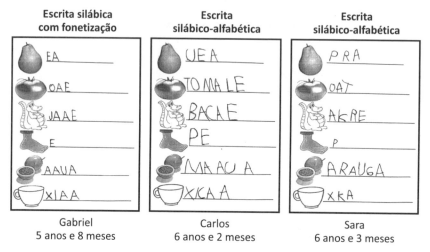

Gabriel, ao fim da pré-escola, escreve silabicamente com valor sonoro, exceto em *jacaré* e *xícara*, demonstrando que identifica mais de um som nas sílabas iniciais dessas palavras, evidenciando que já percebe mais de um som (fonema) nessas sílabas. Gabriel já se aproxima, como foi dito anteriormente, do nível seguinte, a escrita silábico-alfabética.

Carlos e Sara mostram estar avançando do nível silábico com valor sonoro – uma letra para representar cada sílaba – para a escrita silábica: acrescentam às palavras letras que mostram que identificam mais de um som (fonema) nas sílabas.

Sara percebe o fonema /ɾ/ em *pera* – **PRA**, na sílaba final de *jacaré* – A**KRE**, e ainda na segunda sílaba de *maracujá* – A**R**AUGA, talvez por já ter identificado a presença desse fonema em seu nome, Sa**r**a. Ainda na palavra *maracujá*, Sara acrescenta um G na última sílaba, ARAUGA, percebendo, além do A, o fonema /ʒ/, que representa por G e não por J, como seria correto – não dominando ainda a regra ortográfica de que G não representa esse fonema antes de A.

CONSCIÊNCIA FONÊMICA

Carlos, embora relacione o fonema inicial da palavra TOMATE com a letra T, na sílaba final representa o mesmo fonema por L: TOMALE. Essa é provavelmente uma dificuldade gráfica, não fonêmica, já que Carlos mostrou conhecer a relação entre o fonema /t/ e a letra T na primeira sílaba. Há uma proximidade gráfica entre as letras T e L, ambas compostas de um traço vertical e um traço horizontal, bastando uma rotação vertical para que L se torne quase igual a T, o que pode ter levado Carlos a confundir a grafia das duas letras. Em *jacaré*, Carlos escreve B no lugar de J – BACAE –, indício de que tem ainda dúvidas na relação fonema-letra, representando o fonema /ʒ/ não pela letra J mas por B.

Ao contrário de Sara, Carlos não registra o fonema /ɾ/ em *jacaré*, *maracujá* e *xícara*. Carlos e Sara são exemplos de crianças que percebem mais de um fonema em algumas sílabas e os representam pelas letras correspondentes, mas em alguns casos têm dúvidas sobre a letra correspondente.

Quando as crianças atingem a escrita silábico-alfabética, como Sara e Carlos, revelam já ter compreendido que a sílaba é composta de mais de um som, e identificam alguns desses sons e as letras que os representam. Muitas já reconhecem que há nas sílabas sons que não registraram, mas não sabem ainda como representá-los. A interação da professora com Sara, a respeito da escrita de JACARÉ, é um exemplo representativo:

> – *Sara, leia como você escreveu JACARÉ. Mostre com o dedinho que letras você escreveu.*
> Sara aponta as letras e lê: *A > ja, K > ca, RE > ré*
> – *Então JACARÉ se escreve A K R E? Começa com A?* (pronuncia ACARÉ)
> Sara responde, em dúvida:
> – *É... acho que é...*
> – *Sabe como uma menina da outra turma escreveu jacaré? A professora dela pediu pra ela escrever JACARÉ, olha como ela escreveu:* J A K R E. *Ela pôs uma letra antes do A, você começou com o A, qual é o jeito melhor?*
> Sara olha atentamente as duas escritas da primeira sílaba e pronuncia, baixinho, para si mesma, deixando de olhar as duas escritas e prestando atenção no som: A, JA... AKRE... JA K RE... e conclui:
> – *Não, não começa com A, é... JA, começa com JA, tem que pôr uma letra antes do A, mas eu ainda não sei que letra faz A virar JA.*

Sara, como as crianças silábico-alfabéticas em geral, mostra que reconhece um "som" antes do A da sílaba JA, e que deve haver uma letra que represente esse som (o fonema /ʒ/), mas ainda não aprendeu todas as correspondências fonemas-letras.

Os capítulos anteriores apresentaram o processo de progressiva compreensão da escrita como representação dos sons da fala, acompanhando o desenvolvimento cognitivo e linguístico das crianças e incentivando-as a avançar na apropriação da fonetização da escrita, em direção ao objetivo maior: que compreendam e se apropriem do *princípio alfabético*. Quando começam a identificar fonemas nas sílabas, nas fases *silábica com valor sonoro*, como Gabriel, e *silábico-alfabética*, exemplificada nas escritas de Sara e Carlos, avançaram em seu conceito da natureza da escrita como *representação* de sons da fala, já se aproximando do nível do fonema. Atingiram condições cognitivas e linguísticas para aprenderem **todas** as relações fonema-letra, tornando-se finalmente *alfabéticas* e também *ortográficas*, no que se refere aos casos regulares da ortografia do português brasileiro.

Em uma síntese do que discutimos até aqui, o *ponto de partida* do processo de alfabetização são os saberes que as crianças, com base em suas vivências no contexto familiar, social e cultural, já trazem quando chegam à instituição escolar. Pela mediação da/o alfabetizadora/or, que as acompanha e orienta, elas vão evoluindo em sua compreensão da natureza do sistema de escrita alfabética, em fases que se sucedem segundo seu desenvolvimento cognitivo e psicolinguístico e, como vimos, vão progressivamente tomando consciência de que:

> É fundamental esclarecer que o que se propõe neste livro **não é** um "método", mas uma orientação para **ensinar com método**, fundamentando-se em uma concepção de aprendizagem da língua escrita que articula contribuições de várias ciências: da psicogênese da escrita, da psicologia do desenvolvimento cognitivo e linguístico, da psicologia cognitiva da leitura e das ciências linguísticas que estudam a escrita, sobretudo a Fonética e a Fonologia. Todas essas ciências contribuem com "evidências científicas" para a compreensão do processo de alfabetização e, em decorrência disso, para o ensino.

CONSCIÊNCIA FONÊMICA

> a fala se constitui de cadeias sonoras;
> a língua escrita é a *visualização* dessas cadeias sonoras;
> essas cadeias sonoras podem ser segmentadas em palavras, e estas em sílabas;
> as sílabas se constituem de pequenos sons (os fonemas);
> esses pequenos sons (os fonemas) são representados por letras.

O objetivo de incentivar e orientar essa evolução desde a educação infantil é que a criança, já compreendendo bem a relação fala-escrita, tenha condições de atingir o *ponto de chegada*, a aprendizagem das relações fonemas-letras, tornando-se *alfabética*. Isso depende do desenvolvimento da *consciência fonêmica*, mais apropriadamente denominada *consciência grafofonêmica*, já que as relações fonemas-letras (ou fonemas-grafemas) são interdependentes e ocorrem simultaneamente, como veremos na próxima unidade.

> **Grafo-** se refere a **grafema**, o mesmo que **letra**; neste livro usamos ora **letra** ora **grafema**, indiferentemente. Os termos **consciência fonêmica** e **consciência grafofonêmica** remetem ambos às correspondências entre grafemas / letras e fonemas.

Há propostas para o ensino inicial da escrita alfabética nas quais o que tomamos aqui como *ponto de chegada* é considerado *ponto de partida*: a alfabetização começaria pelo ensino direto da associação de letras a seus sons, o que leva à aprendizagem de um *código* que precisa ser *memorizado*, e não à aprendizagem de um *sistema de representação*, que vai sendo *compreendido* por meio de etapas que partem da compreensão da palavra como cadeia sonora e vão conduzindo a criança até a letra como representação dos menores sons dessa cadeia. Ou seja: como foi apresentado no capítulo anterior, unidade 1, na proposta apresentada aqui orienta-se a criança da consciência lexical à consciência silábica para atingir a consciência fonêmica, acompanhando as possibilidades de seu desenvolvimento cognitivo e linguístico. Na próxima unidade, trataremos do **nosso** *ponto de chegada*: a apropriação do *princípio alfabético*, quando a criança se torna *alfabética*.

Antes, porém, realize as atividades seguintes, que permitirão que você sistematize sua compreensão dos níveis em que a criança já fonetiza a escrita.

PARE E PENSE

O quadro a seguir mostra a escrita de 3 palavras por 3 crianças entre 5 e 6 anos.

CRIANÇAS	PALAVRAS		
	SACOLA	CAPACETE	GELATINA
ALEXANDRE	CAOLA	KPACT	GLAINA
BERNARDO	AOA	KACI	EAIA
CAROLINA	SAOL	CAPACT	GLTINA
RAFAEL	SQA	KPET	GAIA

1. Em que nível de conceitualização da escrita cada criança está?
2. De cada criança, escolha uma das três palavras escritas e analise-as: o que explica as letras que a criança usou?
3. Descreva como você atuaria na zona de desenvolvimento proximal de cada uma das três crianças com o objetivo de ajudá-las a refletir sobre sua escrita e avançar para o nível seguinte.

Você pode comparar suas respostas com os comentários apresentados no capítulo "Respostas e comentários às questões" no final deste livro.

É preciso destacar que, embora a discussão das etapas nos capítulos anteriores possa levar a supor que o desenvolvimento e a aprendizagem são processos lineares que ocorrem na mesma sequência e ordenação em todas as crianças, há diferenças entre elas no ritmo do desenvolvimento e na facilidade ou dificuldade de aprendizagem, de modo que:

> há crianças que avançam mais rapidamente que outras;
> há crianças que "saltam" fases (por exemplo, evoluem diretamente da escrita silábica com valor sonoro para a escrita alfabética, o que é bastante comum);
> há crianças que eventualmente regridem: em um momento estão em uma fase, em seguida voltam à fase anterior;
> há crianças que estão simultaneamente em mais de uma fase. Por exemplo, escrevem algumas palavras silabicamente com valor sonoro, outras sem valor sonoro, ou em algumas palavras são silábicas com valor sonoro, em outras são silábico-alfabéticas etc.

Por isso é importante que a/o alfabetizadora/or conheça a fase em que estão as crianças para que possa trabalhar de modo que todas avancem.

Assim, no processo de alfabetização em sala de aula, considerando-se a dificuldade de trabalhar individualmente com cada criança, é necessário definir atividades que podem ser realizadas por toda a turma, quando as diferenças de níveis são pequenas, e atividades diferenciadas para grupos, de preferência reunindo crianças de níveis adjacentes, de modo que possam colaborar umas com outras:

> **AGRUPAMENTOS PRODUTIVOS**
>
> escrita com letras ⟵⟶ silábico sem valor sonoro
>
> silábico sem valor sonoro ⟵⟶ silábico com valor sonoro
>
> silábico com valor sonoro ⟵⟶ silábico-alfabético
>
> silábico-alfabético ⟵⟶ alfabético
>
> *Crianças em fases muito distantes da maioria de seus colegas demandam atendimento individual.*

Acompanhe a interação de um grupo de crianças em níveis diferentes de compreensão do sistema de escrita em uma atividade desenvolvida por uma professora em sua turma em fase de alfabetização.

NA SALA DE AULA

Ao receber sua turma de 1º ano, a professora dedicou os primeiros dias a construir interação com as crianças e a diagnosticar os níveis de escrita em que se encontravam, a fim de planejar adequadamente suas aulas. O diagnóstico de níveis de escrita revelou que havia diversidade entre as crianças: um grupo pequeno no nível *silábico sem valor sonoro*, outro no grupo *silábico com valor sonoro*, várias crianças no nível *silábico-alfabético* (as crianças vinham da educação infantil na mesma escola, em que tinham desenvolvido consciência silábica). A professora adotou procedimentos para orientar as crianças a avançar, respeitando o nível em que cada grupo estava. Um exemplo:

CONSCIÊNCIA FONÊMICA

Após ler para as crianças o livro *Girafas não sabem dançar*, que tem dobraduras e figuras de animais que se movimentam, despertando grande interesse entre elas, a última das perguntas de compreensão e interpretação que fez após a leitura foi, retomando as páginas do livro, levar as crianças a relembrar os nomes dos animais que sabiam dançar. Em seguida, sugeriu que, em grupos, escrevessem os nomes dos animais: cada grupo escreveria o nome de um dos animais. Formou grupos reunindo, em cada um, crianças em níveis diferentes – 4 ou 5 crianças em cada grupo. Atribuiu a cada grupo o nome de um animal, ajustando a estrutura da palavra aos níveis dos grupos. Por exemplo, ao grupo que reunia duas crianças no nível *silábico com valor sonoro* e duas no nível *silábico-alfabético*, atribuiu a palavra MACACO, entregando uma ficha com a figura do animal, para que nela escrevessem o nome dele. Acompanhe a interação do grupo na escrita da palavra:

Artur (silábico com valor sonoro): *Esta é fácil, eu escrevo, me dá a ficha.* Escreve: AAO

Maria Clara (silábica com valor sonoro): lê, apontando cada letra e pronunciando as sílabas: A >MA, A >CA, O >CO. *Já acabamos, tá escrito.*

Cecília (silábico-alfabética): *Ó Clarinha, o que está escrito aí é A – A – O* (apontando as letras), *a palavra não é AAO, é MACACO. Presta atenção:* **MA** *CA CO. Não começa com A.*

Maria Clara: *MACACO? MA? MA? Começa com MA, igual meu nome!* **Ma**-*ria Clara,* **ma**-*caco.* Enfatiza ao falar a sílaba MA. *Tem de colocar um M, no meu nome é um M e um A. Um M e um A faz MA. Coloca um M aí antes do A, Artur.*

Artur acrescenta um M e mostra a palavra com o acréscimo: *MAAO.*

Miguel (silábico-alfabético), demonstrando impaciência: *Gente, MAAO? Dois As seguidos?* **MA-A-O** *é MA-CA-CO?* Enfatiza a duplicação da letra A.

Artur: *Então o que é que eu tenho de fazer? Não posso apagar um A! tem dois As em MACACO.*

Cecília: *Tem de botar a letra K, em vez do segundo A, não é MAA, é MA***CA***.*

Miguel concorda: *É, tem de colocar K, põe aí um K depois do MA, Artur.*

Artur reescreve a palavra *MAKO* e conclui, impaciente: *Agora tá certo, né?* Lê, apontando as letras e pronunciando as sílabas: *MA K O* (lê K como CA e O como CO).

Miguel lê: *Tá certo, não... MA K O...* Fica em dúvida, fala mais para si mesmo que para o grupo: *MACAO, MACACO...* Repete: *CA-O, CA-CO...*

Maria Clara: *Não pode botar também um K no lugar do O?*

Cecília: *Não, Clarinha, K é ca, não serve pra co.*
Não conseguindo chegar a um acordo, resolvem pedir ajuda à professora, mostram o que escreveram, dizem que não sabem como escrever CO.
A professora pediu para que esperassem um pouco, ela vai explicar para a turma toda, porque outro grupo também tinha uma dúvida parecida (um grupo tinha escrito **ze**bra como **Z**BERA). Desfez os grupos, reuniu a turma e, confrontando as palavras macaco/mako e zebra/zbera, explicou que o nome da letra não representa a sílaba. Deu também outros exemplos, além do K/CA e do Z/ZE, e desafiou as crianças a escrever **ca**belo, **ze**bu, sor**ve**te, **ge**ma, **pe**ra.

Recorde o box "Para saber mais" na unidade 3 do capítulo anterior.

UNIDADE 2

A estabilização
de uma escrita alfabética

A análise da progressiva construção pela criança do conceito de escrita como um sistema de representação dos sons da fala, que vimos desenvolvendo desde o capítulo "A entrada da criança na cultura da escrita", tem como pressuposto que, para que o sistema de escrita alfabética seja plenamente compreendido e assim se complete a alfabetização, o foco **não deve ser o ensino** (o "método"), mas a **aprendizagem**, o **como a criança aprende**. A partir das concepções que a criança vai progressivamente elaborando sobre a natureza da escrita alfabética, definem-se procedimentos de ensino que orientem a reformulação dessas concepções, levando ao avanço na compreensão deste objeto de conhecimento que é o sistema alfabético de escrita. Nesse período inicial, não se trata propriamente de ensinar, mas de exercer a *mediação* da aprendizagem, atuar na zona de desenvolvimento proximal, acompanhando as capacidades disponíveis em cada momento do desenvolvimento da criança, até que ela atinja condições cognitivas e linguísticas para compreender e se apropriar plenamente do sistema alfabético.

Assim, nas fases até aqui descritas, o foco é o **sujeito** da aprendizagem, a criança e suas possibilidades, ao longo de sua evolução na compreensão da natureza da escrita. Quando começa a manifestar-se na escrita da criança que ela já percebeu que as sílabas são segmentáveis e que há nelas sons menores representados por letras (níveis silábico com valor sonoro e silábico-alfabético), o foco desloca-se para o **objeto** da aprendizagem: a relação entre todos os fonemas do português brasileiro e todas as letras correspondentes a eles. Ou seja, o foco volta-se ao *alfabeto*, um produto cultural que, por ser *inventado* pelo ser humano, fruto de uma abstração – tornar o som *visível* –, precisa ser ensinado explicitamente.

Como vimos na primeira unidade do capítulo "A entrada da criança na cultura da escrita", ao longo da história várias alternativas de escrita foram inventadas, muitas criando sistemas que representam o *significado*. O alfabeto, por outro lado, resultou de uma *descoberta* e de uma *invenção*:

> ➤ a *descoberta* de que as palavras carregam *significados* por meio de cadeias de unidades sonoras – *significantes*;
>
> ➤ a *invenção* de uma representação dessas unidades sonoras por formas visuais específicas, as letras.

> **Descoberta** é a percepção de algo existente de que ninguém tinha se dado conta antes. A criança, como aconteceu com o ser humano, *descobre* que as palavras são sons, são cadeias sonoras que podem ser segmentadas.
>
> **Invenção** é a criação de algo não existente antes, totalmente novo: o ser humano *inventou* a representação dos sons da fala por sinais gráficos, as letras; a criança precisa aprender essa "invenção", o sistema de escrita alfabética.

A criança, de certa forma, refaz a *descoberta* em seu processo de compreensão da natureza da escrita, por meio de estímulo e orientação da/o alfabetizadora/or. Porém, ela precisa *aprender* a *invenção*, a representação de fonemas por letras que constituem o alfabeto: um conjunto finito de fonemas representados por um número finito de sinais gráficos, as letras.

A criança, desde cedo, como vimos, revela sensibilidade fonológica às sílabas, *descobrindo* a possibilidade de dividir uma palavra nesses segmentos e representá-los por uma letra – qualquer letra (nível silábico sem valor sonoro). O acesso à *invenção* se anuncia quando a criança revela perceber a relação entre as letras da sílaba e o "som" que elas representam (nível silábico com valor sonoro). Recorde, na unidade 3 do capítulo anterior, como ocorre a *fonetização* no nível da sílaba: as crianças fonetizam as sílabas escolhendo as letras que representam os sons que mais se destacam na pronúncia delas – em geral as vogais, obrigatórias em todas as sílabas do português. Para compreender e apropriar-se do sistema alfabético, a criança precisa

CONSCIÊNCIA FONÊMICA

perceber que também as consoantes, todas elas, representam fonemas, indispensáveis para completar a cadeia sonora das palavras.

No entanto, enquanto as sílabas podem ser identificadas e pronunciadas isoladamente, o que possibilita uma escrita silábica, os fonemas não são observáveis diretamente, não são pronunciáveis isoladamente. Por isso, a consciência fonêmica não se desenvolve de forma espontânea, e não se pode pretender que as crianças reconheçam, manipulem, pronunciem fonemas. Para se apropiar da *invenção*, a criança precisa *perceber* os fonemas que as letras representam, não pronunciá-los, já que são impronunciáveis. Precisa desenvolver a *consciência grafofonêmica*: a consciência das correspondências entre letras (grafemas) e fonemas.

Tendo percebido a fonetização de letras no nível silábico, a criança desenvolve, em geral rapidamente, a *consciência grafofonêmica*: percebe que cada letra corresponde a um fonema, como podemos ver na evolução das produções de uma mesma criança, Ana Beatriz, que ingressou no 1º ano do ensino fundamental com 6 anos e 2 meses:

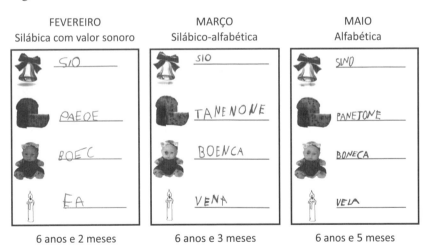

Ana Beatriz ingressou no ensino fundamental no início de fevereiro, tendo cursado, na mesma escola pública, a educação infantil, cujo projeto pedagógico inclui várias atividades de escrita espontânea com orientação às crianças para que avançassem nas hipóteses de escrita, como discutido nos capítulos anteriores. Veja em seguida uma das atividades desenvolvidas pela professora.

121

NA SALA DE AULA

A professora fez um diagnóstico das crianças em fevereiro (a escrita das palavras por Ana Beatriz é seu resultado no primeiro diagnóstico da turma do 1º ano) para decidir de onde deveria partir para dar continuidade ao processo de alfabetização. Ela verificou que a maioria das crianças se encontrava no nível *silábico com valor sonoro* (como estava Ana Beatriz). Assim, de início, escolheu algumas escritas nesse nível na produção das crianças e analisou-as com o grupo. Devolveu as folhas do diagnóstico para as crianças e propôs:

– *Vamos conferir como vocês escreveram as palavras? Vamos começar com* panetone. *Difícil, né, esta palavra comprida... observem aí como vocês escreveram.*
Esperou algum tempo para que as crianças consultassem sua escrita.
– *Vamos dividir a palavra em sílabas? Vamos, todos juntos, e vão contando nos dedinhos quantas sílabas são:* pa-ne-to-ne. *Quantas sílabas são?*
A maioria das crianças responde 4; algumas mostram ainda ter dúvidas sobre o que é dividir palavras em sílabas. A professora explica: *a gente pode dividir as palavras em pedacinhos*. Repete, então, a divisão mostrando o número nos dedos, e em seguida pede que apenas as que não tinham acertado repitam com ela a divisão da palavra, contando nos dedinhos. Já começa assim a preparar essas crianças para consolidar a fase silábica.
– *Agora vamos ver como vocês escreveram. Muitas escreveram assim: PAEOE.* Escreve na lousa e lê, apontando: PA-E-O-E. *Tá escrito PANETONE, gente? Eu não quero comer paeoe, alguém quer?*
As crianças riem e respondem: *nãããoooo!*
– *Então o que é que temos de fazer para este E virar a sílaba NE? Repitam comigo: PA NE... NE, NE, NE...*

> Algumas crianças sugerem colocar M, provavelmente pensando mais na letra que no fonema (M e N são letras parecidas), outras discordam:
> – *Não é PA-ME-TONE, é PA-NE-TONE*, diz uma criança.
> – *Pois é*, diz a professora, *comparem: PANE, PAME, NE, ME.*
> Várias crianças dizem em coro:
> – *É o ene, põe aí o N, fessora. Tá até no nome da letra, gente, olha: ENE.*
> A professora colocou a letra N, leu PANE. Em seguida levou as crianças a perceber que a última sílaba da palavra era NE também, e acrescenta nela o N. Seguindo a mesma estratégia, foi feita a análise da sílaba TO, levando as crianças a refletir sobre qual letra faltava para que PANEONE se tornasse PANETONE. Finalmente, as crianças corrigiram sua escrita, acrescentando as letras que faltavam.

Da mesma forma, foi discutida a palavra BONECA, escrita por muitas crianças como BOEC, ou BOECA, ou BOEK, ou BOENCA.

Um mês e meio depois, em meados de março, após várias atividades de produção e análise de escrita espontânea e de leitura, a professora repetiu o diagnóstico com as mesmas palavras, e repetiu-o de novo no fim de maio, a fim de verificar a evolução das crianças ao longo dos quatro meses. As atividades para o desenvolvimento da consciência grafofonêmica e aprendizagem das relações fonemas-letras tornaram a maioria das crianças silábico-alfabética, e logo alfabética, como aconteceu com Ana Beatriz – compare a escrita de Ana Beatriz de fevereiro a maio. Evolução semelhante foi verificada na maioria das crianças das duas turmas de 1º ano da escola.

O que se observa com frequência é que, percebida a fonetização no nível silábico, as crianças, com mediação da/o alfabetizadora/or, avançam rapidamente para a fonetização no nível alfabético e se tornam *alfabéticas*. Confira em que níveis estavam, perto do final do ano, as duas turmas do 1º ano da escola de Ana Beatriz no levantamento que as duas professoras fizeram:

NÚMERO DE CRIANÇAS EM CADA NÍVEL DE CONCEITUALIZAÇÃO NAS TURMAS DE 1º ANO OUTUBRO – 2019

NÍVEIS	RABISCO	GARATUJA	ESCRITA COM LETRAS	SILÁBICAS SEM VALOR SONORO	SILÁBICAS COM VALOR SONORO	SILÁBICO-ALFABÉTICAS	ALFABÉTICAS	TOTAL DE CRIANÇAS
NÚMERO	0	0	0	0	2	14	36	52

A transição da consciência silábica para a consciência fonêmica representa um momento de mudança radical na relação entre consciência fonológica e aprendizagem da escrita alfabética. De início, como vimos, a criança parte da oralidade – da palavra fonológica e sua segmentação em sílabas, da identificação de um som na sílaba, em geral a vogal – e assim vai construindo, ao *escrever*, o conceito de escrita como representação dos sons da fala. Para atingir a representação no nível dos fonemas, que é o que constitui a escrita alfabética, a direção se modifica: *ler* as palavras, sobretudo aquelas que a criança mesma escreveu, suscita a consciência fonêmica. Ao identificar lacunas na cadeia sonora, voltando sua atenção para a representação de sons da fala por letras, a criança busca as letras que correspondam aos fonemas necessários para completar a cadeia sonora da palavra. Na discussão sobre a palavra *panetone*, foi a *leitura* da escrita como *paeoe* que provocou a percepção de ausência de fonemas na palavra e a busca de letras que representassem esses fonemas.

Há uma relação de interação, de influência recíproca, entre consciência fonêmica e aprendizagem do sistema de escrita alfabética. É a representação dos fonemas por letras que, tornando *visíveis* palavras *sonoras*, suscita a sensibilidade fonêmica. Essa, por sua vez, leva à compreensão das relações entre letras e fonemas – leva à *consciência grafofonêmica*.

Como dito anteriormente, não é possível pronunciar fonemas isoladamente, assim é impossível pretender que a criança "pronuncie" o fonema que cada letra representa. Tente, por exemplo, "pronunciar" o fonema que a letra B representa, ou a letra M, ou qualquer outra consoante: você certamente acrescentou um som vocálico neutro, átono, que apoia a consoante. Se não fez isso, você apenas juntou os lábios – porque o *ponto de articulação* é o mesmo em B e M – mas não produziu nenhum som. Como, então, identificar unidades sonoras como fonemas, se elas não se distinguem como um segmento sonoro isolável da vogal com que se articulam? Recorde que, ao discutir a escrita de *panetone*, na interação descrita anteriormente, a professora destacou o fonema /n/ na sílaba NE, não isoladamente – como poderia pronunciar /n/ sem o apoio da vogal /e/? A criança que se apoiou no nome da letra, ENE, também identificou o fonema na sílaba NE.

Na teoria fonológica, dois sons são identificados como dois fonemas quando estão em contraste em duas palavras *de significados diferentes,* mas se distinguem oralmente apenas por sons situados na *mesma posição na cadeia sonora* das duas palavras. Observe estas duplas de palavras:

> Em Fonologia, duas palavras que dependem de um só fonema (e, portanto, de só uma letra) para distinguir seus significados são denominadas **par mínimo.** Para saber mais sobre **Fonologia, fonema e consciência grafofonêmica**, consulte esses verbetes no *Glossário Ceale,* que você encontra na internet, em www.ceale.fae.ufmg.br/ glossarioceale.

BATA		PANELA		GATO
MATA		JANELA		RATO

Em cada dupla, há duas palavras de significados diferentes, cuja cadeia sonora se distingue apenas por um som inicial que se apoia na vogal. Esses sons, diferentes em um mesmo contexto em palavras com significados diferentes, são classificados como *fonemas.* Nas duplas acima, os sons das consoantes B e M, P e J, G e R, percebidos quando apoiados na vogal, correspondem a fonemas diferentes, formando palavras de significados também diferentes. Pronuncie as palavras prestando atenção nas sílabas em negrito e identifique a diferença entre os fonemas representados pelas consoantes: **BA**TA – **MA**TA; **PA**NELA – **JA**NELA; **GA**TO – **RA**TO.

Outro exemplo, com fonemas mediais – não iniciais como nos exemplos anteriores, mas na segunda sílaba da palavra:

SOCO		BOLA		CAMELO
SORO		BOTA		CABELO

Pronuncie cada dupla acima, prestando atenção na diferença que os fonemas, representados pelas letras C e R, L e T, M e B, determinam no significado das palavras.

Como orientar a criança para que se aproprie de todas as relações entre fonemas e letras? A criança *silábica com valor sonoro* ou *silábica-alfabética*, quando lê em voz alta as palavras que escreveu ou leu, identifica que faltam segmentos sonoros – fonemas – e busca letras que representem esses fonemas. É o que levou Ana Beatriz e a maioria das crianças, no exemplo apresentado anteriormente, a tornarem-se alfabéticas em apenas quatro meses.

Atividades desenvolvidas com frequência que levem as crianças a identificar, no confronto entre palavras, o fonema ausente e a letra a ele correspondente, desenvolvem a *consciência grafofonêmica* e a habilidade de associar fonemas a letras. Muitos jogos e atividades podem ser desenvolvidos para esse fim. Você pode usar jogos existentes – veja sugestões no quadro apresentado no capítulo anterior, unidade 2 – ou pode criar seus próprios jogos, mas escolha ou crie sempre com o critério de desenvolver a habilidade de relacionar fonemas e letras em palavras, como nas atividades seguintes:

> ➢ Escolher a ficha onde está o nome da figura (palavras que se diferenciam apenas pela letra – fonema inicial):

A criança precisa reconhecer os fonemas representados pelas letras P, G e R.

➢ Completar o nome da figura com a letra que está faltando, inicial ou medial:

Que letra completa o nome de cada figura?

A criança precisa reconhecer a letra que representa o fonema que completa a palavra.

➢ Marcar a figura cujo nome começa com a mesma letra do nome da primeira figura:

*A criança precisa reconhecer os fonemas nas sílabas iniciais das palavras correspondentes a cada figura e identificar em qual figura o fonema é igual ao da primeira figura (**p**eteca – **p**anela).*

É sobretudo pela **oposição** de palavras ou sílabas cujo som se diferencia por uma letra, consoante ou vogal, que a criança percebe os fonemas e adquire condições de aprender as relações fonemas-letras. Como vimos no exemplo da discussão sobre a palavra PANETONE, a professora levou as crianças a ler o que tinha sido escrito – PAEOE –, evidenciando assim a falta de fonemas (*Eu não quero comer paeoe*). A sugestão da letra M por uma criança permitiu comparar um par: diferenciar PA**M**E de PA**N**E (embora essas não sejam palavras, mas *pseudopalavras*, o que interessava no

> *Pseudopalavra* é uma palavra que pode ser pronunciada, mas não existe, não tem significado.

127

contexto era destacar a diferença sonora entre ME e NE). Como se vê no relato, a atividade foi desenvolvida coletivamente, de modo que todas as crianças tiveram a oportunidade de refletir sobre a relação fonemas-letras.

Em atividades como essas, é mais adequado pedir a *letra* que completa uma figura, não o fonema. Como o que se pretende é desenvolver a habilidade de associar fonema e letra, e como o fonema é abstrato, não pronunciável, ao pedir a letra que completa o nome de uma figura, na verdade se está pedindo que a criança identifique o fonema que falta e o represente com a letra que a ele corresponde.

Atividades podem ser desenvolvidas também para que as crianças modifiquem palavras, substituindo um de seus fonemas. A interação professora-crianças descrita a seguir é um exemplo:

NA SALA DE AULA

A professora sugeriu às crianças aprenderem uma nova parlenda e recitou:

>Hoje é domingo
>Pede cachimbo
>Cachimbo é de barro
>Dá no jarro
>O jarro é fino
>Dá no sino
>O sino é de ouro
>Dá no touro
>O touro é valente
>Dá na gente
>A gente é fraco
>Cai no buraco
>O buraco é fundo
>Acabou-se o mundo.

CONSCIÊNCIA FONÊMICA

Lembrou às crianças o conceito de parlenda, apresentou a parlenda em um cartaz que prendeu na lousa e levou as crianças a ler em coro enquanto apontava as palavras no cartaz. Foram identificadas as rimas – destacando o encadeamento dos versos pela retomada de palavras que rimam – e buscaram outras palavras que rimassem com palavras da parlenda.

No dia seguinte, com a parlenda ainda exposta no cartaz, a professora levou as crianças a identificar relações fonemas-letras.

– *Vamos analisar outras coisas interessantes na parlenda de ontem? Vamos lembrar estes versos?* Ela aponta no cartaz e as crianças leem em coro*:*

Cachimbo é de barro / Dá no jarro

– *Barro vocês sabem o que é, jarro também. São duas coisas diferentes, mas as duas palavras são quase iguais, vejam:* (escreve na lousa)

    BARRO
    JARRO

– *Por que duas palavras tão parecidas significam coisas diferentes?*
– *Uma começa com BA, outra com JA, dizem as crianças.*
– *E BA é diferente de JA, as duas sílabas são diferentes. Por que são diferentes?*
– *Uma começa com B, a outra com J* (explicam algumas crianças).
– *Isso mesmo, B e J mudam a sílaba de BA pra JA* (enfatizando a pronúncia)*, as letras B e J criam sons diferentes. Esses sons diferentes de cada letra são os* **fonemas***. Vamos ver se encontramos outras letras pra ficar no lugar de B e J formando palavras novas.*

As crianças sugerem imediatamente CARRO. A professora escreve na lousa essa palavra abaixo de BARRO e JARRO e grifa as sílabas BA, JA e CA.

– *Só acharam a letra* **C** *para formar outra palavra? Eu também não me lembro de nenhuma... Então vamos inventar palavras, pra ver como ficam com outras letras? Vai ser divertido.*

Várias sugestões foram sendo apresentadas, com grande entusiasmo e envolvimento. Com elas, a professora foi compondo outra lista na lousa, a lista das "palavras que não existem", ao lado das "palavras que existem": PARRO, TARRO, MARRO, LARRO... uma criança sugeriu VARRO e acrescentou:

129

– *Só que esta palavra existe, pode ficar na lista das palavras que existem.*
– *Não existe não* (protestaram algumas crianças).
– *Existe sim, a gente fala: eu **varro** o quintal...*
– *Ela tá certa, existe **varro** sim, viram? Varrer o quintal, eu **varro** o quintal. Oba, mais uma, agora com a letra V,* diz a professora. E acrescenta VARRO na lista das palavras que existem, grifando o VA. A professora, então, sistematiza os fonemas diferentes que a letra inicial de cada palavra representa, chamando a atenção das crianças para os sons.
– *Vamos repetir todos juntos as primeiras sílabas das palavras nas duas listas, prestando atenção na diferença de som quando a letra é diferente.*

A professora coordena o coro, acentuando bem as diferenças: BA, JA, CA, VA, PA, TA, MA, LA. Em seguida, pede às crianças que formem palavras com essas sílabas: PACA, VACA, JACA, CAPA, BATA etc.

Mas não bastam atividades não sistemáticas na aprendizagem das relações fonemas-letras, como as exemplificadas, para que a criança se aproprie plenamente do sistema de escrita alfabética. Como dito anteriormente, a representação de fonemas por letras foi uma *invenção* abstrata e complexa, que envolve 26 letras e 26 fonemas cujas relações é necessário *aprender* – e não *descobrir*, como a criança *descobre* que as palavras são cadeias sonoras segmentáveis.

O jogo "Onde moram os fonemas?" é uma alternativa para sistematizar as relações fonema-grafema e grafema-fonema, explicitando-as em um quadro de dupla entrada em que vão sendo inseridas sílabas de palavras sugeridas por atividades diversas. Eis o quadro com 20 colunas e 5 linhas ainda em branco, tal como vai ser encontrado pelas crianças, com surpresa, exposto na sala de aula:

CONSCIÊNCIA FONÊMICA

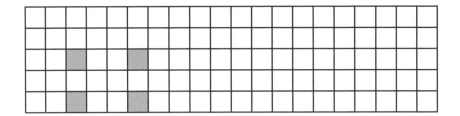

O jogo é explicado no relato de uma aula com crianças de 1º ano nos níveis silábico com valor sonoro e silábico-alfabético. À medida que for lendo o relato da interação entre a professora e as crianças, acompanhe o preenchimento do quadro que está apresentado na sequência.

NA SALA DE AULA

Quando as crianças voltaram do recreio, encontraram um quadro colado na lousa, ainda em branco, e perguntaram, curiosas:
– *Pra que isso, fessora?*
– *Segredo! É um jogo, vamos jogar e vocês é que vão descobrir o segredo,* explica a professora.
As crianças ficam curiosas, querem saber como é o jogo, o que vai ser posto nos quadradinhos.
– *O jogo é que vai nos mostrar quem vai morar nos quadradinhos; vamos imaginar que cada coluna* (aponta, esclarecendo o que é coluna) *é um prédio, cada quadradinho é um andar do prédio. Reparem que há quatro casas interditadas, este é outro segredo, que vocês vão descobrir depois.*
A professora tinha desenvolvido com as crianças, na semana anterior, a parlenda "Hoje é domingo, pede cachimbo"... Sugeriu que recordassem a parlenda, que ainda permanecia em um cartaz preso na lousa, levando-as a ler os versos em coro.

131

Em seguida, relembrou:
— *Vocês lembram que procuramos na parlenda palavras que começassem quase igual a barro, jarro... depois procuramos palavras com outras letras pra ficar no lugar de B e J formando palavras novas? Lembram as palavras que vocês acharam?*
As crianças respondem em coro: *Carro e varro, olha a lista ali na lousa.*
A professora, tendo planejado a continuidade de atividades com a parlenda, tinha mantido a lista feita na primeira discussão em um canto da lousa.
— *Fizemos uma lista de palavras que só são diferentes porque começam com letras diferentes, não foi? Coitadas, ficaram ali na lista, desde a semana passada, fora de casa...* (as crianças riem).
— *Vamos dar casas para as sílabas BA de barro* (coloca a sílaba no quadro), *JA de jarro e VA de varro, mas JA e VA vão ficar em outros prédios, mas no mesmo andar.*
— *Agora vamos fazer outra coisa, vamos procurar na parlenda outras palavras que só são diferentes por causa da letra inicial, e dar casas para as sílabas também?*
— *Fino e sino,* diz logo uma criança.
— *Vamos ver se Ana acertou?*
A professora, apontando no cartaz o verso da parlenda em que estão as duas palavras, pede que leiam em voz alta o verso, prestando atenção no som das duas palavras, em seguida escreve na lousa:
      FINO
      SINO
— *Olhem bem, só as primeiras letras da primeira sílaba são diferentes, FI, SI. Ana acertou. Vamos dar casa para as duas sílabas? Tem muito prédio desocupado. Posso escolher?,* pergunta a professora. Coloca FI e SI em dois prédios desocupados, mas no mesmo andar.
— *As duas palavras começam diferente, mas terminam igual, com NO,* diz Ana, que se sentia responsável pela "descoberta" das duas palavras.
A professora aproveitou a observação para enriquecer o quadro com mais uma sílaba.

CONSCIÊNCIA FONÊMICA

> – *Por isso as duas palavras rimam, **fino/sino**, vocês repararam? Vamos dar uma casa para o NO também?*
> – *Em um prédio vazio,* sugerem, concordando, as crianças.
> – *Mas em qual andar?,* pergunta a professora. *Olhem bem: não temos ainda andar com sílaba com a vogal O, só temos com as vogais A e I.* Com essa observação, a professora já vai orientando as crianças para a organização do quadro. *Vou ter de colocar em um andar em que ainda não tem sílabas.* Acrescenta NO no quadro.
> – *Vamos continuar jogando este jogo com outros textos, até vocês descobrirem o segredo, tá? Vão prestando atenção...*

ONDE MORAM OS FONEMAS?

A	BA/ba	CA/ca			JA/ja			VA/va												
U																				
E																				
O							NO/no													
I						FI/fi	SI/si													

20 colunas para 16 consoantes (excetuadas H, K, W, Y), não necessariamente em ordem alfabética, e os dígrafos, LH, CH, NH, e uma coluna para as vogais, que será preenchida quando já houver palavras em todos os andares. Os dígrafos GU, QU, RR e SS são discutidos na unidade seguinte, como questões ortográficas.

Periodicamente, novas sílabas de palavras destacadas em textos lidos são introduzidas na tabela pelas próprias crianças, que vão percebendo os mesmos fonemas consonantais nas colunas e podem confrontá-los com fonemas diferentes nas linhas, sempre associados à mesma vogal. A primeira coluna, das vogais, fica em branco até que as crianças descubram o "segredo" do jogo – o que acontece antes mesmo de o quadro ser totalmente preenchido –, completem o quadro acrescentando casinhas ainda não preenchidas e aprendam, por oposição, todos os fonemas consonantais. É então que a professora

133

coloca o título do quadro: Onde moram os fonemas?

O quadro, de início, recebe apenas sílabas de padrão **CV** (consoante + vogal), incluídos os dígrafos **CH**, **NH** e **LH**, muito comuns no vocabulário das crianças e em livros infantis. Atividades com sílabas **CV** são um recurso pedagógico adequado para as etapas iniciais do processo de alfabetização, já que, neste caso, a representação de fonemas por letras fica evidente no confronto das sílabas nas colunas e nos "andares" no quadro. Na vertical, isto é, em cada coluna, encontra-se a mesma consoante/fonema combinada com diferentes vogais/fonemas; na horizontal, nas várias linhas, diferentes consoantes combinadas com a mesma vogal. As crianças, participando do preenchimento do quadro, vão identificando a diferença entre as variadas consoantes associadas à mesma vogal, nos "andares" (nas linhas), e a mesma consoante associada a diferentes vogais no mesmo "prédio" (nas colunas). O jogo se torna mais motivador para as crianças se o quadro for substituído por uma série de 20 casinhas como as exemplificadas esquematicamente no quadro ao lado.

O jogo "Onde moram os fonemas?" (que pode ser também chamado o "Jogo das casinhas") é, assim, usado inicialmente de forma simplificada, tal como desenvolvido pela professora no relato, considerando que as crianças estão no início do processo de identificação

> **Dígrafos** são grupo de duas letras que representam um só fonema.
> A sílaba **CV** é a estrutura silábica mais frequente no português, por isso é chamada *sílaba canônica*. Adiante discutiremos as estruturas silábicas do português e sua relação com o processo de alfabetização.

Você pode ver um vídeo que mostra uma professora trabalhando com as casinhas no YouTube:
https://www.youtube.com/watch?v=YYmXG6Hcpa8.

de fonemas. Nesse momento, o objetivo é sistematizar as relações mais simples fonema-letra: apenas em sílabas VC, introduzindo posteriormente palavras com os dígrafos QU e GU antes de E ou I (que então ocupariam nas colunas do C e do G as casinhas "interditadas" nos andares correspondentes às letras E e I). Dominadas as relações básicas que compõem o quadro, facilmente as crianças compreenderão esses dígrafos, que constituem uma questão não só fonológica, mas também ortográfica, e que serão objeto da próxima unidade. Também na próxima unidade trataremos dos dígrafos SS e RR, e de sílabas de estrutura mais complexa que a estrutura CV, privilegiada no quadro "Onde moram os fonemas?". Nesses casos, como será sugerido na próxima unidade, o quadro ainda pode ser uma estratégia de apoio.

As crianças, como vimos no capítulo anterior, já tentam produzir textos logo que chegam à fonetização da escrita. Mas é na fase alfabética que passam a escrever facilmente textos, em escrita espontânea e em atividades de produção sugeridas por situações e vivências na sala de aula, na escola e em casa, ou seja, no contexto em que vivem (produção de textos é tema da unidade 3 do capítulo seguinte). Para produzir textos, consultam o quadro (ou as casinhas), que deve ficar permanentemente na sala de aula para que a criança possa identificar como escrever determinada palavra. Atividades de produção podem ser desenvolvidas levando as crianças a formar palavras com as sílabas do quadro ou lendo novas palavras com o auxílio das sílabas no quadro.

Na unidade 3 do capítulo anterior, vimos dois exemplos de textos produzidos por crianças *silábicas com valor sonoro*. Relembre o bilhete de Mateus, na pré-escola, para o Papai Noel, apresentado a você naquela unidade como um desafio de decifração de uma escrita *silábica com valor sonoro*, e analise agora o bilhete para o Papai Noel escrito em atividade semelhante de produção de texto por Guilherme, já alfabético, no início do 1º ano.

PARE E PENSE

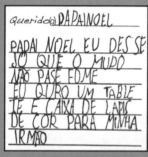

Guilherme
6 anos e 3 meses

1. Por que a professora precisou da ajuda de Mateus para *decifrar* o texto que ele escreveu (unidade 3 do capítulo anterior, nos comentários às respostas), enquanto você pode ler e compreender facilmente o texto de Guilherme?

2. Identifique e explique as incorreções na escrita alfabética de Guilherme.

Você pode comparar suas respostas com os comentários apresentados no capítulo "Respostas e comentários às questões" no final deste livro.

Ao longo dos capítulos anteriores, acompanhamos o desenvolvimento e aprendizagem da criança em sua progressiva compreensão do sistema de escrita alfabética, até tornar-se *alfabética*. Antes de avançar, vamos rever e sistematizar esse desenvolvimento e aprendizagem, agora destacando a *coexistência* e *correlação* entre os componentes do processo que foram discutidos.

O gráfico seguinte procura representar a *coexistência* e *correlação* entre a conceitualização da escrita pela criança, evidenciada pela pesquisa psicogenética (retângulos centrais), o desenvolvimento da sensibilidade aos sons da fala e às possibilidades de sua segmentação, na perspectiva fonológica (setas superiores), e o conhecimento das notações alfabéticas, as letras (setas inferiores).

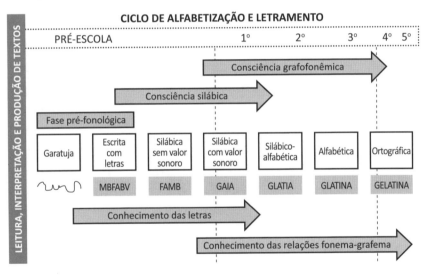

Para analisar a *coexistência* e *correlação* entre conceitualização da escrita, desenvolvimento da consciência fonológica e conhecimento das letras, observe no gráfico o *início*, a *extensão* e o *final* das setas superiores e inferiores ao longo do processo de conceitualização da escrita que se desenvolve no contexto do letramento, como mostra o quadro vertical. A criança se apropria do sistema alfabético de escrita contemporaneamente ao convívio com os usos desse sistema, com a leitura e a escrita, como veremos no capítulo "Leitura e escrita no processo de alfabetização e letramento".

1. Antes do período de fonetização da escrita – *fase pré-fonológica* – a criança revela que já percebeu o caráter arbitrário da escrita, mas não sua relação com os sons da fala. Produz garatujas, imitando a escrita cursiva que observa ser usada por adultos ou, tendo já começado a conhecer as letras, por convívio com material escrito e atividades na sala de aula, "escreve" sequenciando letras. Observe que a seta *Reconhecimento das letras* começa já na fase pré-fonológica, indicando que é sobretudo nessa fase que se deve atuar na zona de desenvolvimento proximal, como foi sugerido na unidade 3 do capítulo "A entrada da criança na cultura da escrita" – releia os dois boxes "Na sala de aula" daquela unidade.

2. Veja, no gráfico, que a seta *Consciência silábica* começa também na fase pré-fonológica, quando já se pode atuar na zona de desenvolvimento proximal. É pela segmentação da cadeia sonora da fala (atividades de rima, aliteração, divisão de palavras em sílabas) que a criança passa a focalizar os sons da palavra, distinguindo significado e significante, o primeiro passo para o desenvolvimento da consciência fonológica. Já estando no processo de se familiarizar com as letras (observe que a seta *Reconhecimento das letras* coexiste com a seta *Consciência silábica*), a criança vai percebendo a relação dos sons da palavra com as letras. Isso a leva de início à *escrita silábica sem valor sonoro* – uma letra, qualquer letra, para cada sílaba. Em seguida, e à medida que se amplia e aprofunda o conhecimento das letras e de sua relação com os sons das sílabas, leva-a à *escrita silábica com valor sonoro*, em que cada sílaba é representada por uma letra que corresponde a um de seus fonemas – releia os dois boxes "Na sala de aula" da unidade 3 do capítulo "O despertar da consciência fonológica".

CONSCIÊNCIA FONÊMICA

3. Relacionar o som da sílaba a um de seus fonemas conduz a criança à progressiva identificação da sílaba como um conjunto de sons, e leva-a a perceber a relação desses sons intrassilábicos com letras. A criança começa, então, a introduzir em sua escrita silábica letras que representam mais fonemas – *escrita silábico-alfabética*. Observe que a seta *Consciência silábica* coexiste com a seta *Conhecimento das letras*, e a partir dela começa a estender-se a seta *Consciência grafofonêmica*.

4. Finalmente, pelo desenvolvimento da *consciência grafofonêmica*, a criança avança em seu conhecimento das relações fonemas-letras, atinge a *fase alfabética* e já incorpora regras básicas de ortografia. Observe no gráfico que a seta *Conhecimento das relações fonema-grafema* coexiste e se correlaciona com a fase *silábica com valor sonoro*, com a *consciência grafofonêmica* e com o *conhecimento das letras*, já avançando para a fase *alfabética-ortográfica*.

As linhas pontilhadas verticais que cortam o gráfico sugerem a possível distribuição dos componentes, sua coexistência e correlação durante a *alfabetização* no *ciclo de alfabetização e letramento*, assim como o tempo necessário e suficiente para que a criança se alfabetize. Em termos de idade, essa etapa dura aproximadamente dos 5 aos 7, no máximo 8 anos; em termos da organização do ensino básico, da pré-escola ao 2º ou no máximo o 3º ano do ensino fundamental.

Esse tempo dedicado à *alfabetização* tem se confirmado como condizente, na prática de escolas públicas e privadas, com o desenvolvimento cognitivo e linguístico da criança. Vem também sendo comprovado na escola pública em que buscamos os exemplos de produções de crianças e de interações entre professoras/res e crianças apresentados neste livro, como se pode inferir a partir da idade das crianças indicada nos exemplos e do ano escolar em que ocorreram as interações relatadas. Essas evidências da prática justificam de certa forma as disposições legais que determinam que a criança deve estar alfabetizada aos 7 ou 8 anos (2º ou 3º ano do ensino fundamental). É claro que há crianças que avançam mais rapidamente, e é comum chegarem ao fim da educação infantil já alfabéticas, assim como há crianças que têm um ritmo mais lento, algumas precisando de orientação individual.

O gráfico pretende orientar as/os alfabetizadoras/res, guiando-as/os pelo desenvolvimento, ao longo do tempo, dos diferentes componentes nele representados, que ora coexistem ou se correlacionam, ora se sucedem, levando a criança à plena compreensão do *princípio alfabético* e à escrita alfabética. O quadro seguinte complementa o gráfico, explicitando em **metas** organizadas em **continuidade** as habilidades e conhecimentos que devem ser desenvolvidos para alfabetizar as crianças. O processo da criança é contínuo e progressivo, pressupondo a definição das **metas** a alcançar em cada ano, de modo que cada professora/or saiba até onde a criança chegou e o que lhe cabe desenvolver para que ela possa avançar para o ano seguinte.

CONSCIÊNCIA FONÊMICA

QUADRO 1 – METAS: CONTINUIDADE

	HABILIDADES E CONHECIMENTOS Apropriação do sistema alfabético de escrita	Pré-escola	1° ano	2° ano	3° ano
Conhecimento das letras e do alfabeto	• Discriminar letras de traçado semelhante – **maiúsculas** de imprensa.	█	█		
	• Discriminar letras de traçado semelhante – **minúsculas** de imprensa.	█	█		
	• Identificar letras maiúsculas de imprensa ouvindo seu nome.	█			
	• Identificar letras maiúsculas de imprensa em palavras ouvindo seu nome.	█			
	• Escrever letras maiúsculas de imprensa ouvindo seu nome.	█			
	• Escrever letras minúsculas de imprensa ouvindo seu nome.	█	█		
	• Relacionar letras maiúsculas com letras minúsculas correspondentes (letras de imprensa).		█		
	• Relacionar palavra em maiúscula com sua versão em minúscula (letras de imprensa).		█		
	• Conhecer a ordem alfabética.		█	█	█
	• Listar palavras em ordem alfabética com base na primeira letra no 1° ano, nas duas primeiras letras no 2° ano e nas três primeiras letras no 3° ano.		█	█	█
Consciência fonológica	• Identificar número de sílabas em palavra ouvida.	█			
	• Identificar palavras que começam com a mesma sílaba.	█			
	• Identificar palavras que rimam.	█			
Consciência fonêmica	• Identificar, em um conjunto de palavras, aquelas que se diferenciam apenas por fonema inicial ou apenas por fonema medial.		█		
	• Completar palavra com fonema-letra inicial ou medial.		█		
	• Localizar, em quadro de dupla entrada, sílabas que se igualam ou se diferenciam pela relação fonema-grafema.		█		
Escrita de palavras	• Escrever palavras de forma silábica sem valor sonoro e em seguida com valor sonoro.	█			
	• Escrever o próprio nome e o nome de familiares e colegas.	█			
	• Escrever espontaneamente (escrita inventada).	█			
	• Escrever palavras de forma alfabética.		█		
	• Escrever corretamente sílabas com vogal nasal.		█		
	• Escrever corretamente palavras que contenham os dígrafos **lh, nh.**		█		
	• **Escrever** corretamente palavras em que os fonemas **/k/** e **/g/** são representados por **qu** e **gu** em função da vogal que se segue ao fonema.		█		
	• **Escrever** corretamente palavras com **r** brando, **r** intervocálico, **r** forte e duplicado como **rr.**		█		
	• **Escrever** corretamente palavras com **s** intervocálico, **s** no início da palavra e duplicado como **ss** intervocálico.		█		
	• **Escrever** corretamente palavras com sílabas CV, CCV, CVC, V (oral ou nasal).			█	█
	• Relacionar palavras em letras de imprensa com sua versão em cursiva.			█	█
	• **Transcrever** em cursiva palavra em letra de imprensa.			█	█
Leitura de palavras	• **Identificar**, em fichas, o próprio nome e nomes de colegas.	█			
	• **Reconhecer** o número de palavras em frases.	█			
	• **Identificar** uma mesma palavra escrita com diferentes fontes.		█		
	• **Identificar** determinada palavra em um texto.		█		
	• **Ler** corretamente palavras com sílabas com a letra **R** ou a letra **S** intervocálicas, iniciais ou duplicadas.		█	█	
	• **Ler** palavras formadas por sílabas CV, CCV, CVC, V (oral e nasal) e com os dígrafos lh, nh, ch, gu, qu.		█	█	

141

UNIDADE 3

Da escrita alfabética
à escrita ortográfica

Nos capítulos anteriores, acompanhamos o processo de compreensão e apropriação pela criança do sistema de escrita alfabética. No entanto, a criança, embora já alfabética, tendo se apropriado do *princípio alfabético* e sabendo relacionar fonemas com letras, ainda comete erros ao escrever. É que falta à criança aprender a escrever de acordo com regras e irregularidades básicas da ortografia da língua, em que as relações fonema-letra não são sempre *unívocas*, isto é, a cada letra nem sempre corresponde um mesmo fonema, a cada fonema nem sempre corresponde uma só letra. Disso trataremos nesta unidade, completando a alfabetização com o início do aprendizado da ortografia representado no último retângulo do gráfico apresentado na unidade anterior, aprendizado que se estende até o final do ensino fundamental.

O sistema alfabético de escrita é utilizado por um grande número de línguas, como vimos na unidade 2 do capítulo "A entrada da criança na cultura da escrita", mas o nível de consistência e coerência das correspondências fonemas-grafemas varia entre as línguas de escrita alfabética: as correspondências são mais regulares em algumas línguas, menos regulares em outras. Ou seja: há ortografias *transparentes*, em que a cada fonema corresponde uma única letra, e a cada letra corresponde um único fonema (um exemplo é a ortografia do finlandês), e há ortografias *opacas*, em que as correspondências entre fonemas e grafemas são variáveis, inconsistentes e até mesmo arbitrárias: um mesmo grafema pode representar diferentes fonemas, diferentes grafemas podem representar o mesmo fonema, combinações de letras podem representar

143

fonemas (um exemplo é a ortografia da língua inglesa, considerada uma das ortografias mais opacas). A ortografia do português é *relativamente transparente*, o que significa que, embora grande parte das correspondências seja regular, biunívoca, outras correspondências são regidas por regras, e há ainda correspondências irregulares, arbitrárias.

Na fase inicial da alfabetização, como o objetivo é que a criança compreenda a representação dos sons da língua (fonemas) por letras, para facilitar essa compreensão privilegiam-se, nas atividades de escrita, as *relações regulares biunívocas*, que foi o que fizemos nos capítulos anteriores. Isso ocorre embora a criança já use, em sua escrita in-

> Consideramos, neste livro, apenas as questões ortográficas necessárias e possíveis de ensinar no ciclo de alfabetização, portanto, não se contempla **toda** a ortografia. Para um estudo completo do ensino e aprendizagem da ortografia, recomenda-se ler e consultar o livro *Ortografia: ensinar e aprender*, de Artur Gomes de Morais, editora Ática.

ventada, letras regidas por regras – *relações regulares contextuais* –, ou mesmo *relações irregulares* entre fonema e letra, e por isso muitas vezes erre. Nesses casos, quando for possível, segundo o nível de desenvolvimento cognitivo e linguístico da criança, regras podem ser introduzidas e correspondências irregulares podem ser explicadas, como veremos adiante, na análise da escrita de crianças no ciclo de alfabetização.

Para sua orientação na análise dos erros das crianças, vamos conhecer e analisar as três categorias de correspondências fonema-grafema na ortografia do português e suas implicações para o processo de alfabetização. Obviamente, é inadequado apresentar a crianças no ciclo de alfabetização e letramento os quadros de relações fonema-grafema que se seguem – o objetivo é que você possa consultá-los quando em dúvida, para interpretar os erros e saber como intervir.

RELAÇÕES REGULARES

As **relações regulares** na ortografia do português são as que uma criança *alfabética* em geral já domina. Considerando apenas as consoantes (consideraremos adiante as vogais), são:

QUADRO 1 – ORTOGRAFIA

RELAÇÕES REGULARES FONEMA-GRAFEMA CONSOANTES Cada fonema é representado por apenas uma letra, cada letra representa apenas um fonema.		
FONEMA	**GRAFEMA**	**EXEMPLOS**
/p/	p	**p**ato, sa**p**o, co**p**o, ji**p**e, ci**p**ó
/b/	b	**b**eco, ca**b**o, lo**b**o, ca**b**elo
/t/	t	**t**ela, ma**t**o, poe**t**a, **t**oca
/d/	d	**d**a**d**o, lo**d**o, se**d**a, vi**d**a
/f/	f	**f**ato, **f**ila, bi**f**e, bú**f**alo
/v/	v	**v**ida, no**v**o, lu**v**a, na**v**io
/m/	m	**m**ala, ca**m**elo, fo**m**e, a**m**igo
/n/	n	**n**avio, ca**n**il, ce**n**oura, **n**uvem
/ɲ/	nh	**n**i**nh**o, fari**nh**a, vi**nh**o, ba**nh**o
/ʎ/	lh	o**lh**o, mi**lh**o, coe**lh**o, ervi**lh**a

Os fonemas **/m/** e **/n/** estão incluídos no quadro das relações regulares porque, quando em início de sílaba, estabelecem relações regulares com as letras M e N, como mostram os exemplos no quadro. Quando em seu outro uso – em fim de sílaba, como em ***campo***, **exem**plo, **som**bra – não são considerados fonemas, porque apenas atuam sobre a vogal anterior para marcar nasalidade, compondo dígrafos, o que retomaremos adiante, quando tratarmos das vogais.

Erros em relações regulares são em geral poucos, ocorrem na fase inicial da alfabetização; vamos conhecer os mais frequentes.

TROCA ENTRE CONSOANTES SURDAS E SONORAS

As crianças, quando começam a aprender as relações fonema-grafema, têm dificuldade de diferenciar consoantes que se igualam pelo *ponto de articulação*. Os exemplos seguintes foram colhidos em *escrita inventada* de crianças no início do 1º ano:

> ➤ CABIVARA por *capivara*, CA-PITE por ca**b**ide: troca entre **P** e **B**, ambas *bilabiais*; pronuncie **BI** e **PI** prestando atenção no ponto de articulação e você verá que, nas duas sílabas, os lábios se juntam;

Para saber mais sobre ponto de articulação dos fonemas, consulte, na internet, o site https://educacao.uol.com.br/disciplinas/portugues/fonologia-2-ponto-de-articulacao.htm.

> ➤ VESTI**T**O por *vestido*, TEN-DISTA por *dentista*: troca entre **T** e **D**, ambas *linguodentais*. Pronuncie **TO** e **DO, TEN** e **DEN** prestando atenção no ponto de articulação e você verá que, nas duas sílabas, você coloca a língua atrás dos dentes;
> ➤ CAFALO por *cavalo*, NAFIO por *navio*: troca entre F e V, ambas são *labiodentais*; pronuncie **FA** e **VI** prestando atenção no ponto de articulação e você verá que, nas duas sílabas, você coloca os dentes no lábio inferior.

Iguais quanto ao ponto de articulação, o que diferencia fonologicamente cada uma dessas duplas é a vibração ou não das pregas vocais (ou cordas vocais). B, D e V são consoantes *sonoras,* as pregas vocais vibram quando são pronunciadas associadas a uma vogal. Em P, T e F, as cordas vocais não vibram, ou vibram menos, são consoantes *surdas*.

Para saber mais sobre as pregas ou cordas vocais e sua função na emissão de sons surdos e sonoros, veja, na internet, o site https://mundoeducacao.bol.uol.com.br/biologia/pregas-vocais.htm.

CONSCIÊNCIA FONÊMICA

Se não é possível diferenciar fonemas que se igualam pelo ponto de articulação, perceber a diferença na vibração das pregas vocais é ainda mais difícil para a criança, por mais que se criem estratégias para que isso aconteça. Por outro lado, a igualdade do ponto de articulação não colabora para a diferenciação, já que a articulação isolada de fonema consoante não é pronunciável, como já vimos. É o que leva algumas crianças à dificuldade de distinguir uma consoante de outra.

O que faz a criança distinguir surdas de sonoras com o mesmo ponto de articulação é a diferença entre os *fonemas* que cada letra representa. Trata-se, pois, de uma dificuldade de *discriminação fonêmica*, não propriamente de um erro ortográfico, e é no âmbito da fonologia que a/o alfabetizadora(or) tem de orientar a criança para que ela perceba a distinção entre fonemas surdos e sonoros. Os procedimentos mais adequados são atividades de percepção da diferença de *som*, de fonemas, em sílabas de palavras; por exemplo, discutindo o erro da criança nas palavras citadas anteriormente: comparar a sílaba FA em CA**FA**LO (escrita da criança) com a sílaba **VA** da escrita correta CA**VA**LO, a sílaba PI de CA**PI**TE (escrita da criança) com a sílaba de **BI** da escrita correta CA**BI**DE. Uma boa alternativa é levar a criança a comparar pares mínimos, palavras em que a única diferença é a presença de consoante surda ou sonora, como:

FILA		FACA		PALA		PULA		GATO		MOTO
VILA		VACA		BALA		BULA		GADO		MODO

Brincadeiras com frases também tornam clara a diferença:

Professora: *Agora vocês vão fazer **vila** para ir para o recreio. Fazer **vila**?? Falei certo?* As crianças riem: *não, é **fila**, não é vila. Vou escrever as duas aqui, vejam qual é a diferença na escrita.*

Professora: *Agora nós vamos partir o bolo que Camila trouxe para comemorar seu aniversário. Alguém pega a **vaca** pra mim? Pegar a **vaca**?? Falei certo?* Escreve as duas palavras e mostra a diferença entre os fonemas correspondentes a V e F.

147

REPRESENTAÇÃO DO DÍGRAFO LH

Outro erro ortográfico comum entre crianças no emprego das relações regulares é a representação do grafema LH (fonema /ʎ/, quando seguido pelas vogais **a** ou **o,** pela sílaba -**li**-: VASILIA por *vasilha*, MILIO por *milho*, TOALIA por *toalha*, MARAVILIA por *maravilha* (escritas reais coletadas na produção de crianças de escolas públicas). Na verdade, a maioria dos falantes pronuncia como -li- o fonema /ʎ/. Confira: pronuncie as palavras na sentença anterior e observe como se identifica a vogal **i** na sílaba formada com o dígrafo LH seguido de **a** ou **o**. Não se trata aqui de uma dificuldade fonológica, como no caso da discriminação entre surdas e sonoras; ao contrário, a criança revela ter adquirido a capacidade de identificação, na fala, de fonemas, neste caso um fonema vocálico representado pela vogal **i**, que não está representado no grafema LH. Assim, na perspectiva da criança, e de adultos, trata-se de uma relação irregular. Para obedecer à norma ortográfica, ela precisará *memorizar* a escrita de palavras, as de uso frequente, com as sílabas -**lha** e -**lho**.

Conclui-se que, mesmo em se tratando de relações regulares, há dificuldades que precisam ser identificadas e compreendidas na escrita das crianças para orientar procedimentos de intervenção. A fonte para a identificação dessas dificuldades é a escrita das crianças de palavras e textos, procedimento já usado nos capítulos anteriores, dedicados à apropriação do sistema alfabético.

RELAÇÕES REGULARES CONTEXTUAIS

A produção de textos é uma fonte importante para a identificação das regras ortográficas que as crianças já conhecem e das que elas ainda não conhecem. O texto apresentado e discutido a seguir é um exemplo da análise que se deve fazer a fim de identificar o que uma criança alfabética já domina da escrita ortográfica e o que ainda precisa dominar.

O texto foi produzido por uma criança do 1º ano do ensino fundamental. Evidencia que ela já domina as correspondências biunívocas fonema-grafema, por isso é *alfabética,* mas comete erros ortográficos, porque ainda não aprendeu certas relações na ortografia do português brasileiro que dependem de regras ou são irregulares.

Conheça, inicialmente, o contexto que gerou a produção do texto, uma atividade de *letramento.* A professora do 1º ano de uma escola pública vinha discutindo com as crianças em atividades de produção de texto o gênero *bilhete,* de uso frequente na escola, exemplificando-o com a leitura e a configuração gráfica de bilhetes que as crianças frequentemente tinham consigo, enviados aos pais ou por estes à escola. Como as crianças tinham descoberto uma grande teia de aranha em um canto da sala de aula, a professora, aproveitando o interesse e a motivação despertados pela descoberta, conversou com as crianças sobre aranhas e sua construção de teias para captar insetos de que se alimentam, e levou, no dia seguinte, sua proposta de *produção de um bilhete*: sugeriu que escrevessem um bilhete para os insetos, avisando-os do risco que corriam de serem apanhados e devorados pela aranha. Cada criança produziu seu texto em uma folha distribuída pela professora, com uma ilustração motivadora.

Caroline chegara ao 1º ano aos 6 anos e 2 meses, silábico-alfabética, após ter cursado a educação infantil na mesma escola, cujo projeto pedagógico inclui atividades que orientam a criança a dar, já naquela etapa, os primeiros passos na compreensão do sistema de escrita alfabética. Após quatro meses no 1º ano, já alfabética, produziu o seguinte bilhete, em resposta à proposta:

Caroline
6 anos e 6 meses

Lemos com facilidade o bilhete que Caroline escreveu, como acontece com textos escritos por crianças no nível alfabético. Quanto à estrutura do texto, adiantando aqui o tema de que trataremos no capítulo seguinte, Caroline revela boa concepção do gênero *bilhete*: inicia com um vocativo, dirigindo-se ao mosquito ("senhor mosquito"); estrutura bem o texto, introduzindo-o com um conselho ("tome cuidado"); explica a razão do conselho ("as aranhas estão prontas para sugar seu sangue"); e conclui enfatizando o conselho inicial ("ela quer fazer a refeição com você", trocando aqui o sinal de exclamação pelo de interrogação, revelando, nesta etapa de aprendizagem da escrita, uma compreensível insegurança no uso dos sinais de pontuação). Faltou apenas assinar o bilhete...

Alguns dos erros de Caroline são explicados por desconheci-mento de regras que são facilmente compreendidas e incorporadas por crianças no ciclo de alfabetização, por isso são consideradas parte do processo de aprendizagem da escrita nesse ciclo. Antes de identificar esses erros no texto de Caroline, observe o quadro das relações *regulares* chamadas *contextuais*, porque dependem do *contexto linguístico* – ou seja, da posição do fonema no conjunto de fonemas da palavra.

QUADRO 2 – ORTOGRAFIA

RELAÇÕES REGULARES CONTEXTUAIS – CONSOANTES Alguns fonemas são representados por mais de uma letra, dependendo do contexto linguístico.			
FONEMA	**GRAFEMAS**	**CONTEXTO**	**EXEMPLOS**
/k/	• c • qu	• antes de **a, o, u** • antes de **e, i**	• **ca**valo, sa**co**la, **cu**bo • **que**da, pe**que**no, **qui**lo, es**qui**na
/g/	• g • gu	• antes de **a, o, u** • antes de **e, i**	• **ga**to, **go**ta, a**gu**do • **gue**rra, **gui**tarra
/h/	• r • rr	• no início da palavra • no fim de sílaba • entre vogais	• **r**ato, **r**ua, **r**io, **r**eal, **r**oda • ca**r**ta, mo**r**te, be**r**ço, cu**r**va • ca**rr**o, ma**rr**eco, pi**rr**aça, mo**rr**o
/ɾ/	r	• entre vogais • em sílaba CCV*	• ca**r**a, fe**r**a, fe**r**ida, censu**r**a • p**r**ata, cob**r**a, tig**r**e, g**r**eve
/l/	L**	• no início de sílaba • em sílabas CCV*	• **l**ua, bo**l**a, va**l**e, came**l**o, **l**írio • c**l**ima, f**l**echa, tec**l**a, c**l**ube

* Sílabas CCV serão discutidas adiante, no tópico sobre estruturas silábicas.

** O grafema L aparece também no fim de sílaba, mas nesse contexto apresenta pecu-liaridades que serão discutidas adiante.

PARE E PENSE

1. Identifique se há, no texto de Caroline, palavras com erros por desconhecimento de *relações regulares* fonema-grafema – recorde o Quadro 1 apresentado anteriormente sobre essas relações.

2. Identifique e liste as palavras em que, no texto de Caroline, há erro por desconhecimento de *relações regulares contextuais*. Para isso, consulte o Quadro 2, que apresenta essas relações.

3. Identifique e liste as palavras em que, no texto de Caroline, há erros que **não** se explicam nem por desconhecimento de relações biunívocas nem por desconhecimento de relações regulares contextuais.

Você pode comparar suas respostas com os comentários apresentados no capítulo "Respostas e comentários às questões" no final deste livro.

CONSCIÊNCIA FONÊMICA

Você deve ter identificado que Caroline não aprendeu a **norma ortográfica para uso de C e QU**: escreve *moscito* por mos**qui**to, *cé* por **que**r, o que indica que ainda não se apropriou de uma regularidade contextual que pode ser facilmente compreendida. Como mostra o quadro: *para grafar o fonema /k/, usa-se a letra C antes das vogais A, O e U, e o dígrafo QU antes das letras E e I: mosquito*, e não MOS**CI**TO; **que**(r) e não *cé* (a falta do R final em *quer* será comentada adiante).

Para se tornar, além de *alfabética*, também *ortográfica*, Caroline precisa aprender a norma de representação do fonema /k/.

Curiosamente, Caroline é *ortográfica* quando escreve corretamente palavras com o fonema /g/, embora a regra aqui não se diferencie da regra para a escrita do fonema /k/ discutida no parágrafo anterior: *usa-se a letra G antes das vogais A, O e U e o dígrafo GU antes das vogais E e I*, como indicado no quadro. Observe que Caroline usa corretamente a letra G em *piri**g**o*, *su**g**ar* e na segunda sílaba da palavra *san**gu**e*.

Quanto ao grafema R, Caroline usa-o corretamente várias vezes. **O grafema R pode remeter a dois fonemas**, como mostra o quadro: */h/ no início da palavra, comumente chamado R forte, /ɾ/, comumente chamado R brando, entre vogais.*

As crianças em fase de alfabetização precisam aprender a representação do fonema /h/ por RR entre vogais (ca**rr**o, ba**rr**aca, te**rr**a) e diferenciá-lo do fonema /ɾ/, também entre vogais, representado por R (ca**r**a, mu**r**o, ho**r**a). Raramente usam RR no início de palavras, já que consideram estranho consoantes duplas no início da palavra, o que já perceberam que nunca ocorre na ortografia do português; em geral, não têm dúvida em usar o fonema /h/ no início de palavra (**r**ato, **r**oda, **r**iso). Observe que Caroline usa corretamente o R brando entre vogais – *aranha, pirigo* – e mesmo em sílaba CCV – *pron̲t̲a̲s̲* (a esse uso do fonema R brando voltaremos adiante, no tópico sobre estruturas silábicas); e usa corretamente o grafema R como R forte no início de palavras – REIFESÃO por *refeição*. Escreve, porém, R brando em CORENDE por *correndo*, em que a pronúncia é de R forte, representado pelo dígrafo RR (o E final na escrita de CORENDE

153

pode ser explicado como uma distração, já que Caroline usou O final em todas as palavras que terminam com essa vogal).

Como se pode inferir, esses erros de Caroline são exemplos de casos em que *um mesmo fonema pode ser representado por diferentes grafemas*: é a "localização" do fonema na palavra, isto é, o *contexto,* que determina quando se usa C ou QU, G ou GU, R ou RR. As relações fonema-grafema nesses casos são chamadas *regulares contextuais*, porque cada correspondência é previsível, é estabelecida por uma *regra*. No entanto, ensinar a "decorar" a regra, como muitas vezes se faz, é inadequado: a criança precisaria memorizar a regra e identificar o contexto para decidir se deve usar um ou outro grafema. É um procedimento que não recorre à reflexão da criança sobre a relação fonema-grafema, para que ela mesma infira a regra.

Assim, para a aprendizagem de relações regulares contextuais, devem ser desenvolvidas atividades que levem as crianças a comparar palavras que evidenciem a diferença de *som* e de *localização* (ou seja, de *contexto*) dos grafemas G e GU, C e QU, R e RR, incentivando a consciência grafofonêmica (representação dos fonemas na escrita) ou fonografêmica (leitura de palavras com pronúncia diferente dos grafemas); a regra será inferida dessas atividades pelas próprias crianças, com orientação da/o alfabetizadora/or. O comportamento da criança diante da dúvida sobre a escrita de uma palavra não será buscar a regra que tenha sido levada a decorar, mas *inferir* a regra, comparando os fonemas em diferentes palavras e identificando os grafemas que representam esses fonemas. Sugestões de como isso pode ser feito, para que você possa planejar atividades semelhantes:

➢ levar as crianças a diferenciar a pronúncia entre as palavras de cada dupla e identificar o que diferencia, na escrita, a pronúncia (no exemplo, pares mínimos, mas podem ser usadas outras palavras com R e RR):

MURO	CARO	ARANHA	CARETA
MURRO	CARRO	ARRANHA	CARRETA

CONSCIÊNCIA FONÊMICA

➢ realizar ditado ou autoditado alternando palavras com R e RR; por exemplo, levar as crianças a completar o nome de figuras, como na sugestão a seguir, ou a escrever o nome de figuras, partindo sempre da pronúncia das palavras (ou seja, dos fonemas).

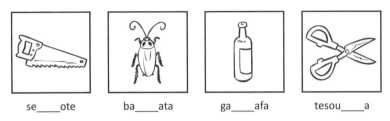

se____ote   ba____ata   ga____afa   tesou____a

Atividades semelhantes podem ser desenvolvidas para diferenciação de G e GU, C e QU, não necessariamente com pares mínimos:

➢ levar as crianças a diferenciar a escrita de palavras que começam com o mesmo fonema /g/ em cada quadro dos pares seguintes; em seguida orientá-las a inferir a regra: quando se usa G e quando se usa GU?

GARRA	GANCHO	GOL	GARRAFA	GULA
GUERRA	GUINCHO	GUIA	GUITARRA	GUIZO

Dar outros exemplos, ditar palavras com G e GU (**ge**ma, **ge**lo, **gue**rra, má**gi**co, ti**ge**la, **gague**jar etc.)

➢ para que as crianças infiram a regra do uso de C e QU, reproduzir os quadros seguintes em um cartaz ou na lousa:

CA	CO	CU	QUE	QUI
CALOR	COLA	CUBO	QUEPE	QUIABO
CAQUI	COBRA	CUTIA	QUEDA	QUILO
			C + E	C + I
			CEGO	CIPÓ
			CEBOLA	CIDADE

155

- confrontar as primeiras linhas dos quadros, para que as crianças percebam que todas as sílabas começam com o mesmo fonema (/k/), representado pela letra C nos três primeiros quadros e, nos dois últimos quadros, pelo dígrafo QU;
- levar as crianças a lerem as palavras em cada quadro, chamando a atenção para a escrita e desafiando-as a descobrir por que C é substituído por QU nos dois últimos quadros: se puséssemos C em vez de QU como leríamos as palavras? (Deixar claro como seria a leitura: *cepe, ceda, ciabo, cilo*). Em seguida, comparar, nos dois últimos quadros, a diferença de pronúncia de QUE e CE, QUI e CI;
- levar as crianças a inferir a regra, dar outros exemplos, ditar palavras com C e com QU.

Quando as crianças se apropriarem dessas regras contextuais, pode-se voltar ao jogo das casinhas, que deve estar sempre exposto na sala de aula, e liberar as casinhas interditadas, inserindo GUE e GUI no prédio de GA, GO, GU e QUE e QUI no prédio de CA, CO e CU, nos andares correspondentes às respectivas vogais. As crianças poderão consultar as casinhas, em caso de dúvidas.

EMPREGO DA LETRA L

Embora não haja exemplo no texto de Caroline, convém acrescentar, no que se refere às relações regulares biunívocas e regulares contextuais, uma relação fonema-grafema que representa uma dificuldade para as crianças: o emprego da letra L (como anunciado na nota no final do quadro das relações contextuais na página 151).

CONSCIÊNCIA FONÊMICA

PARE E PENSE

PRODUÇÃO DE TEXTO

O VÍTO JOGADOR DE FUTEBOU
UM DIA VÍTO ESTAVA VIDO DA ESCOLA ELE FEIS O
SEU DEVE ELE TERMINOU ELE FOI JOGA BOLA COM
O SEU COLEGA E ELE DEL U CHOTE KE A BOLA
CEDROU A JANELA DO PAI DO LUCAS O PAI DO
LUCAS COTOL PARA O PAI DO VÍTO E O PAI DO
VÍTO COPROL O VIDRO E TODO FICOL BEI.

Henrique
7 anos e 8 meses

1. Leia com atenção o texto ao lado, de uma criança do 2º ano, e identifique as palavras em que ela usou L em vez de U ou, ao contrário, usou U em vez de L. Infira: por que a criança usou em algumas palavras U em vez de L?

2. Identifique e explique outros erros no texto que já foram discutidos anteriormente.

Você pode comparar suas respostas com os comentários apresentados no capítulo "Respostas e comentários às questões" no final deste livro.

Ao realizar a atividade a respeito do texto de Henrique sobre um jogo de futebol e suas consequências, você deve ter verificado que Henrique usa a letra L como representação do fonema /l/, uma relação regular biunívoca em *início de sílaba*: Henrique escreve *esco**l**a, bo**l**a, co**l**ega, Lu-cas*... A mesma letra L, no *fim de sílaba*, é pronunciada como U em quase todas as regiões do Brasil, o que leva a criança a errar ortograficamente: escreve MEU por *mel*, SAU por *sal*, CAUMA por *calma*, SOUDADO por *soldado*, AVENTAU por *avental*, CANIU por *canil* etc.

No entanto, se a **escrita de U em vez de L em final de sílaba** é um erro ortográfico, ao mesmo tempo em várias palavras do português brasileiro o uso do U em *fim* de sílaba é ortograficamente correto, sobretudo quando a vogal anterior é E ou A. Compare as duplas seguintes, em que a escrita das duas palavras está de acordo com a ortografia, mas a pronúncia delas, na sílaba destacada, é igual: pa**pel**/cha**péu**, m**el**/c**éu**, **cal**da/**cau**da, cent**ral**/deg**rau**. O que resulta dessa inconsistência no uso de L ou U no final de palavra ou de sílaba é que as crianças erram – há de se reconhecer que por uma boa razão – quando escrevem PAPEU por *papel*, CHAPEL por *chapéu*, MAU por *mal* ou MAL por *mau*. Se aprenderam que a cada fonema corresponde um grafema, escrevem como pronunciam. É o que se denomina *hiper-correção* ou *ultracorreção*: a criança substitui uma forma correta por uma forma incorreta que, segundo o que aprendeu, seria a correta.

Essa inconsistência no uso de L ou U no final de sílabas é que in-duz muitas crianças a escrever, como você viu no texto de Henrique, as terminações -ou, -eu, -iu da 3ª pessoa do singular do passado de verbos como <-ol>, <-el>, <-il>. Outros exemplos, além dos que você encontrou no texto de Henrique: CANT**OL** por *cantou*, ESQUEC**EL** por *esqueceu*, SA**IL** por *saiu* etc. Nesses casos, o conceito de presente e passado deverá ser discutido com as crianças em condições de compre-ender esses conceitos, em geral no 2º e sobretudo no 3º ano. As crianças devem ser levadas a diferenciar, em palavras de histórias ou outros textos, ações que *estão acontecendo* de ações que *já aconteceram* (aqui será oportuno construir o conceito de *verbo*, restringindo-o por ora a verbos que expressam ações), e a comparar a terminação de verbos no presente e no passado na 3ª pessoa do singular. Essa é também uma

158

oportunidade para introduzir o conceito de pessoas do verbo: no texto de Henrique: eu DEI, ele *deu*; eu CONTEI, ele *contou*; eu COMPREI, ele *comprou*; eu FIQUEI, ele *ficou*. Note que Henrique escreveu corretamente *terminou*, mas escreveu CEBR**OU** (*quebrou*), trocando nesta palavra QU por C, segundo a regra da relação contextual (no capítulo "Respostas e comentários às questões", veja os comentários sobre o texto de Henrique, analisamos a troca de C por QU em CEBROU por *quebrou* e a escrita de KE por QUE).

Apenas nesse caso da troca de -ou, -eu, -iu por <-ol>, <-el>, <-il> uma regra morfológica pode definir o uso de L ou U em final de sílaba em verbos. Em todos os demais casos de inconsistência na relação fonema-grafema na representação do fonema /l/ em final de sílaba, será necessária a *memorização* da forma ortográfica de palavras mais frequentes, tanto as que se escrevem com L como as que se escrevem com U. São casos que poderiam estar no quadro que veremos em seguida, o Quadro 3, das correspondências irregulares.

Voltemos aos textos de Caroline e Henrique apresentados anteriormente.

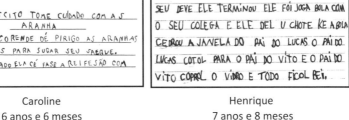

Caroline
6 anos e 6 meses

Henrique
7 anos e 8 meses

Alguns erros que você deve ter identificado no texto de Caroline não se encaixam nem no Quadro 1 nem no Quadro 2. Três erros de Caroline são explicados por relações irregulares ou arbitrárias entre fonemas e grafemas. Veja o quadro das relações irregulares:

RELAÇÕES IRREGULARES

QUADRO 3 – ORTOGRAFIA

RELAÇÕES IRREGULARES FONEMA – GRAFEMA – CONSOANTES
Um mesmo fonema pode ser representado por vários grafemas, não havendo regra para estabelecer a representação ortográfica correta.

FONEMA	GRAFEMA	EXEMPLOS
/ʒ/	j (diante de qualquer vogal)	jeito, jejum, jiló, canjica, caju, jovem, laranja
	g (diante de e ou i)	gesto, gelo, gelatina, girafa, mágico, gibi
/z/	s	casar, mesa, asilo, famoso
	z	azar, zebra, azul, anzol, certeza
	x	exemplo, exame
/s/	s c em início de palavra	sino, sílaba, silêncio, seda, segredo, selo cipó, cidade, cinema, cedo, cegonha, cera
	s	cesta, mês
	ss	assento, pressa, posse, posseiro, fóssil, russo, passo
	c	acento, prece, precoce, roceiro, dócil
	ç	ruço, açúcar, paço, roça, justiça, peça
	sc	crescer, crescimento, descer, nascente
	sç	cresço, cresça, desço, desça
	x	máximo, auxílio, texto, sexta, próximo
	xc	exceção, excelente, excesso, excedente
	z	paz, cruz
/ʃ/	ch	chuva, chave, chinelo, bicho, boliche
	x	enxuto, enxada, faxina, lixo, maxixe

Observe, na primeira coluna, que apenas quatro fonemas podem ser representados por mais de um grafema; por outro lado, há muitos grafemas que representam um mesmo fonema. Para bem compreender essas relações irregulares, reflita sobre o quadro: leia, na terceira coluna, os exemplos de cada um dos quatro fonemas da primeira coluna, prestando atenção na igualdade do som que têm as diferentes representações de cada fonema por diferentes grafemas. Essas irregularidades constituem um dos fatores que tornam a ortografia do português apenas *relativamente transparente.*

Voltemos ao texto de Caroline: há nele erros que ela cometeu por desconhecimento de relações irregulares?

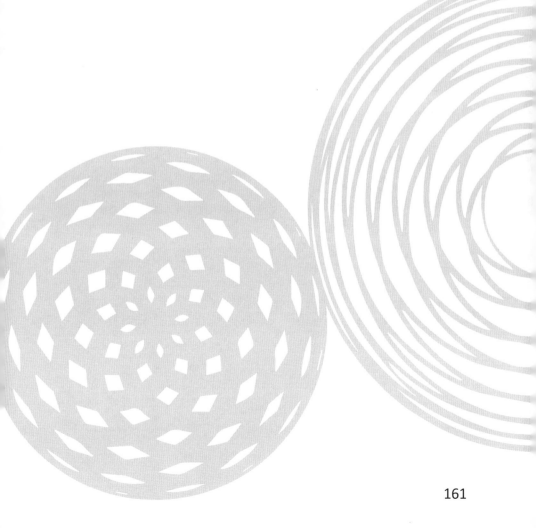

PARE E PENSE

1. No texto de Caroline há três erros que se explicam por relação irregular fonema-grafema:

   | *vose* por vo**cê** | *fase*(r) por fa**z**er | *reifesão* por refei**ção** |

   Em cada uma dessas três palavras, que fonema foi representado por grafema ortograficamente incorreto? Consulte o quadro para responder.

2. Na fábula de Esopo a seguir, em algumas palavras foram introduzidos erros que seriam cometidos por desconhecimento de relações irregulares fonema-grafema, para você passar pela experiência de como são frequentes e compreensíveis na escrita de crianças no ciclo de alfabetização e letramento. Identifique e classifique os erros, consultando o quadro se necessário, e corrija-os, escrevendo a forma correta de cada palavra que apresenta erro ortográfico.

CONSCIÊNCIA FONÊMICA

Um leão se queichou de um mosquito que não parava de zumbir ao redor de sua cabessa, mas o mosquito, teimozo, não deu a mínima.
– Vosê está achando que vou ficar com medo de vosê só porque vosê pensa que é rei? – dice ele altivo, e em ceguida voou para o leão e deu uma picada ardida no seu fossinho.
Indignado, o leão resolveu dar um geito no mosquito e deu-lhe uma patada, mas a única coisa que consseguiu foi arranhar-se com as próprias garras. O mosquito continuou em seu ataque e o leão comessou a urrar como um louco. No fim, esausto, enfuressido e coberto de feridas provocadas por seus próprios dentes e garras, o leão dezistiu e se rendeu. O mosquito foi embora zumbindo para contar a todo mundo que tinha venssido o leão com sua espertesa, mas entrou direto numa teia de aranha. Ali o venssedor do rei dos animais encontrou seu triste fim, comido por uma aranha pequenininha.
(Versão alterada da fábula publicada em *Fábulas de Esopo*, Companhia das Letrinhas)

Você pode comparar suas respostas com os comentários apresentados no capítulo "Respostas e comentários às questões" no final deste livro.

Como não há regras para as relações irregulares, as crianças precisam *memorizar*, já no ciclo de alfabetização, a ortografia das palavras que são comuns em seu vocabulário, tanto na linguagem oral quanto na escrita: aquelas palavras que aparecem repetidamente nos textos e livros destinados a crianças, e sobretudo as palavras e os textos escritos pelas próprias crianças.

A *memorização* depende de a criança ser exposta repetidamente a palavras de ortografia irregular de uso frequente. Isso pode ocorrer de diferentes formas: em textos lidos em que se chame a atenção para essas palavras

SINO	JEITO	GELATINA
CIPÓ	JILÓ	GIRAFA
CHAVE	ENXADA	
LARANJA	CRESCER	

e sua ortografia; nos textos produzidos pelas próprias crianças em que se analise o erro e se apresente a forma correta; na inclusão de palavras em um *quadro de palavras* (como sugerido na miniatura ao lado) exposto na sala de aula para que as crianças as vejam durante algum tempo e assim se reforce a memorização, com substituição periódica das palavras por outras com relações irregulares que surjam nos textos lidos ou produzidos; e na consulta ao dicionário quando houver dúvida sobre a escrita correta da palavra. O objetivo é que as crianças construam um "dicionário mental", arquivando na memória a *imagem visual* das palavras comuns e frequentes de ortografia irregular.

Acrescente-se que **palavras que começam com a letra H**, que não tem valor sonoro (é uma letra que não corresponde a um fonema), precisam também ser memorizadas quando de uso frequente. Um outro *quadro de palavras* pode estar presente na sala de aula com palavras iniciadas por H mais usadas, para que as crianças as memorizem; por exemplo: *hoje, homem, hospital, hotel, hera, herói, hábito, habilidade, honesto.* Essas palavras podem ser incluídas no quadro à medida que apareçam em textos lidos ou produzidos pelas crianças.

É ao longo de todo o ensino fundamental que o arquivo de imagens visuais de palavras em que a relação fonema-grafema é irregular será progressivamente ampliado, à medida que textos mais complexos são lidos ou escritos. No entanto, no ciclo de alfabetização, as palavras de ortografia irregular a serem arquivadas na mente como imagens visuais são aquelas de uso frequente no vocabulário das crianças e nos textos e livros a elas destinados.

Uma das dificuldades mais frequentes entre as crianças é a **dúvida entre J e G** na representação do fonema [ʒ] quando seguido das vogais E ou I – reveja a linha inicial do Quadro 3. Por exemplo, crianças escrevem JIGANTE, TANJERINA, HOGE, SUGEIRA. No caso dessas relações irregulares entre G e J, a criança terá de memorizar a ortografia das palavras de uso frequente em que essas duas letras são representações possíveis, porque representam o mesmo fonema: *gigante, tangerina, hoje, sujeira*. A dificuldade ocorre na escrita, não na leitura: a criança lerá corretamente *gigante, tangerina, hoje, sujeira*, mesmo que escreva essas palavras com a grafia incorreta. Vamos discutir a relação entre ortografia e leitura no capítulo seguinte.

Também é pela memorização que a criança aprenderá a **grafia correta de palavras em que os fonemas** /z/, /s/, /ʒ/ admitem mais de uma representação. Alguns exemplos de erros ortográficos em crianças em processo de alfabetização são: em relação ao fonema /z/, AZA por *asa*, BUSINA por *buzina*, PAÍZES por *países;* em relação ao fonema /s/, CERROTE por *serrote*, SEU por *céu*, SIGARRA por *cigarra;* MORSSEGO por *morcego*, AÇADO por *assado*, CRESSER por *crescer*, URÇO por *urso*, VES por *vez;* em relação ao fonema /ʃ/, XOCOLATE por *chocolate*, XAMINÉ por *chaminé*, MOXILA por *mochila*, CHADREZ por *xadrez*, COACHAR por *coaxar*.

> ### 💡 PARA SABER MAIS
>
> Quando a introdução de questões de morfologia se torna adequada, em geral em anos posteriores ao ciclo de alfabetização, estudos sobre a derivação podem gerar regras ortográficas que se tornam um recurso de facilitação para o domínio da grafia de relações irregulares fonema-grafema. Assim, o conhecimento da ortografia de certos sufixos orienta a ortografia das palavras derivadas com esses sufixos. Por exemplo: uso da letra **z** e não **s** nos sufixos *-eza* e *-ez,* que formam substantivos a partir de adjetivos (como em *belo/beleza, macio/maciez*); uso da letra **c**, e não do dígrafo **ss**, no sufixo *-ência,* que forma substantivos a partir de adjetivos (como em *frequente/ frequência*); uso da letra **g**, e não **j**, no sufixo *-agem*, que também forma substantivos de adjetivos (como em *bobo/bobagem*); uso da letra **s**, e não **z**, no sufixo *-oso,* que forma adjetivos a partir de substantivos (como em *fama/famoso*); uso da letra **z** e não **s** no sufixo *-izar*, que forma verbos a partir de adjetivos (como em *final/finalizar*). A dúvida entre os grafemas **l** e **u** no final de sílaba, mencionada anteriormente, pode ser esclarecida recorrendo a palavras derivadas: *papelaria/papel, jornaleiro/jornal, solar/sol.*

Mais uma vez, voltemos ao texto de Caroline e também ao de Henrique. Você deve ter identificado neles erros que não se explicam por relações irregulares contextuais ou relações irregulares.

INFLUÊNCIA DA FALA NA ESCRITA

Alguns erros de Caroline e de Henrique se justificam pela **influência da fala na escrita**. Caroline e Henrique não usam a letra R no final das palavras: em Caroline, SENHO por *senhor*, CÉ por *quer*, FASE por *fazer*; em Henrique, DEVE por *dever*, JOGA por *jogar*. Essa omissão do R em final de palavras se explica pela influência da fala na escrita. É frequente, em crianças e também em adultos, não se pronunciar o R no final de palavras, sobretudo de verbos no infinitivo. O que a criança demonstra é que, não percebendo o fonema na fala, não o registra na escrita (a hipótese para explicar o R em *sugar*, no texto de Caroline, é que a professora, ao falar sobre a alimentação da aranha, usou a palavra, infrequente no vocabulário das crianças, explicou o significado e escreveu-a na lousa).

A influência da fala na escrita explica também, no texto de Caroline, ISTA por *está*, ISTÃO por *estão*, PIRIGO por *perigo*. A criança grafa o fonema que identifica nas palavras tal como comumente faladas – /i/ e não /e/, o que apenas confirma sua apropriação das relações fonema-grafema: erra porque identifica um fonema na fala que não corresponde à letra exigida pela ortografia. Da mesma forma, a influência da fala na escrita é que terá levado Henrique a escrever FEIS por *fez*, identificando um fonema /i/ na terminação -ez.

Dada a frequência com que a escrita não representa fielmente a fala, já no ciclo de alfabetização pode-se, diante de erros cometidos por influência da fala na escrita, explicar que há palavras que não são escritas exatamente como se fala, casos em que é necessário *memorizar* a ortografia dessas palavras e incorporá-las ao "dicionário mental". Por exemplo, Caroline, que escreveu **PI**RIGO em seu bilhete para o mosquito, terá de memorizar a grafia correta *perigo*. Mas apenas em séries mais avançadas é que é discutida a transcrição *na escrita* das modalidades oral e escrita e das variedades linguísticas. Se é possível fazer esse tipo de discussão no ciclo de alfabetização *na leitura* de textos (quando, por exemplo, a história envolve uma fala regional), ainda é prematuro fazê-lo *na escrita* de textos.

RELAÇÕES FONEMA – GRAFEMA – VOGAIS

Foram discutidas até aqui as relações fonema-grafema considerando os fonemas consonantais e a regularidade ou irregularidade dessas relações. Também os fonemas vocálicos criam dificuldades ortográficas para crianças em fase de alfabetização, sobretudo porque o que se repete correntemente é que as vogais são 5, quando na verdade são 12, e são apresentadas quase sempre na modalidade oral – a, é, i, ó, u (em algumas regiões do país, a, ê, i, ô, u), ignorando-se a modalidade nasal. Analise o quadro das relações fonema-grafema considerando as 12 vogais:

QUADRO 4 – ORTOGRAFIA

RELAÇÕES FONEMA – GRAFEMA – VOGAIS		
FONEMA	GRAFEMAS	EXEMPLOS
/a/	[a]	ave, mata, macaco, fubá
/ã/	[an], [am], [ã]	anzol, manta, campo, bambu, irmã, maçã
/e/	[ê]	equipe, medo, cabelo, você, ipê
/ɛ/	[é]	pedra, médico, canela, café
/ẽ/	[en], [em]	enfermo, mente, avenca, tempo, sempre
/o/	[ô]	ovo, boca, garoa, problema, avô, tricô
/ɔ/	[ó]	ócio, foca, corda, pobre, serrote
/õ/	[on], [om], [õ]	onda, bondoso, bomba, compra, balões
/u/	[u]	juba, mudo, chuva, rubi
/ũ/	[un], [um]	junto, mundo, chumbo, rumba
/i/	[i]	ideal, cidra, pino, apito, saci
/ĩ/	[in], [im]	índio, cinto, pingo, faminto, assim

Examinando o quadro, você constata, na primeira coluna, que há 12 fonemas vocálicos, e cada um é representado por uma letra ou um dígrafo, como mostra a segunda coluna.

As vogais orais causam erros frequentes de escrita no início da alfabetização. Como na fala ocorre, na maioria dos dialetos do português brasileiro, a pronúncia dos fonemas /e/ e /o/ como /i/ e /u/ no fim de palavras paroxítonas, a criança escreve a letra **i** em lugar da letra **e**, e a letra **u** em lugar da letra **o**, como nos exemplos: SORVETI por *sorvete*, CHAVI por *chave*, CHICOTI por *chicote*, CAMELU por *camelo*, LOBU por *lobo*, MEDU por *medo*. É mais um exemplo de influência da fala na escrita, como vimos anteriormente em erros por ausência do R no final de palavras, cometidos por Caroline e Henrique. No entanto, a grafia dos fonemas /e/ e /o/ como /i/ e /u/ no fim de palavras paroxítonas são erros que rapidamente as crianças deixam de cometer, já que, pela frequência com que convivem, nas atividades de leitura e escrita, com palavras paroxítonas terminadas em /e/ ou /i/, incorporam

> *Hipercorreção* é a substituição de uma grafia correta por uma incorreta como resultado de uma procura excessiva de correção, uma generalização de regras para contextos a que elas não se aplicam. Exemplo do texto de uma criança: *o passarinho **caio** do ninho e ficou **machocado**.*

a regra ortográfica. Assim, não encontramos erros dessa natureza nos textos de Caroline e Henrique. Se as crianças já tiverem condições cognitivas e linguísticas para compreender a diferença entre sílabas tônicas e sílabas átonas, a regra contextual pode ser inferida: em sílaba átona final de palavras escreve-se /e/ e /o/, embora se pronuncie /i/ e /u/. Quando a criança ainda não compreendeu essa regra contextual, pode generalizar, por *hipercorreção,* a substituição do grafema U por O em sílabas tônicas interiores à palavra, como fez Henrique quando escreveu CHOTE por *chute,* e TODO por *tudo.*

O mesmo não acontece quando as vogais /e/ e /i/ ocorrem em posição anterior à sílaba tônica. Vimos o exemplo de PIRIGO por *perigo* no texto de Caroline; outros exemplos são: MININO por *menino,* BUNITO por *bonito,* CURUJA por *coruja.* É também relativamente frequente, por influência da língua oral, o uso da vogal I no lugar de E em início de palavra: ISCOLA por *escola,* ISCADA por *escada.* Nesses casos, torna-se necessária a *memorização* da grafia correta, por processos já sugeridos anteriormente, levando a criança a incorporar essas palavras como imagens visuais em seu "dicionário mental".

O que representa dificuldade significativa no processo de aprendizagem da língua escrita, no que se refere às vogais, é a

representação da nasalidade. Exemplos de erros de nasalização, que costumam perdurar ao longo do ciclo de alfabetização, evidenciam essa dificuldade: as crianças tendem a omitir a marca de nasalidade, embora a percebam na fala.

NASALIDADE

A representação da nasalidade é um dos aspectos mais difíceis para a criança na alfabetização. Uma das razões para isso é a frequência no ensino, e mesmo no contexto familiar e social, da listagem das vogais como a, e, i, o, u, como foi dito anteriormente, sem que se faça a distinção entre as vogais orais e as vogais nasais. Assim, em livros didáticos, livros de alfabeto e outros materiais didáticos, encontram-se muitas vezes: como exemplos do fonema /a/, palavras iniciadas pelo fonema /ã/, como *anjo*, *anta*; ou, como exemplo de palavra iniciada pelo fonema /i/, a palavra *índio*, cujo fonema inicial é /ĩ/ e não /i/; ou, como exemplo de palavra iniciada pelo fonema /o/, a palavra *onça*, cujo fonema inicial é /õ/.

Outra razão para a dificuldade na marca de nasalidade é o fato de as vogais nasais serem representadas, na verdade, por dígrafos, com a exceção apenas da representação por um sinal, o til (como em *maçã*). Em todos os outros casos, a nasalidade é marcada por uma consoante, M ou N, que se segue à vogal – consoante que não corresponde a um fonema, tem apenas a função de nasalizar a vogal. A criança, na fase inicial de aprendizagem da língua escrita, aprende que *cada* letra da palavra se identifica com *um* fonema, e assim estranha a representação da vogal nasal por duas letras, a vogal e uma consoante, M ou N. Assim, usa apenas a vogal, embora perceba, na oralidade, o som nasalizado. Escreve FATASMA, VAPIRO, LARAJA, MOSTRO, BRACO, PLATA, MOTANHA, quando pronuncia *fantasma*, *vampiro*, *laranja*, *monstro*, *branco*, *planta*, *montanha*. É comum também optarem pelo til, talvez porque não é uma letra, mas um sinal gráfico: BALÃSO por *balanço*, ELEFÃTE por *elefante*, PÕTI por *ponte*.

CONSCIÊNCIA FONÊMICA

No texto de Henrique, encontramos erros de não nasalização de vogal: ele escreve VIDO por *vindo* ("ele estava **vido** da escola"), U por **um** ("del **u** chote"), COTOL por *contou* ("o pai do Lucas **cotol** para o pai do Vito"), COPROL por *comprou* ("o pai do Vito **coprol** o vidro"). Observe-se ainda que Henrique escreveu BEI por *bem* ("todo ficol **bei**"), percebendo na nasal -**em** o fonema /i/, que realmente se percebe na pronúncia, o que evidencia sua habilidade de perceber fonema que não se representa na escrita. Apesar disso, ele deixa de perceber a nasalidade da vogal E.

Infere-se que, para que as crianças aprendam a representar a nasalidade na escrita, é necessário desenvolver atividades *fonológicas* que as levem a distinguir vogais orais de vogais nasais, e a aprender a grafia destas últimas. Como em todas as atividades sugeridas anteriormente, o procedimento é sempre o confronto de fonemas que se diferenciam e que são representados por grafemas diferentes. Por exemplo:

- ➢ Apresentar às crianças o quadro a seguir e levá-las a ler as palavras nas colunas referentes a cada vogal, comparando a pronúncia das sílabas orais (fechadas ou abertas, no caso de E e O) com as nasais, e identificando o que, na escrita, transforma uma vogal oral em nasal:

a	ã an, am	ê é	en, em	i	in im	ô ó	on om õ	u	un um
maca	maçã	medo	mente	igreja	índio	ovo	onda	mudo	mundo
ave	anjo	terra	tempo	idade	ímpar	boca	bomba	chuva	chumbo
capa	campo	pele	pente	iate	imbé	bola	balões	nuca	nunca

- ➢ Orientar as crianças para que, comparando palavras com sílabas nasais, infiram a regra de uso de **M** ou **N** para nasalizar a sílaba.
- ➢ Usar o alfabeto móvel para que componham palavras com vogais nasais (alfabetos móveis não incluem til, convém acrescentá-lo com a confecção de um til recortado em material semelhante ao das letras, em geral EVA, ou em uma ficha).
- ➢ Realizar jogos e ditados com palavras que incluam vogais orais e nasais.

171

A análise do quadro orientará as crianças a se guiarem pelo som das vogais ao escrever, distinguindo orais de nasais, de modo a decidir que grafia usar. Se esse quadro ficar exposto na sala de aula até que as crianças se apropriem das marcas de nasalidade, ele servirá como fonte de consulta em caso de dúvida ou para correção de erros na representação das vogais nasais.

TERMINAÇÕES -AM E -ÃO

Na pronúncia, **-am** e **-ão** se identificam, e por isso as crianças às vezes usam uma por outra: AVIAM por *avião*, BOTAM por *botão*. O erro ortográfico mais frequente, porém, é o contrário: o uso de **-ão** por **-am**. Veja abaixo um exemplo de um texto de uma criança no início do 2º ano.

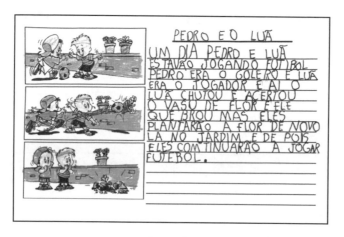

Armando
7 anos e 4 meses

Observe, no texto de Armando, a grafia de tempos verbais: ESTAVÃO por *estavam*, PLANTARÃO por *plantaram*, CONTINUARÃO por *continuaram*.

O motivo é que palavras com a terminação nasal **-ão** são muito frequentes na língua portuguesa, sendo muito ouvidas, faladas e escritas pelas crianças, enquanto a terminação **-am** é própria de tempos verbais, entre os quais os mais frequentes na literatura in-

CONSCIÊNCIA FONÊMICA

fantil e nos textos produzidos por crianças são: o presente, como em *ganham, cantam, falam*; e o pretérito imperfeito, como em *ganhavam, cantavam, falavam*. Em verbos, a terminação -**ão** é própria do futuro (*ganharão, cantarão, falarão*), forma verbal raramente usada na linguagem comum, tanto na oralidade quanto na escrita. Em narrativas, que quase sempre se referem a um tempo passado, verbos com a terminação -**am** predominam: *fugiram* do lobo, *adormeceram* no castelo, *correram* para a casa do porquinho, *foram* salvas pelo caçador. Enquanto isso, o tempo futuro com a terminação -**ão**, tanto na língua oral quanto na escrita, é quase sempre substituído pela locução com o verbo ir: os três porquinhos *vão matar* o lobo, as irmãs de Cinderela não *vão dançar* com o príncipe...

Levar as crianças, no ciclo de alfabetização, a distinguir o uso de -**am** e -**ão** para a diferenciação de tempos verbais é inadequado, porque é prematuro (os aspectos ortográficos da conjugação verbal são temas para séries mais avançadas) e também desnecessário: as crianças raramente ouvem ou leem, falam ou escrevem a forma futura com a terminação -**ão**. Por outro lado, ouvem, leem e escrevem com frequência o sufixo -**ão**, muito comum em português: *coração, violão, lição, caldeirão, adivinhação* etc. Nesses casos, quase nunca erram – recorde que Caroline escreveu REIFES**ÃO** por *refeição* em seu texto, errando no uso de S por Ç, uma correspondência irregular, mas acertando no sufixo -**ão**.

Por isso mesmo, as crianças usam -**ão** por -**am** na escrita de verbos no pretérito imperfeito e no presente, tempos muito frequentes na produção de textos.

Para orientar as crianças na escrita de verbos com -**am**, a alternativa mais adequada é apoiar-se na distinção entre palavras oxítonas e paroxítonas: escreve-se -**ão** na terminação de palavras oxítonas (as exceções são muito poucas e usadas muito raramente – *órfão, órgão* e algumas mais), e escreve-se -**am** na terminação de palavras paroxítonas. A classificação de palavras quanto à posição da sílaba tônica pode ser ensinada por meio de atividades de consciência fonológica logo que as crianças se tornem alfabéticas, como sugerido a seguir. Sugestões de atividades:

173

> Realizar atividades *fonológicas* diferenciando oralmente palavras paroxítonas de palavras oxítonas, usando verbos no presente ou pretérito imperfeito com a terminação **-am** e palavras com a terminação **-ão**, enfatizando a sílaba tônica e escrevendo as palavras na lousa, grifando a sílaba tônica e a terminação. Por exemplo: adi<u>vin</u>ham – adivinha<u>**ção**</u>, a<u>gi</u>tam – agita<u>**ção**</u>, <u>bo</u>tam – bo<u>**tão**</u>, <u>ga</u>nham – ganha<u>**rão**</u>.

> Ditar frases da linguagem escolar incluindo palavras com **-am** (verbos no presente e no passado) e com **-ão**. Por exemplo: todos já term<u>in</u>aram a produ<u>**ção**</u> de texto; duas turmas comple<u>**taram**</u> a lota<u>**ção**</u> do ônibus. Podem também ser utilizadas frases selecionadas em textos destinados a crianças.

> Propor atividades de preenchimento de lacunas com **-ão** ou **-am** em pequenos textos, ditado, ou entregues por escrito. Por exemplo:
> As crianças brincav___ no pátio, quando as professoras pediram atenç___ e chamar___ para que voltassem sem confus___ para a sala. Em seguida for___ para a biblioteca e escolher___ livros para ler nas mesinhas.

As regras ortográficas vão sendo aprendidas ao longo do processo de alfabetização e de acordo com as dificuldades ou curiosidades que vão sendo apresentadas pelas crianças. Mesmo considerando o crescimento progressivo da complexidade das relações fonema-grafema – das relações regulares às irregulares contextuais, até às irregulares –, a criança pode aprender simultaneamente ao longo do processo de alfabetização várias dessas relações, dependendo de suas dúvidas, de suas demandas e das oportunidades que surjam. No texto que você vai analisar em seguida, verá que uma criança alfabética ainda comete erros que fogem a seu conhecimento das relações fonemas-grafemas.

CONSCIÊNCIA FONÊMICA

PARE E PENSE

Releia o texto de Armando apresentado anteriormente: ele revela um nível de domínio do sistema alfabético e de produção de texto muito satisfatório para uma criança no início do 2º ano. Mas, além da troca de -am por -ão, que poderá ser corrigida quando Armando aprender a diferenciar palavras oxítonas e paroxítonas, como sugerido anteriormente, há, em seu texto, dois outros erros. Reflita sobre eles e explique-os.

1. Você deve ter observado que Armando escreveu GOLERO por *goleiro*, o que parece surpreendente em uma criança que já domina tão bem o sistema alfabético. O que explica esse erro na escrita da palavra?

2. Releia o texto de Armando e observe que, em três palavras, ele separa a primeira sílaba das demais, o que não acontece nas outras palavras do texto:

Pense: que hipótese levou Armando a separar as primeiras sílabas QUE, DE e COM das outras sílabas dessas palavras?

> *Você pode comparar suas respostas com os comentários apresentados no capítulo "Respostas e comentários às questões" no final deste livro.*

Analisando o texto de Armando, você deve ter concluído que a escrita de GOLERO por *goleiro* se explica por influência da fala na escrita, que pode levar a erros, como já comentamos anteriormente. Armando não errou nas relações fonemas-grafemas ao escrever *golero*, apenas escreveu a palavra com os fonemas que identificou em sua fala.

Além da influência da fala sobre a escrita, a sílaba -lei- em *goleiro* foge ao padrão consoante-vogal – CV – que, como já foi dito anteriormente, é a estrutura que predomina no início do processo de alfabetização, adequada para a compreensão das correspondências fonema-grafema: duas letras, dois fonemas, cada letra correspondendo a um fonema, cada fonema correspondendo a uma letra. É o que se vê em GOLERO: três sílabas CV. Armando transformou em uma sílaba CV, -**le**, a sílaba -**lei**-, de *goleiro,* composta de consoante + vogal + vogal, uma sílaba CVV.

Há, pois, outras estruturas silábicas na ortografia do português além do padrão CV, algumas também bastante frequentes, que devem ser compreendidas e adquiridas pelas crianças logo que dominem a sílaba CV. Pode-se mesmo considerar que há um momento em que a criança está já *alfabetizada em sílabas CV*, mas só ao atingir o domínio de leitura e escrita de sílabas mais complexas é que se torna *plenamente alfabetizada.* Vamos analisar as estruturas silábicas mais frequentes no vocabulário das crianças, aquelas que precisam dominar no ciclo de alfabetização para se tornarem plenamente alfabetizadas. Mas, antes, conheça todos os padrões silábicos da língua portuguesa, para seu conhecimento pessoal e para que você possa localizar, no conjunto, os padrões que vamos discutir e os que vamos excluir.

PARA SABER MAIS

O quadro apresenta os 11 padrões silábicos do português brasileiro, listados em ordem decrescente de frequência: a sílaba **CV** é a mais frequente, constituindo cerca de dois terços das sílabas do português brasileiro, por isso denominada *sílaba canônica*. Observe que a vogal é sempre o *núcleo* da sílaba, podendo constituir, ela sozinha, uma sílaba: localize a sílaba **V** no quadro e veja os exemplos. Se precedida de uma só consoante, a vogal constitui a sílaba canônica **CV**, a primeira no quadro por ser a mais frequente. Mas há sílabas constituídas de duas vogais, sem nenhuma consoante: veja os exemplos de palavras com sílaba **VV** no quadro. A sílaba **CV** pode tornar-se mais complexa se seguida de mais uma vogal – **CVV** – ou precedida ou sucedida por mais de uma consoante, padrões silábicos chamados "complexos". Os quatro últimos padrões silábicos do quadro são os mais complexos, por isso não vamos incluí-los na discussão sobre padrões silábicos no ciclo de alfabetização – não só por sua complexidade, mas também porque aparecem em palavras pouco frequentes no vocabulário da criança, com raras exceções. Vamos discutir a aprendizagem pela criança dos sete primeiros padrões do quadro. Analise cada um e observe sua presença nas palavras apresentadas como exemplo.

PADRÕES SILÁBICOS	EXEMPLOS
CV	**gi**-ra-fa; **ga**-lo; **ga**-li-nha; **ma**-la; **ma**-lha; **ma**-ta; man-**ta**
CVV	**sau**-da-de; **pai**; ban-**dei**-ra; mu-**seu**; **noi**-te; **pou**-co; **cui**-dar
V	**a**-mi-go; ti-**o**; **u**-va; **o**-vo; to-**a**-lha; ca-ri-**o**-ca; **i**-gre-ja; sa-**í**-da
CVC	**car**-ta; **gos**-tar; **ver**-de; re-**vis**-ta; **ces**-to; mo-**der**-no
CCV	**pra**-to; pe-**dra**; **brin**-co; **cli**-ma; ca-**pri**-cho; te-**cla**; **fle**-cha
VC	**er**-vi-lha; **ár**-vo-re; **ur**-na; **as**-fal-to; **es**-to-jo; **is**-ca
VV	**au**-la; **ai**-po; **oi**-to; **ou**-ro; **ei**-xo; **eu**-ro-peu; **ui**-vo
CCVV	**frau**-de; **trau**-ma; **clau**-su-ra; **grau**; **flau**-ta; **frou**-xo; **breu**
CCVC	**cruz**; a-**trás**; **cres**-po; **tris**-te; **tras**-te; **fras**-co; ma-**dras**-ta
CCVVC	**claus**-tro; **fleug**-ma
CVCC	**pers**-pec-ti-va; **pers**-cru-tar; **sols**-tí-cio

C = consoante; V = vogal

ESTRUTURAS SILÁBICAS NO CICLO DE ALFABETIZAÇÃO

As sílabas no português, simples ou complexas, são claramente identificadas na oralidade: como vimos, a criança desde muito pequena já é capaz de segmentar uma palavra em sílabas, sejam elas simples ou complexas. É a estrutura silábica bem marcada do português que contribui para que sua ortografia se aproxime da transparência.

A criança que já domina o padrão CV e as relações fonema-grafema reconhece sem dificuldade a sílaba constituída apenas de vogal – padrão V – pela facilidade de identificação de fonema vogal: leem e escrevem palavras como **a**-*ba-ca-te,* **u**-*va,* **o**-*vo, to-***a**-*lha, ca-ri-***o**-*ca.* Apenas crianças ainda com pouco domínio das relações fonema-grafema e do padrão CV costumam manifestar estranheza e insegurança ao escrever ou ler uma sílaba **V**, uma vogal sozinha constituindo uma sílaba de uma palavra. Algumas costumam separar a vogal de palavra em que a primeira sílaba é A ou O, considerando essas letras como um artigo: *a bacaxi, a cabado, o brigado, o cupado*. Nesses casos, é necessário orientá-las para que avancem para além do padrão CV, levando-as a perceber, pela análise de exemplos de palavras comuns, que a vogal sozinha pode constituir uma sílaba de uma palavra.

Por exemplo, pergunte à criança: você come *bacaxi* ou *abacaxi*? *bacate* ou *abacate*? Quando você ganha um presente, você diz *brigado* ou *obrigado*?

Também sílabas **VC**, um padrão que inverte a ordem dos segmentos da sílaba canônica (**CV → VC**), tendem a ser reconhecidas e usadas pelas crianças com facilidade, já que há apenas duas possibilidades para a consoante **C** pós-vocálica, S e R, letras que representam fonemas de fácil identificação na fala em fim de sílaba: **as**-*tro*, **as**-*falto*, **as**-*ma*, **es**-*cola*, **es**-*cova*, **es**-*cada*, **os**-*tra*, **ar**-*te*, **er**-*va*, **er**-*vilha*, **or**-*dem*, **ur**-*so*. Dada a frequência da sílaba CV, há crianças que transformam a sílaba VC em CV: *secola* por *es*cola, *revilha* por *er*vilha etc. Nesses casos, quando se pede à criança que leia a palavra, ela em geral percebe sem dificuldade o erro: o deslocamento da consoante para antes da vogal.

Observe-se que as sílabas VC são sempre sílabas iniciais de palavras. Em palavras mais frequentes no vocabulário da criança e dos livros infantis, são em geral aquelas em que a vogal é A ou E (**as-, ar-, es- er-**). Os fonemas que as letras S e R representam são facilmente identificáveis, por isso a aprendizagem do padrão silábico VC não oferece dificuldades.

São os padrões silábicos chamados complexos que podem constituir-se em dificuldade para as crianças no ciclo de alfabetização, e por isso demandam ensino explícito. São aqueles em que ao padrão canônico CV se acrescenta: um segmento consonantal pré-vocálico, isso é, duas consoantes antes da vogal (padrão **CCV**), como em **pra**-*to*, *pe*-**dra**, **cli**-*ma*, **fle**-*xa*; ou uma consoante antes e outra depois da vogal (padrão **CVC**), como em **car**-*ta*, **ver**-*de*, **ces**-*ta*, *re*-**vis**-*ta*.

Entre esses dois padrões silábicos, o padrão **CCV** parece ser o mais difícil no processo de aprendizagem da escrita, pela estranheza que causam duas consoantes juntas. No entanto, o ensino pode facilitar a aquisição desse padrão, já que aqui também são apenas duas as consoantes que podem ocupar a segunda posição: a letra R e a letra L:

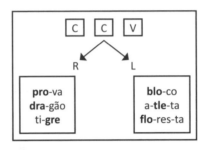

Os erros mais frequentes de crianças alfabéticas em palavras com sílaba **CCV** são a omissão da segunda consoante (para *dragão* escrevem DAGÃO) ou a troca de posição da segunda consoante (DARGÃO – o padrão CVC é mais fácil), ou ainda a conversão da sílaba CCV em duas sílabas CV (DARAGÃO). Foi o que aconteceu em uma turma do início do 2º ano, quando as crianças escreveram o reconto de uma história que tinha como vilão um dragão. A discussão da palavra com as crianças mostra a estratégia usada pela professora para levá-las a compreender a estrutura CCV. Ela usava com frequência as casinhas onde "moram" as sílabas e incentivava sempre a consciência fonológica – neste caso, mais especificamente, a consciência fonêmica.

– *Agora que já comentamos os recontos que vocês escreveram, vamos analisar a palavra que eu já disse que vários de vocês escreveram errado. Lembram qual foi?*

– *Eu sei... eu sei...*, várias crianças respondem. *Foi dragão.*

– *Isso mesmo, dragão. Vamos pronunciar juntos:* **DRA**-*GÃO. É* **DA**-**GÃO** *ou* **DRA**-**GÃO**? (enfatiza a sílaba **DRA**).

– *É drrrrragão*, dizem as crianças prolongando o R.

– *Isso mesmo, DRAGÃO,* **DRA** (escreve na lousa). *Nós temos essa sílaba em alguma das nossas casinhas? Procurem lá.*

As crianças se voltam para as casinhas, examinam atentamente, começam a dizer *não... acho que não...* até que uma criança diz:

– *Tem a casa da sílaba DA, é parecida, eu escrevi no meu texto DAGÃO.*

– *Eu escrevi DAGRÃO, tá errado, né?* Pronuncia lentamente DRA-GÃO e conclui: *não é DA, é DRA, e não é GRÃO, é GÃO.*

– *Pois eu vou dizer a vocês o que aconteceu. Vejam: nós temos D* (mostra um cartão com a letra D que fixa na lousa), *e temos A* (mostra outro cartão com a letra A que também fixa na lousa, um pouco distante do D). *Os dois juntos formam o quê?*

– *DA,* respondem os alunos em coro.

– Pois eu vou contar pra vocês que há umas letras intrometidas, que invadem a casa das sílabas! São umas intrusas! O R é uma intrusa, invade a casa do DA e faz DA virar DRA. Pega um cartão com a letra R e coloca entre o D e o A. *E agora, que sílaba temos?*

– DRA, respondem as crianças.

– Agora vocês sabem como se escreve dragão. Escreve a palavra na lousa. *Quem escreveu errado, corrija antes de passar a limpo no caderno de textos. E prestem bem atenção nesse R intruso, tá?*

A professora depois ampliou o conceito de sílabas CCV com o R como segunda consoante, levando as crianças a identificar em quais casinhas o R podia ser intruso, pedindo e dando exemplos de palavras e variando as vogais: d**r**oga, cob**r**a, c**r**eme, liv**r**o etc.

    A professora usou a mesma estratégia para a letra L como "intrusa", valendo-se sempre de palavra ou palavras que surgiam em oportunidades de leitura ou escrita. No mesmo reconto que levou à discussão da palavra *dragão* aparecia a palavra *floresta* (onde morava o dragão); algumas crianças escreveram FORESTA, FOLORESTA, FOLRESTA. A professora, depois de ler essas palavras perguntando "*esta tá certa?*" para cada uma, sugeriu às crianças a busca da casinha onde o L tinha se intrometido. Identificada a casinha da sílaba **FO**, levou-as a reconhecer, fonologicamente, a "intrusa" L entre a consoante e a vogal – **FO/FLO** – e acrescentou exemplos de outras casinhas em que o L poderia se intrometer, como b**l**oco, g**l**obo, c**l**aro, f**l**anela, du**pl**o. Como fez com a palavra dragão, a professora despertou nas crianças a *consciência grafofonêmica*, a fim de que identificassem a mudança de "som" quando a letra L se 'intromete' entre o C e o V de uma sílaba CV. Como vem sendo mostrado, é sempre pelo *confronto* entre palavras ou sílabas que as crianças identificam a relação fonema-letra.

O que se observa ao analisar os erros cometidos por crianças em sílabas **CCV** é que elas identificam nas palavras os fonemas representados por R ou por L, apenas não sabem onde colocá-los, o que pode ser esclarecido levando-as a identificar o efeito da "intrusa" *entre* os fonemas da bem conhecida sílaba CV.

O padrão <u>**CVC**</u> – consoante + vogal + consoante – é de mais fácil aprendizagem pela criança que o padrão **CCV**, embora não duas, mas cinco consoantes possam ocupar o lugar da segunda consoante. Na verdade, são quatro fonemas consonantais que podem ocupar esse lugar, já que M e N são letras que, no padrão CVC, não correspondem a fonemas, apenas nasalizam a vogal anterior – por isso, M e N estão reunidas no esquema a seguir:

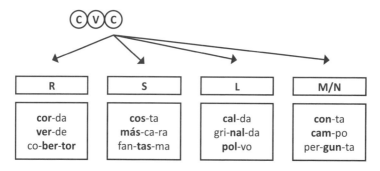

Se, porém, considerarmos os *fonemas*, não as letras, apenas os fonemas representados pela letra R e pela letra S ocupam o lugar da consoante final nas sílabas CVC.

Com relação às letras M e N como consoante final de sílabas CVC, já discutimos anteriormente, neste mesmo tópico e no tópico sobre *nasalidade*, que, em final de sílaba, essas letras não correspondem, na *pronúncia*, a um fonema. Assim, nas sílabas CVC em que o C, consoante pós-vocálica, é a letra M ou a letra N, essas letras apenas *nasalizam* a vogal núcleo da sílaba, como mostram os exemplos no quadro da figura, e também os exemplos de escritas de crianças apresentados no tópico "Nasalidade". É que, como já foi dito naquele tópico, *fonologicamente*, neste caso, não se tem uma sílaba oral CVC, mas uma sílaba nasal CV, constituída de uma consoante inicial seguida de uma vogal nasal, esta representada por duas letras que constituem, na verdade, um dígrafo. Esse padrão silábico pode ser representado por **CV[nasal]**. Isso explica a alta frequência de erros na escrita de palavras com vogais nasais por crianças em fase de alfabetização, que estranham uma consoante que não representa fonema e, por isso, em geral, omitem-na, como já foi comentado. Por isso, erros na *escrita* de sílabas CV[nasal] são muito frequentes no ciclo de alfabetização, enquanto, ao contrário, estudos sobre o desenvolvimento da *fala* na criança revelam que a aquisição fonológica dessa estrutura é precoce, como você poderá observar na fala de crianças pequenas.

Dificuldade para a criança apresenta também a sílaba CVC quando a consoante pós-vocálica é, na escrita, a letra L. Vamos relembrar, agora sob a perspectiva do padrão silábico, o que foi discutido em tópico anterior deste capítulo, "Emprego da letra L". Fonologicamente, na maioria dos dialetos do português brasileiro a letra L na posição pós-vocálica não corresponde ao mesmo fonema /l/ que ela representa em início de sílaba, mas ao fonema /u/, que se une à vogal do núcleo formando um ditongo. Assim, a criança escreve as palavras apresentadas como exemplo no quadro que esquematiza a sílaba CVC como CAUDA, GRINAUDA, POUVO. O mesmo erro ocorre em sílaba final de palavra: PAPEU por *papel*; ANZOU por *anzol*; HOSPITAU por *hospital*. Na escrita da criança, como na sua fala, não se trata de uma sílaba padrão CVC, mas de uma sílaba CVV. Releia o tópico "Emprego da letra L", reveja o texto de Henrique e relembre as sugestões de estratégias de ensino para corrigir a escrita de sílabas CVC e o uso inadequado, mas explicável, do padrão silábico CVV em lugar de CVC para a escrita de verbos na 3ª pessoa do singular do pretérito perfeito (SOPROL por *soprou*; ACABOL por *acabou*; COMEL por *comeu*; VESTIL por *vestiu*).

Considerando a não correspondência entre fonema e letra na consoante final de sílabas CVC quando representadas por M/N ou por L, pode-se dizer que apenas quando a consoante é R ou S tem-se, na verdade, uma sílaba CVC. Nesses casos, as crianças em geral aprendem mais cedo e mais rapidamente a grafar sílabas CVC em comparação com a aprendizagem de sílabas CCV, porque a pronúncia dos fonemas representados pela letra R ou pela letra S é percebida mais claramente, por sua posição pós-vocálica, diferente do que acontece com fonemas na segunda posição em sílabas CCV.

Apenas no início da alfabetização as crianças costumam errar, sobretudo em palavras longas, a grafia de sílabas CVC, seja por omissão do R, como em TATARUGA por *tartaruga*, COTINA por *cortina*, FOMIGA por *formiga*, ou omissão do S, como em CATELO por *castelo*, BICOITO por *biscoito*, FETA por *festa*. Erros menos frequentes são os desdobramentos da sílaba CVC em duas sílabas CV, ou a troca de posição da consoante final da sílaba, sobretudo quando esta é R, como em *sorvete* grafada como SOROVETE, SOVERTE e SOVRETE. Aqui também parece ocorrer o mesmo que foi dito sobre as sílabas CVC: a criança percebe a presença do fonema na palavra, apenas não sabe onde colocá-lo.

Em síntese, crianças cometem significativamente menos erros em sílabas CVC quando a C final é a letra R ou a letra S do que em sílabas CVC em que o C pós-vocálico é M/N de nasalização da vogal ou L com pronúncia de /u/.

Apenas duas outras estruturas silábicas relativamente frequentes em palavras do vocabulário infantil merecem consideração: a estrutura **VV** – duas vogais constituindo uma sílaba, formando um ditongo, como em *aula, aipo, eixo, oito, uivo*; e a estrutura **CVV**, constituída de consoante seguida de ditongo, como em *cauda, caixa, museu, feixe, doido, doutor*. Observe que a segunda vogal do ditongo é sempre **I** ou **U**, consideradas *semivogais* porque seu som é mais fraco, menos nítido que o da vogal (por isso esses ditongos são chamados *decrescentes*). Mas o que aqui nos interessa é identificar dificuldades que a criança pode ter para escrever palavras com os padrões VV e CVV.

Em apenas três ditongos – **ai, ei, ou** – pode ocorrer, quando em sílabas CVV ou em início de palavras com sílaba VV, a omissão, na fala, da semivogal, de que decorre sua omissão também na escrita. Esse é mais um exemplo da influência da fala sobre a escrita.

Em relação ao ditongo **ai**, a criança escreve CAXA por *caixa*, FAXA por *faixa*, DEBAXO por *debaixo*, PAXÃO por *paixão*. A criança escreve como pronuncia: pronuncie essas palavras e verifique que você também provavelmente omite a semivogal **i** – essa é a pronúncia da maioria das pessoas.

Em relação ao ditongo **ei**, acontece a mesma omissão, na oralidade e na escrita, da semivogal **I**: a criança escreve PEXE por *peixe*, BEJO por *beijo*, CARTERA por *carteira*, MINERO por *mineiro*, FEJÃO por *feijão*; QUEJO por *queijo*; e lembre-se da escrita de GOLERO por *goleiro* no texto de Armando, analisado anteriormente.

Finalmente, quanto ao ditongo **ou**, pode-se dizer que ele só existe na escrita ortográfica, porque a semivogal **u** é sistematicamente omitida na fala, e não só de crianças: ORO, por *ouro*, ROPA por *roupa*, TESORO por *tesouro*, CENORA por *cenoura*, POCO por *pouco*, LOCO por *louco*, OTRO por *outro*, OTUBRO por *outubro*, OTONO por *outono*, DOTOR por *doutor*, COVE por *couve* etc.

Todos esses casos de redução dos ditongos **ai, ei** e **ou** pela omissão da semivogal são exemplos de irregularidades, explicadas pela influência da fala na escrita. Tal como nos casos anteriores em que essa influência explica erros, a aprendizagem da grafia correta das palavras tem de ser feita por *memorização*, como foi dito em relação às correspondências fonema-grafema irregulares: a criança deve ser exposta repetidamente a palavras de uso frequente que não são escritas como são pronunciadas, de modo que essas palavras sejam incorporadas a um "dicionário mental" em que sua imagem seja conservada.

O quadro seguinte apresenta as **metas em continuidade** para a aprendizagem de normas ortográficas no ciclo de alfabetização e letramento, e associa-se ao quadro da unidade anterior, que apresenta as metas em continuidade para a aprendizagem do sistema alfabético de escrita. Embora a necessidade de mencionar alguma norma ortográfica possa ocorrer de forma incidental, quando for preciso recorrer a ela na revisão de textos produzidos pelas crianças é necessário um ensino explícito, com metas em **continuidade** em consonância com as metas de aprendizagem do sistema alfabético de escrita.

As metas em continuidade para dois dos componentes do ciclo de alfabetização e letramento – a aprendizagem do sistema alfabético e a aprendizagem de normas ortográficas – são apresentadas neste capítulo; as metas para os demais componentes – habilidades de leitura e interpretação e habilidades de produção de textos – são apresentadas no capítulo seguinte. Após a discussão desses dois componentes, as metas são reunidas em quadros que as apresentam em conjunto por anos do ciclo, no capítulo "Planejamento no processo de alfabetização e letramento".

ALFALETRAR • MAGDA SOARES

QUADRO 2 – METAS: CONTINUIDADE

ORTOGRAFIA NO CICLO DE ALFABETIZAÇÃO E LETRAMENTO	Pré-escola	1º ano	2º ano	3º ano
• Diferenciar vogais abertas, fechadas e nasais.		■		
• Identificar as marcas usadas para a nasalização de vogais: **m, n, til**.		■		
• Inferir as regras de uso de **m** ou **n** na nasalização de vogais.		■		
• Memorizar a escrita de palavras de uso frequente em que sílabas **-lha** e **-lho** são escritas como **-lia** e **-lio**.			■	■
• Identificar a representação do fonema **/k/** por **qu** e do fonema **/g/** por **gu** em função da vogal que se segue à consoante.		■	■	■
• Identificar os fonemas correspondentes à letra **R** em diferentes contextos: **r** brando intervocálico, **r** forte no início de palavra e duplicado como **RR** quando intervocálico.		■	■	■
• Identificar os fonemas correspondentes à letra **S** em diferentes contextos: **s** brando intervocálico, **s** forte no início de palavra e duplicado como **SS** quando intervocálico.		■	■	■
• Memorizar a escrita de palavras de uso frequente em que, em sílabas CVC, a consoante final pronuncia-se como **U** e escreve-se com **L**.			■	■
• Reconhecer palavras em que a vogal final é pronunciada como **i** mas representada pela letra **e**.		■		
• Reconhecer palavras em que a vogal final é pronunciada como **u** mas representada pela letra **o**.		■		
• Diferenciar a terminação **-ou** de verbos no passado da terminação **-ol**.			■	■
• Diferenciar as formas verbais que terminam com **-am** (passado) e com **-ão** (futuro).			■	■
• Memorizar a escrita de palavras de uso frequente em que o fonema **/ʃ/** é representado por **x** ou por **ch** e o fonema **/ʒ/** antes de **e** e **i** é representado por **j** ou por **g**.			■	■
• Memorizar a escrita de palavras de uso frequente em que o fonema **/s/** em início de palavra pode ser representado por **C** ou **S**.			■	■
• Memorizar a escrita de palavras de uso frequente iniciadas pela letra **H**.			■	■
• Memorizar a escrita de palavras de uso frequente em que há redução, em sílabas CVV e VV, dos ditongos **ai, ei, ou**.			■	■
• Identificar e corrigir, com a mediação da/o professora/or, erros ortográficos ao rever seu próprio texto ou texto de colegas.		■	■	■

Recordemos as "camadas" de que tratamos no capítulo "Alfabetização e letramento". Até este capítulo a cujo final agora chegamos, focalizamos a *alfabetização*, embora sempre no contexto do *letramento*, sempre a partir de textos escritos pelas crianças, de histórias lidas pela/o professora/or, e sempre nas condições sociais e culturais da escrita na comunidade em que vivem as crianças. O foco está em uma camada, mas as duas outras estão sempre presentes: **alfabetizar e letrar – Alfaletrar**. No próximo capítulo, vamos focalizar a camada do *letramento* entendido como o *ler e escrever textos* no ciclo de alfabetização e letramento, sempre no contexto das condições sociais e culturais da escrita no espaço e tempo em que a aprendizagem e o ensino se desenvolvem.

CAPÍTULO 5

LEITURA E ESCRITA NO PROCESSO DE ALFABETIZAÇÃO E LETRAMENTO

Como foi dito no final do capítulo anterior, até agora colocamos o foco na *alfabetização*, sempre no contexto do letramento. Embora o processo de apropriação pela criança da escrita alfabética tenha se desenvolvido sobretudo a partir de atividades de *escrita*, a *leitura* esteve simultaneamente presente, já que o processo de apropriação do sistema de escrita alfabética se desenvolve inserido no letramento, no uso desse sistema para escrever e ler: você deve ter percebido a presença concomitante de escrita e leitura nas atividades de alfabetização e nos relatos de sala de aula, presença visualizada no gráfico da unidade 2 (p. 137), no capítulo anterior, que estende a leitura e escrita de textos ao longo do processo de apropriação do sistema alfabético.

Neste capítulo, vamos ressaltar na unidade 1 essa presença da leitura e da escrita durante a apropriação do sistema de escrita alfabético, foco dos capítulos anteriores. Nas duas outras unidades, vamos colocar o foco mais direta-mente no *letramento*: o desenvolvimento dos *usos* do sistema alfabético para ler e interpretar textos e para produzir textos, no ciclo de alfabetização e letramento.

São, pois, três as unidades deste capítulo:

Unidade 1 – A presença da leitura e da escrita no processo de apropriação do sistema de escrita alfabética

Unidade 2 – Leitura, compreensão e interpretação de textos: letramento no ciclo de alfabetização

Unidade 3 – Produção de textos: letramento no ciclo de alfabetização

> **UNIDADE 1**

A presença da leitura e da escrita no processo de apropriação do sistema de escrita alfabética

A aprendizagem do sistema de escrita alfabética, objeto dos capítulos anteriores, é um processo complexo: envolve duas funções da língua escrita – ler e escrever, que se igualam em alguns aspectos e diferenciam-se em outros. De um lado, para *escrever*, a criança precisa desenvolver *consciência fonografêmica*: identificar os sons da língua, até o nível dos fonemas, e representá-los com grafemas correspondentes aos fonemas; por outro lado, para *ler*, a criança precisa desenvolver *consciência grafofonêmica*: relacionar as letras do alfabeto com os fonemas que elas representam. Assim, *na leitura*, o processo parte dos grafemas para os fonemas, isto é, a criança precisa identificar nos grafemas os fonemas que eles representam para chegar à palavra; *na escrita*, ao contrário, o processo parte dos fonemas para os grafemas, isto é, a criança precisa identificar os fonemas da palavra que deseja escrever e representá-los por grafemas. São processos que demandam de forma diferenciada a consciência fonêmica: *reconhecer* relações grafemas-fonemas na *leitura*, *produzir* relações fonemas-grafemas na *escrita*.

Embora escrever e ler impliquem dimensões diferentes da consciência fonêmica, não são aprendizagens independentes: escrever e ler desenvolvem-se simultaneamente, em relação mútua, mesmo quando o foco é dirigido para a aprendizagem da escrita. Lembre-se de situações relatadas nos capítulos anteriores: para atividades de alfabetização, a/o professora/or parte da *leitura* de histórias, de parlendas, atividades que levam a criança a compreender o uso da escrita alfabética para *ler* e criam oportunidades para *escritas espontâneas*. No entanto, como você pode inferir do que foi exposto nos capítulos anteriores, no período *inicial* do processo de alfabetização, o sistema alfabético é mais facilmente compreendido e aprendido a partir da escrita do que a partir da leitura.

Na *escrita*, a criança já tem na mente a palavra que quer escrever, uma cadeia sonora que tem um significado. Representar essa cadeia por grafemas requer sua progressiva segmentação da palavra – sejam sílabas, na fase silábica, ou fonemas, nas fases silábico-alfabética e alfabética – e representá-los por grafemas.

Na *leitura*, ao contrário, a palavra escrita é um conjunto de letras que é preciso decodificar para chegar à cadeia sonora que é a palavra e a seu significado, o que exige partir do reconhecimento sequencial dos grafemas e dos fonemas que eles representam. O *produto da escrita* é, assim, uma palavra, pré-existente na fala ou na mente da criança, que ela torna *visível, escrevendo*. Já o *produto da leitura* é, no início do processo de alfabetização, resultado do esforço de identificação dos fonemas que as letras representam para chegar à palavra que, então, a criança *lê*. Um evento de sala de aula evidencia o que a leitura pode inicialmente significar para a criança:

A professora pede à Sofia, que recentemente se tornara alfabética, que leia para a turma um pequeno texto de apenas duas frases que iriam discutir em seguida.

Sofia lê devagar, atrasando-se em uma ou outra palavra mais longa, que lia de forma silabada.

– *Muito bem, Sofia, agora nos diga: esse texto fala sobre o quê?*

Sofia olha surpresa para a professora e diz:

– *Como é que eu vou saber, fessora? Você não viu que eu estava lendo?*

Para Sofia, que já escrevia alfabeticamente, representando quase sem erros os fonemas das palavras que desejava escrever, ler ainda era um processo de reconhecer grafemas, traduzi-los em fonemas e reuni-los para formar palavras. Nesse processo, a criança não consegue dividir sua atenção entre o esforço de decodificação e a identificação do conteúdo semântico das palavras: ela precisa guardar na memória cada segmento e conectá-lo com o anterior, até reunir todos os segmentos de uma palavra ou de um conjunto de palavras – dessa maneira, se perde o significado das palavras e o sentido do texto, e, assim, se explica sua leitura silabada.

Infere-se, da dificuldade de ler de Sofia, que já escreve alfabeticamente, que não há paralelismo entre a leitura e a escrita *durante o processo inicial* de compreensão do sistema alfabético; há mais facilidade da escrita em relação à leitura. Pode-se dizer que a *consciência **fonografêmica*** predomina sobre a *consciência **grafofonêmica***. As crianças, logo que começam a perceber que a escrita registra com letras os sons das palavras, produzem *escritas inventadas*: são capazes de escrever antes de serem capazes de ler. Por isso, atividades que orientam a criança para a compreensão do sistema alfabético partem prioritariamente da escrita, embora envolvendo sempre a leitura das palavras que escrevem.

Nos capítulos anteriores, no processo de compreensão do sistema alfabético, as crianças foram levadas a *ler* e analisar *palavras que escreveram*, desde o nível silábico: *escrevem* buscando letras para os fonemas que identificam nas palavras; *leem* o que escreveram e percebem, com a mediação da professora, fonemas que faltam em sua escrita, e acrescentam letras. Como exemplos, recorde, no capítulo anterior, Sara *lendo* como tinha *escrito jacaré*; e um grupo de crianças tentando *escrever macaco* e *lendo* a palavra à medida que iam escrevendo, ora buscando letras para representar fonemas, ora identificando fonemas e procurando a letra adequada para representá-los. Atividades de alfabetização não podem deixar de considerar escrita e leitura, simultaneamente, embora a escrita, mais que a leitura, seja a porta de entrada para a compreensão da escrita alfabética.

Vencida a fase de apropriação do sistema alfabético e das normas ortográficas básicas, a leitura é que se torna mais fácil que a escrita. Como vimos no capítulo anterior, as relações fonema-grafema na ortografia do português não são sempre regulares: um mesmo fonema pode ter mais de uma representação gráfica, o que oferece à criança opções para a escrita, que podem levar a uma escolha inadequada. Na leitura, em que a palavra está *dada*, a criança não enfrenta opções. Por exemplo, em palavras em que a relação fonema-grafema é irregular, a criança, ao *escrever* a palavra GIRAFA, pode optar pela letra J em lugar da convencional G, mas ao *ler* essa palavra, não terá opções para a pronúncia da primeira sílaba que não seja [/ʒi/]. Da mesma forma, a criança *lerá* a primeira sílaba da palavra CHAVE como [/ʃa/], mas, ao *escrever*, terá a opção de escolher a letra X em lugar do dígrafo CH. Mesmo em palavras em que a relação fonema-grafema é regular contextual, a criança, como fez Caroline em seu bilhete para o mosquito no exemplo apresentado no capítulo anterior, pode optar por *escrever* MOSCITO, escolhendo a letra C em lugar do dígrafo QU, como deveria fazer para o fonema /k/ antes da letra I, mas, ao *ler* a palavra MOSQUITO em uma frase ou texto, não tem opções para a pronúncia da sílaba, que lerá como [ki], e não como [si].

Como se pode concluir, o desenvolvimento da escrita e da leitura ocorre de forma diferenciada: há maior facilidade da escrita em relação à leitura durante o processo de compreensão do princípio alfabético. Atingida essa compreensão, a direção é invertida, as crianças usam habilidades ortográficas primeiramente para a leitura, isto é, para reconhecer palavras, só posteriormente a familiarização com as representações ortográficas por meio da leitura reforça a habilidade para escrever palavras ortograficamente, isto é, para uma escrita obediente às normas e convenções que regem as relações fonemas-grafemas.

Nos níveis iniciais do processo de apropriação do sistema alfabético, com frequentes atividades de leitura de *palavras*, a criança vai adquirindo a habilidade de decodificar de modo progressivamente mais rápido. Além disso, com a convivência intensa com material escrito, vai reconhecendo visualmente, como um todo, palavras frequentes, "arquivadas" em um léxico mental que reúne representações de palavras familiares, minimizando a necessidade de decodificação.

No entanto, a leitura não se reduz a ler palavras; se essa redução é conveniente durante o processo de apropriação do sistema alfabético, a partir do momento em que, nesse processo, a criança se torna silábico-alfabética ou alfabética, é preciso desenvolver habilidades de ler conjuntos de palavras que formam frases, conjunto de frases que formam textos. Assim, ainda no processo de apropriação da escrita alfabética, atividades de leitura de frases devem ser frequentemente desenvolvidas, segundo as oportunidades que surjam no cotidiano da sala de aula – instruções, avisos, lembretes... ou por meio de atividades planejadas especificamente para o desenvolvimento da leitura de frases, sobretudo atividades para desenvolvimento da fluência na leitura, de que trataremos adiante.

Acompanhe uma reunião de planejamento entre três professoras dos primeiros anos de uma escola pública: elas discutiam atividades para desenvolvimento de leitura de frases, preparando as crianças para a leitura de textos.

Natália: *Vamos ver se encontramos atividades mais interessantes para desenvolver as habilidades de ler frases; as crianças já não têm dificuldade de ler palavras, já chegaram da educação infantil bem avançadas nisso. Antes de passarmos para a leitura de textos, acho que precisamos ver se já conseguem ler frases com alguma fluência e com compreensão.*

Débora: *Concordo, mas temos de criar frases que tenham relação com o interesse das crianças; frases inventadas só para desenvolver leitura não vão ter muito sentido para elas, como essas que são sugeridas por aí. Pra que ler "Maria pula corda no pátio", se ninguém brinca de pular corda no pátio aqui na escola? E ninguém sabe quem é Maria?* (risos das professoras)

Natália: *Eu tenho a mesma preocupação, mas como podemos inventar frases que interessem às crianças e estejam no quadro de experiências delas? E elas são tão diferentes umas das outras...*

Júlia: *Acho que uma boa ideia seria criar frases relacionadas com as histórias que lemos pra elas. Por exemplo, a gente põe a figura de uma cena de uma história conhecida e escreve uma frase que fale da cena para as crianças lerem. Assim como nas historinhas, em que em cada página vem uma ilustração e uma frase sobre a ilustração.*

Débora: *Boa ideia. A gente pode também colocar dois ou três personagens conhecidos delas, para marcarem a frase que diz quem é cada um.*

Júlia: *Vamos pensar no que podemos pedir às crianças: que leiam e marquem a frase que corresponde ao desenho; que liguem frases, duas ou três, a três desenhos, cada um correspondendo a uma frase... acho que há muitas formas diferentes de relacionar frases com desenhos de histórias ou com personagens.*

Natália: *Bom, agora temos de voltar para a sala de aula, as crianças já estão chegando da educação física, vamos então combinar assim: cada uma cria uma ou duas propostas de atividade de leitura de frases e escolhemos qual ou quais vamos usar, e ter ideias de como construir outras... Fica combinado assim?*

Débora e **Júlia**: *Combinado, trazemos as propostas na próxima reunião, né?*

As professoras tiveram boas ideias: primeiro, frases que sejam associadas a figuras facilitam para a criança a leitura, pois a figura apoia o significado da frase, diminuindo o esforço de ler e compreender; segundo, que as frases devem ter ligação com experiências das crianças, para que tenham sentido para elas.

Veja três entre as várias atividades que as professoras criaram para o desenvolvimento de leitura de frases relacionadas com histórias que conhecem: estes exemplos pretendem servir de sugestão para você planejar atividades semelhantes.

LER A FRASE AO LADO DO DESENHO.

 O LOBO ENTRA NA CASA PELA CHAMINÉ.

LIGAR CADA FRASE À FIGURA CORRESPONDENTE.

 O PATINHO FEIO CRESCEU E VIROU UM BELO CISNE.

 PINÓQUIO É UM BONECO DE MADEIRA QUE SABIA FALAR.

 BRANCA DE NEVE MORAVA COM OS SETE ANÕES.

LER AS FRASES E NUMERAR DE ACORDO COM AS FIGURAS.

☐ CHAPEUZINHO VERMELHO CONVERSA COM O LOBO NA FLORESTA.

☐ O LOBO CHEGA PRIMEIRO NA CASA DA VOVÓ.

☐ CHAPEUZINHO VERMELHO VAI VISITAR A VOVÓ.

A leitura de frases é o passo inicial para o desenvolvimento da fluência na leitura. Para isso, atividades podem ser desenvolvidas: depois de ler silenciosamente a frase, as crianças leem em coro em voz alta, em seguida ouvem a professora ler com fluência, leem de novo imitando a leitura da professora. Outras atividades para o desenvolvimento da fluência em leitura serão sugeridas na próxima unidade, quando trataremos da leitura de textos.

Após esses passos iniciais – da leitura de palavras à leitura de frases – a criança domina condições para avançar para a *leitura de textos*, tema da próxima unidade, e para a *produção de textos*, tema da última unidade deste capítulo.

Ser capaz de ler e compreender textos e de escrever textos é o que se considera uma criança que, além de *alfabética*, se torna *alfabetizada*, objetivo do ciclo de alfabetização e letramento. Ao longo da escolaridade posterior, com a ampliação e consolidação das habilidades básicas já adquiridas, as crianças terão condições de atingir o objetivo último: tornarem-se leitoras e produtoras de textos capazes de fazer uso da língua escrita de forma autônoma para seus objetivos pessoais e de responder adequadamente às demandas sociais de leitura e escrita.

PARE E PENSE

1. Observe as cinco figuras a seguir, indique o número das que você usaria para a escrita de frases pelas crianças; justifique sua escolha:

    1   2   3   4   5

2. Que frase ou frases você escreveria diante de cada uma das figuras que escolheu para crianças alfabéticas lerem?

> *Você pode comparar suas respostas com os comentários apresentados no capítulo "Respostas e comentários às questões" no final do livro.*

UNIDADE 2

Leitura, compreensão e interpretação de textos: letramento no ciclo de alfabetização

Buscando uma síntese antes de prosseguirmos, pode-se considerar que os capítulos anteriores, e também a unidade anterior, trataram do que se poderia denominar os "alicerces" das habilidades de leitura e escrita em uma escrita alfabética: a compreensão de que a escrita representa os sons da fala e, paralelamente, a aprendizagem do sistema em que os sons da fala, reduzidos à sua menor unidade, os fonemas, são representados por grafemas: o sistema de escrita alfabética. Só quando a criança se apropria dos processos de representar fonemas por grafemas e identificar fonemas em grafemas é que se pode considerar que adquiriu habilidades de leitura e escrita de palavras e frases, necessárias, ainda que não suficientes, para que desenvolva habilidades de leitura e produção de **textos**. Essas habilidades foram já introduzidas em atividades descritas nos capítulos anteriores, mas ao ciclo de alfabetização e letramento não cabe apenas construir esses "alicerces", cabe ainda começar a desenvolver sistematicamente "edifício" que se erga sobre esses "alicerces": as habilidades de ler e interpretar textos e de produzir textos, para além das habilidades de codificar e decodificar palavras e frases.

Ao se apropriarem da escrita alfabética, as crianças adquirem capacidades de uso da escrita para inserir-se nas práticas sociais, culturais e pessoais que envolvem a língua escrita – à alfabetização se acrescenta o *letramento*: reveja os conceitos de alfabetização e letramento e a relação entre esses dois processos na unidade 2 do primeiro capítulo.

O domínio do sistema de escrita alfabética abre novas possibilidades de *interação* para a criança: recepção de mensagens ao ler,

203

produção de mensagens ao escrever, e assim se amplia, ao mesmo tempo que se alfabetiza, sua inserção no contexto social e cultural. O **texto** é o lugar dessa interação – *inter-ação* – *ação entre* quem produz o texto e quem lê o texto.

Como se infere do parágrafo anterior, estamos nos referindo a textos escritos, mas textos não são só escritos, são também orais: a interação entre as crianças e entre crianças e adultos ocorre cotidianamente por meio de *textos orais* – falar e ouvir. Embora no ciclo de alfabetização e letramento seja fundamental que também se desenvolvam habilidades de construir textos orais – expressar-se na fala com clareza, fluência, vocabulário adequado, e receber mensagens orais (ouvir) com atenção e compreensão –, neste livro, cujo tema é a alfabetização e o letramento, colocamos o foco em *textos escritos* – verbais, verbo-visuais, multimodais, que caracterizaremos adiante.

Nesta unidade, vamos refletir sobre a criança *leitora de textos*; na próxima unidade, sobre a criança *produtora de textos*, sempre dentro dos limites do ciclo de alfabetização e letramento: na educação infantil e nos dois ou três anos iniciais do ensino fundamental.

Antes mesmo de saber ler, a criança já convive com textos e começa a construir o conceito de texto, como vimos em capítulos anteriores. Voltemos ao episódio apresentado na unidade 2 do capítulo "Alfabetização e letramento": ao ouvir a leitura pela professora do livro infantil *A caixa maluca*, a criança, antes mesmo de saber ler, compreende que livros contêm contos, já aprende convenções do texto – como linearidade, direção da esquerda para a direita, de cima para baixo, já diferencia e relaciona escrita e ilustração, já tem oportunidades de ampliar seu vocabulário. Relembre as estratégias de *letramento* que a professora usou ao ler para as crianças o livro *A caixa maluca* e que você identificou em sua resposta do box "Pare e pense" da unidade 2 daquele capítulo.

Assim, durante o processo de alfabetização, as crianças vão construindo o conceito de **texto** que, aliás, algumas costumam já trazer de casa ao entrarem na educação infantil ou mesmo diretamente no ensino fundamental, caso tenham tido oportunidades, no contexto familiar, de contato com livros infantis e de ouvir histórias lidas por adultos.

Cabe, porém, à escola planejar de forma sistemática a leitura e compreensão de textos, tanto para crianças que ainda não saibam ler como para crianças já alfabetizadas. É o que vamos discutir nesta unidade.

Para uma visão dos componentes que devem orientar uma atuação consciente e sistemática da/o professora/or no desenvolvimento de leitura e interpretação de textos no ciclo de alfabetização e letramento, vamos nos orientar pela figura seguinte:

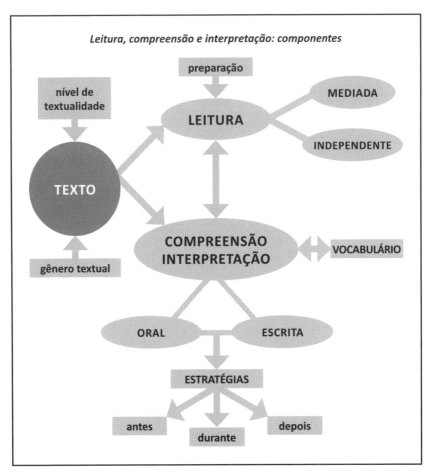

Analise a figura e observe que o desenvolvimento das habilidades de leitura de textos começa pela escolha criteriosa do texto e se desdobra em vários componentes que constituem o processo global de uma leitura compreensiva e enriquecedora: as alternativas de **leitura** do texto – mediada ou independente; a **interpretação** – oral, escrita ou ambas; as **estratégias** para o desenvolvimento de habilidades de interpretação e para a ampliação do **vocabulário** da criança. Vamos refletir sobre cada um desses componentes. Antes, porém, pare e pense sobre como são em geral escolhidos os textos para o desenvolvimento da leitura nos dois primeiros anos do ensino fundamental.

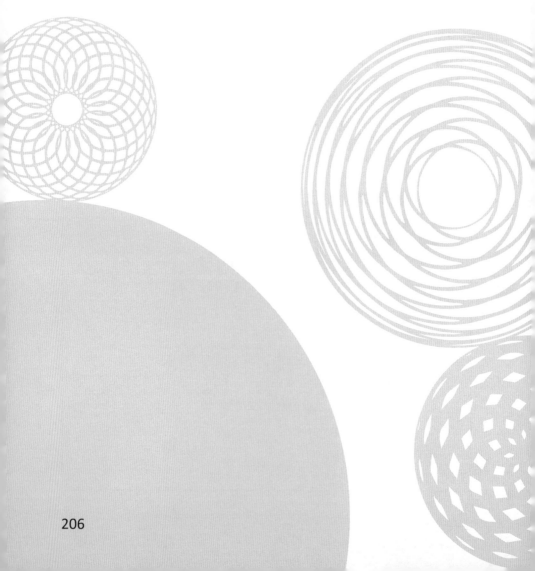

PARE E PENSE

Escolha uma das opções abaixo:

1. Se você já é professora/or, na pré-escola ou nos dois, três primeiros anos do ensino fundamental, reflita sobre os textos que usa para o desenvolvimento das crianças em leitura – *leitura mediada* (a/o professora/or lê para as crianças) ou *leitura independente* (leitura individual pela criança):

    a. Se você usa um livro didático ou material didático destinado à educação infantil, ou ao 1º ou 2º ou 3º anos, analise os textos propostos para leitura: são adequados para o ano a que se destinam?

    b. Se você escolhe pessoalmente textos para desenvolver a leitura, que critérios usa para escolhê-los?

2. Se você ainda não é professora/or, procure material didático produzido para a pré-escola ou livros didáticos destinados ao 1º, 2º ou 3º anos do ensino fundamental e analise a escolha dos textos para leitura: com que critérios foram escolhidos?

> *O objetivo desta atividade é que, antes de ler o tópico seguinte sobre a escolha de textos, você analise textos em uso nas etapas do ciclo de alfabetização e letramento. No capítulo "Respostas e comentários às questões" no final deste livro, você poderá retomar sua avaliação para revê-la ou confirmá-la.*

ESCOLHA DO TEXTO: GÊNEROS E COMPLEXIDADE

Observe que o grande círculo que na figura (p. 205) representa o texto está qualificado com os dois critérios que devem orientar uma escolha adequada no ciclo de alfabetização e letramento (ou em qualquer outra etapa do ensino fundamental).

Em primeiro lugar, a parte inferior do círculo mostra que a escolha do texto deve considerar o **gênero textual.** Para caracterizar inicialmente o que é **gênero textual**, vamos partir da seguinte situação:

Crianças de uma turma do 1º ano saíam apressadamente para o recreio, só Marília foi indo devagar, com a clara intenção de ser a última a deixar a sala.

Professora: *O que é, Marília? Não quer ir para o recreio hoje?*

Marília: *É que eu queria perguntar uma coisa, posso perguntar? Não posso perguntar na frente de todo mundo... É que eu quero convidar só minhas amigas da sala para o meu aniversário, mas só elas, minha mãe disse que não posso convidar todo mundo, não cabe na nossa casa, não vai ter docinho que dê pra todo mundo, como é que eu faço?*

Professora: *Fala com cada uma de suas amigas, longe dos outros.*

Marília: *Não dá... sempre tem muitos juntos, e ficam gozando a gente, falando: tão de segredinho, né?... Conta pra gente também...*

Professora: *Você não pensou em escrever um bilhete ou um convite e entregar para cada uma? Ninguém vai perceber se você entregar um papel pra uma colega, pode ser até aqui na sala mesmo.*

Marília: *Ah, um convite! Tipo o que fizemos pra convidar os pais para a festa junina, né? É mesmo! Ponho o dia e a hora e faço um desenho legal, né?*

Professora: *É isso. Convites a gente escreve e entrega pra quem quer convidar. Mas não se esqueça do que aprendeu sobre como se escreve um convite, você viu como escrevemos aqui na lousa aquele convite pra a festa junina pra vocês copiarem e levarem para os pais.*

Vamos analisar essa cena:

Marília quer *interagir* com colegas no **contexto** de sua turma, mas apenas com algumas poucas colegas, as escolhidas para participar de sua festa de aniversário. Marília não sabe como realizar essa interação no **contexto** em que se encontra. Sem mesmo ter consciência disso, Marília procura um **gênero textual** com que possa realizar sua intenção comunicativa.

A professora sugeriu que, na **situação de interação** (contato entre poucas pessoas em um contexto que envolvia muitas outras pessoas), com o **objetivo** de transmitir a mensagem para apenas aquelas poucas pessoas, seria mais adequado escrever que falar. Sugeriu, então, que Marília escrevesse um bilhete ou um convite, que só as amigas escolhidas receberiam.

Cada uma das amigas de Marília encontrou então, dois dias depois, um envelope em cima de sua carteira. Vamos acompanhar o pensamento de uma delas, a Karen, diante do envelope:

O que será isto??? (abre o envelope) É um cartão... parece um convite... de aniversário, tem um bolo de vela... quem está convidando? Ah, é da Marília pra mim! É um convite pra festa de aniversário dela... (lê o texto) É isso mesmo, ela faz 7 anos neste mês, a festa é na casa dela, tá me convidando, oba! Será que tá convidando só eu???

Karen observa o **portador**, um cartão. Pela organização das palavras e a figura no cartão, reconhece o **gênero** do texto, um convite para um aniversário. Lê o texto e identifica o **objetivo** dele: sua presença no aniversário. Tem dúvidas se é a única a receber o convite, entre tantos colegas.

Nós poderíamos esclarecer a dúvida de Karen se pudéssemos contar a ela que, no **contexto** (a turma de colegas), Marília queria convidar apenas algumas colegas, e, nessa situação de comunicação, a solução seria usar a língua escrita, não a fala. Portanto, o **gênero textual** adequado era escrever um **convite** que entregaria para cada colega escolhida.

A análise do convite por Karen apresentou as características de todo e qualquer texto: todo **texto** é uma comunicação verbal que se caracteriza como um **gênero** adequado ao **contexto**, aos **objetivos** do autor e aos **leitores** previstos ou desejados. Assim, os textos não são independentes das condições que determinam sua produção. Eles são materializações de situações comunicativas, que fazem que sejam o que são. É por isso que se usa a terminologia **gênero textual,** que não deixa esquecer que **texto** não é um produto independente, mas é resultado de várias determinações que o levam a ser como é: todo texto é a materialização de um gênero.

Os gêneros textuais, citando apenas alguns exemplos e limitando-nos a gêneros escritos, são inúmeros, como inúmeras são as possibilidades de interação entre os seres humanos. Assim, a tentativa de enumerar gêneros levaria a uma lista enorme e sempre aberta à inclusão de novos gêneros, tantas são as interações verbais que ocorrem no contexto social: convite, bilhete, carta, notícia jornalística, lista de compras, instruções de uso, piada, cartaz, publicidade, receita culinária, horóscopo, conto, poema, parlendas... Observe quantos e quão diversos gêneros textuais você usa e encontra à sua volta, na família, na escola, nas ruas, nas lojas...

Entre os numerosos gêneros textuais, alguns são mais presentes e necessários na vida social e escolar das crianças do ciclo de alfabetização e letramento, e mais adequados às possibilidades de leitura e interpretação de crianças que estão começando a se tornar leitoras. O quadro seguinte propõe **gêneros textuais** que atendem a esses critérios e, se bem escolhidos, estarão à altura das possibilidades de desenvolvimento da leitura e interpretação de crianças da educação infantil e dos dois ou três primeiros anos do ensino fundamental, podemos estendê-los até mesmo aos cinco primeiros anos do ensino fundamental.

No quadro, agrupamos os gêneros em **categorias** que designam situações de interação frequentes que envolvem a leitura de um texto. Esse agrupamento corresponde ao que a criança realmente precisa ler, quer ler: gêneros textuais que atendem a situações comunicativas que elas vivenciam ou é importante e desejável que vivenciem.

A criança habitualmente não lê – como você também habitualmente não lê – o que se tem chamado de **tipos** de texto: narração, descrição, dissertação, argumentação, prescrição (ou injunção), que têm sido tradicionalmente usados no ensino e nos livros didáticos. Os tipos de texto raramente existem independentemente de gêneros textuais. É nos gêneros textuais que encontramos inseridos **tipos** de texto: em um conto, há *descrições* dos locais, nos quais se passam as ações; em um texto informativo, pode haver a *narração* de um fato que exemplifica a informação; em uma notícia de jornal, pode haver uma *descrição* – onde aconteceu –, e uma *narração* – como aconteceu. Raramente, um **tipo** ganha independência em relação aos gêneros textuais. Assim, é quase sempre artificial propor às crianças a leitura (e também a escrita, como veremos na próxima unidade) de **tipos** de texto e não de gêneros textuais.

Analise o quadro de categorias e gêneros de textos adequados à leitura no ciclo de alfabetização e letramento:

GÊNEROS PREFERENCIAIS PARA *LEITURA* NO CICLO DE ALFABETIZAÇÃO E LETRAMENTO		
CATEGORIAS	GÊNEROS	CARACTERIZAÇÃO
INTERATIVOS	• Bilhete • Convite • Carta	• São gêneros que surgem em situações de comunicação de caráter pessoal, com os quais a criança convive desde muito cedo e reconhece facilmente.
PRESCRITIVOS (injuntivos)	• Regras de comportamento • Regras de jogo	• Regras de comportamento na sala de aula e na escola, em geral expostas em cartazes para leitura frequente das crianças. • Regras simples com poucas e claras instruções para orientar atividades com jogos como bingo, palavras cruzadas, jogos de tabuleiro e outros, que colaborem com o processo de alfabetização, além de serem brincadeiras ou atividades lúdicas.
NARRATIVOS	• Contos clássicos e outros, lendas, fábulas, histórias, contos de tradição popular • História em quadrinhos, tirinhas • Sequência de imagens (livro de imagens), tirinha muda, história em quadrinhos muda	• Textos literários que correspondem de perto aos interesses das crianças, possibilitam momentos de lazer e prazer, incentivam a fantasia e o imaginário, colaboram no processo de amadurecimento emocional, ampliam a visão do mundo e a compreensão do ser humano. • Textos que incentivam a criança a relacionar o verbal e o visual. Como as relações entre os quadrinhos muitas vezes ficam implícitas, alguns podem ser difíceis para as crianças, por isso a escolha deve ser criteriosa, buscando tirinhas ou histórias em quadrinhos em que essas relações estejam no nível de desenvolvimento cognitivo da criança. • Comunicação por meio apenas de imagens: a reconstrução da narrativa é feita com base na comunicação visual. Devem ser gêneros escolhidos avaliando as possibilidades das crianças de fazer as inferências necessárias para relacionar as imagens.
EXPOSITIVOS	• Texto informativo • Notícia em jornal, em revista infantil, em folhetos • Propaganda • Verbete de dicionário infantil	• Informações solicitadas pelas crianças como decorrência de algum acontecimento ou por sugestão de outros textos lidos, em geral explicação sobre fatos sociais, históricos, ou sobre seres da natureza; devem ser selecionados observando se o nível de complexidade do texto é adequado às crianças. • Leitura de informações sobre fatos de interesse da criança, propiciando contato com esses tipos de portadores de texto (jornais, revistas, folhetos). • Cartazes que informam sobre eventos voltados ao público ou que promovem a adesão a um determinado comportamento. • Consulta a palavra desconhecida encontrada em textos.
POÉTICOS	• Poemas • Parlendas • Cantigas infantis • Trava-línguas • Adivinhações	• Textos poéticos, para crianças no ciclo de alfabetização, são, por um lado, jogos linguísticos, brincadeiras com as palavras e os sons delas, por outro lado, incentivo para uma percepção do mundo estética, emotiva. Poemas nesta fase não são para analisar, mas para apreciar, memorizar, cantar, recitar, perceber o jogo dos sons e dos sentidos das palavras.

Vamos discutir alguns exemplos de como analisar gêneros textuais que foram propostos por professoras, para leitura e interpretação, a crianças do ciclo de alfabetização e letramento.

Se surge entre as crianças a intenção de interação com outros, como ocorreu com o problema de comunicação que Marília enfrentava, a escolha pode partir do **gênero** que responderia à situação comunicativa; no caso de Marília, um gênero na categoria dos *interativos* que levou à decisão pelo gênero "convite".

Gêneros interativos são frequentemente escritos, embora também estejam presentes nos processos de interação oral entre as pessoas; para evitar um caráter artificial na aprendizagem da escrita de gêneros interativos, situações que se caracterizem como de interação podem ser sugeridas pelo contexto ou criadas pela/o alfabetizadora/or. Por exemplo, o jogo de troca de bilhetes entre colegas, que pode ser realizado em turmas de crianças alfabéticas: cada criança imagina uma mensagem para os colegas (uma pergunta, uma piada, a sugestão de uma brincadeira para o recreio etc.), escreve um bilhete sem destinatário definido, mas assinado; os bilhetes são distribuídos aleatoriamente, e cada criança lê o bilhete que recebeu, em seguida lê em voz alta para a turma e revela de quem o recebeu. Em geral, as crianças se divertem bastante com esse jogo e têm a oportunidade de escrever e ler bilhetes.

A escolha pode também partir de um **texto** que esteja, em determinado momento, presente no contexto social ou escolar, e que se caracterize como de um determinado **gênero** que deve fazer parte do repertório da criança no ciclo de alfabetização e letramento, por sua frequência na escola e nos meios de comunicação pública.

Um exemplo: era agosto, mês de vacinação de cães e gatos no município, e um cartaz foi colado, para amplo conhecimento da população, em diferentes locais da cidade e das escolas públicas. Professoras de uma escola, responsáveis pelo ciclo de alfabetização e letramento, decidiram cooperar com a campanha, e ao mesmo tempo aproveitar a oportunidade para desenvolver nas crianças habilidades de ler, analisar e compreender um **cartaz**, um **gênero textual**.

Algumas professoras manifestaram dúvida sobre a possibilidade de as crianças do ciclo de alfabetização terem condições de fazer leitura e interpretação de um texto que integrava palavras, fotos, desenhos. Julgavam que o cartaz, um **texto verbo-visual**, embora muito comum no contexto social das crianças, tinha um **nível de complexidade** talvez acima das condições das crianças. Volte à figura que apresenta os componentes da leitura e interpretação de textos e observe que, na parte superior do círculo que representa o texto, está o segundo critério de escolha: o **nível de complexidade**.

A dúvida das professoras se justificava: a escolha do texto para atividades de leitura e interpretação deve sempre orientar-se pela análise de seu **nível de complexidade**: há textos que, embora de um gênero que deve fazer parte do repertório da criança, têm um nível de complexidade acima das possibilidades de compreensão e interpretação de crianças no ciclo de alfabetização e letramento.

Vamos esclarecer o conceito de "nível de complexidade" acompanhando como as professoras do ciclo de alfabetização e letramento da escola analisaram o cartaz – gênero textual *propaganda*, avaliando se o nível do texto tornaria possível a leitura e interpretação pelas crianças do ciclo.

O gênero textual *propaganda* em geral é apresentado em cartazes ou jornais e revistas e tem o objetivo de buscar a adesão a um determinado comportamento, neste caso, a vacinação de animais domésticos. Como é característica do gênero *propaganda*, o texto é **verbo-visual**: combina fotos e desenhos com palavras. Esse tipo de texto pode ser denominado também **multimodal**, embora essa denominação seja mais adequada para textos que combinam um maior número de modalidades de comunicação: palavras, fotos, ilustrações, imagens em movimento, sons, cores, recursos propiciados pelos meios tecnológicos atuais. São os textos que lemos e buscamos interpretar na televisão, nos vídeos, nos filmes, nas comunicações pelas redes sociais... Embora as crianças tenham contato com esses textos multimodais, muito presentes nos contextos sociais, familiares, e mesmo escolares, no ciclo de alfabetização e letramento, para o desenvolvimento sistemático de habilidades de leitura e interpretação, são priorizadas as habilidades de leitura de textos impressos, em que as modalidades são sobretudo o escrito, as ilustrações, os desenhos, por isso aqui denominados gêneros **verbo-visuais**.

Para avaliar o nível de complexidade do cartaz e sua adequação a crianças do ciclo de alfabetização e letramento, as professoras decidiram que representantes de cada ano do ciclo se reuniriam para analisar o cartaz a fim de posteriormente orientar as colegas para a leitura, compreensão e interpretação pelas crianças em suas salas de aula. Leia o relato da reunião e observe a análise das professoras sobre o nível de complexidade do cartaz:

Vera (representando as professoras da pré-escola): *A primeira coisa que eu penso é que as crianças do pré não conseguem ler o que está escrito; vamos ter de ler pra elas, claro; acho que vão saber ler <u>vacine</u>, porque são três sílabas CV, que elas já sabem decodificar, e a palavra está isolada embaixo, não está inserida em frase. Quanto ao vocabulário, com certeza as crianças de 5 anos já sabem o significado de vacinar, porque elas mesmas já foram vacinadas, mas não sei se elas sabem o significado de <u>raiva</u> no cartaz.*

Márcia (representando as professoras do 1º ano): *Acho que as do 1º ano conseguem ler tudo o que está escrito, está tudo com letra maiúscula, não há palavras difíceis de ler, só acho que temos de explicar por que algumas palavras, as mais importantes, são destacadas: <u>não deixe</u>, <u>raiva</u>, <u>vacine</u>. Mas também não sei se todas do 1º ano sabem o que significa <u>raiva</u>; elas podem pensar que é aquela raiva que elas sentem de vez em quando... (risos das professoras).*

Júnia (representando as professoras do 2º ano): *Sei não... concordo que as crianças do 1º ano, pelo menos muitas, devem saber o que significa <u>raiva</u> no cartaz, mas de todo jeito convém conferir se sabem mesmo, é uma questão de saber se a palavra com esse significado de doença de animais já faz parte do vocabulário delas. A mesma coisa acho das crianças do 2º ano, estas já podem saber o que é raiva nos animais, mas é bom conferir, e é uma boa oportunidade pra gente mostrar como uma palavra pode ter mais de um significado, dar outros exemplos – como manga, que é fruta e parte da roupa, folha, que pode ser de árvore e do caderno... raiva, que é doença e sentimento...*

Márcia: *Ótimo, vamos então anotar pra passar para as outras que é preciso discutir por que certas palavras foram destacadas no cartaz e conferir se sabem o significado de raiva em animais. Mas reparem que o cartaz não fala em animais e quais animais precisam ser vacinados, são as fotos que mostram – é foto, né, gente?*

Vera: *Também pensei nisso. É a foto de cachorros e gatos que indicam quem é que precisa ser vacinado. É uma informação que o cartaz deixa implícita, as crianças têm de fazer uma inferência, isso pode não ser simples, principalmente para as crianças de 5 anos, talvez para as de 6 anos também. Temos de incentivar a inferência, perguntando: Quem é que deve ser vacinado? Como é que a gente sabe? Não está escrito... Se a gente chamar a atenção para a foto bem no centro do cartaz, uma porção de animais parece que olhando pra gente... e para as patinhas desenhadas em volta... as crianças vão fazer a inferência facilmente.*

Júnia: *Bem lembrado, Vera. A foto com muitos animais bem centralizados e as patinhas desenhadas em volta tornam mais fácil a inferência. Mas ainda há outro problema de compreensão, acho que é também uma inferência que as crianças têm de fazer: será que todas entendem quando o cartaz se refere a "seu melhor amigo"? Será que sabem que muita gente diz que cão e gato são <u>os melhores amigos</u> das pessoas?*

Márcia: *É mesmo um conhecimento prévio necessário para entender o texto. Esse dito de que um animal de estimação é o melhor amigo da pessoa é uma boa oportunidade para enriquecer o repertório das crianças, e também levar as crianças a relacionar, no cartaz, as palavras com fotos e desenhos, inferir que os "melhores amigos" é uma referência a cães e gatos – podemos dizer que são também chamados "animais de estimação", e até discutir a diferença entre animais <u>amigos</u> e animais <u>de estimação</u>, mais uma oportunidade para enriquecimento do vocabulário – ser <u>amigo</u> e ser <u>estimado</u> não é exatamente a mesma coisa, né?*

Vera: *Gente, desculpem, mas estou aqui pensando no Ricardo, ele é danado de esperto e muito falante, sou capaz de apostar que ele vai implicar com o "seu" dizendo que ele não tem animal pra vacinar, porque não tem animal pra ser **seu** melhor amigo, a mãe dele não deixa ele ter um cachorro, reclama sem parar do cachorro que ele quer e não tem... a gente vai ter de explicar que "seu" se refere a quem está olhando o cartaz, né? Ou a quem tem um animal melhor amigo, né?*

217

> **Júnia**: *Ah, isso é importante! Levar as crianças a inferir – mais uma inferência... a quem o cartaz se dirige, é pra quem tem cães ou gatos, e também inferir quem mandou fazer o cartaz, para quem, e para que distribuiu pela cidade. Não vamos esquecer aquelas perguntas que devemos fazer sempre: quem escreveu, para quem, para quê... Aliás, acho que devemos começar levando as crianças a reconhecer que o texto que vamos ler e interpretar é um cartaz, e explicar o que é um cartaz, por que ele foi espalhado pela cidade, sem complicar dizendo que é um gênero de texto, né?*
>
> **Márcia**: *Anotamos também isso para passar para as colegas. Mas ai, gente, chega! Nunca pensei que um cartaz trouxesse tantas possibilidades de leitura! Anotei, e vamos passar tudo isso pras colegas para que cada uma planeje sua aula de leitura do cartaz. Eu já estou doida pra fazer isso na minha sala... Vamos trabalhar com o cartaz em todas as turmas do ciclo? Assim a gente confere se as crianças conseguiram fazer a interpretação, que dificuldades tiveram. Vai ser bom a gente conferir se o cartaz foi um texto que conseguiram ler e interpretar ou se é difícil para algumas crianças.*

Observe como a análise do cartaz pelas professoras deixa clara a importância da análise de seu **nível de complexidade** e das possibilidades de sua leitura e interpretação pelas crianças. As professoras dispunham de um quadro anteriormente discutido e construído coletivamente, para uso nas escolas do município, incluindo o que seria mais importante observar e que perguntas deveriam fazer a si mesmas, ao escolher textos para leitura, mediada ou independente, por suas crianças, na sala de aula, na biblioteca ou em casa:

NÍVEL DE COMPLEXIDADE DE TEXTOS – LEITURA
Critérios para escolha de textos para o ciclo de alfabetização e letramento

CRITÉRIOS	AVALIAÇÃO DAS POSSIBILIDADES DAS CRIANÇAS *Perguntas para orientar a escolha*
Gênero textual	As crianças têm condições de reconhecer, pela configuração gráfica do portador, o gênero do texto? Identificam sua função, seus objetivos, para que e para quem foi produzido?
	Na leitura de livros de literatura infantil, as crianças têm condições de reconhecer a capa, o autor, o ilustrador, de identificar o nome do livro, observar as ilustrações, o texto na quarta capa e inferir o assunto ou tema do livro?

Tamanho do texto ou livro	O tamanho do texto ou do livro, considerando a parte verbal e as ilustrações, corresponde às condições para manter a atenção e o interesse das crianças, durante o tempo disponível para a atividade?
Estrutura	As conexões entre as ideias, processos e acontecimentos são feitas de forma explícita em sua maioria? Inferências são internas ao próprio texto e facilmente identificáveis ou dependem de informações prévias?
	Os parágrafos são curtos, os períodos são em sua maioria simples ou compostos por poucas orações?
Vocabulário	O vocabulário do texto faz parte do repertório lexical das crianças, com apenas uma ou outra palavra que não conhecem, mas facilmente explicáveis ou importantes para enriquecer o repertório vocabular?
Ilustrações	As ilustrações em narrativas são compreensíveis para a criança, enriquecem o texto, acrescentam detalhes, aguçam a imaginação?
	Em textos verbo-visuais (tirinhas, histórias em quadrinhos, histórias ilustradas), as crianças têm condições de identificar as conexões de sentido de um quadrinho a outro, das ilustrações com o texto?
	Em livros só de imagem, sem palavras, as crianças têm condições de identificar as conexões de sentido de uma página a outra, permitindo-lhes reconstituir a narrativa com base apenas nas imagens?
Conhecimentos prévios	O texto pressupõe conhecimentos prévios e experiências de vida que as crianças não têm? Se não têm, são conhecimentos ou experiências que são relevantes para ampliar o repertório lexical e cultural das crianças?
Intertextualidade	As crianças conhecem personagens ou fatos de outros textos que são citados no texto ou livro escolhido? É possível explicá-los sem interromper muito a leitura do texto?

Após a análise do cartaz sobre a vacinação contra a raiva, várias crianças perguntaram por que elas também eram vacinadas, não só os cães e gatos. As professoras explicaram às crianças menores (5 e 6 anos) os objetivos e a importância da vacinação também em seres humanos. As professoras do 2º ano decidiram aproveitar o **contexto** de interesse e curiosidade das crianças para trabalhar o mesmo tema do cartaz em um outro gênero, o **gênero textual expositivo**, buscando um **texto informativo** sobre a importância da vacinação de crianças. Para isso, selecionaram os dois textos a seguir, curtos (como textos informativos devem ser para crianças ainda em processo de formação leitora), a fim de decidir qual seria o melhor para lerem sozinhas.

PARE E PENSE

Analise os dois textos segundo o nível de complexidade, como fizeram as professoras na análise do cartaz. Responda às perguntas do quadro. Ao final, indique qual dos dois textos você escolheria.

CALENDÁRIOS DE VACINAÇÃO

A vacinação é um serviço médico preventivo recomendado para praticamente todas as crianças do mundo. **Embora** os calendários de vacinação variem entre os países, <u>todos eles</u> estabelecem uma série de vacinas básicas para que as crianças cresçam e se desenvolvam, tornando-se adultos saudáveis.

www.enciclopedia-crianca.com/
(ilustração acrescentada)

TEXTO A

IMPORTÂNCIA DA VACINAÇÃO

A vacinação é um procedimento de extrema importância, pois, <u>por meio dela</u>, o organismo é estimulado a proteger-se de determinadas doenças.
Devido à maior vulnerabilidade de crianças e bebês, a vacinação <u>destes</u> deve seguir rigorosamente o calendário de vacinação existente no país.

https://escolakids.uol.com.br
(ilustração acrescentada)

TEXTO B

LEITURA E ESCRITA NO PROCESSO DE ALFABETIZAÇÃO E LETRAMENTO

1. Em qual dos dois textos, A ou B, digitados e distribuídos, as crianças poderão prever, antes mesmo de ler, qual é o assunto? Que indicadores possibilitam essa previsão do assunto?

2. Analise a <u>estrutura</u> de cada texto:
   - Cada texto é constituído de um só parágrafo, cada parágrafo de apenas dois períodos (sentenças). Observe como é feita a conexão entre as duas sentenças em cada texto: as expressões estão indicadas em negrito nos textos. As crianças têm condições de compreender essas palavras ou expressões para esclarecer qual é a relação entre as duas sentenças?
   - No texto A, as crianças têm condições de recuperar a que a palavra *eles* se refere na expressão *"todos eles"* (grifada no texto)? *Eles* quem?
   - No texto B, as crianças têm condições de recuperar a que se refere o **dela** na expressão *"por meio dela"* (grifada no texto)? E a quem se refere a palavra *destes* na frase *"a vacinação destes"* (grifada no texto)?

3. Você identifica nos textos palavras de que crianças do 2° ano não saberão o significado? Em qual dos dois textos há mais palavras de vocabulário difíceis para as crianças?

4. Sua conclusão: qual dos dois textos você julga com um nível de complexidade mais adequado para leitura de crianças do 2° ano?

O objetivo desta atividade é dar a você a oportunidade de passar pela experiência de analisar textos sob a perspectiva do nível de complexidade. Se em todas as atividades denominadas "Pare e pense" é importante que você confira suas respostas e leia os comentários no capítulo "Respostas e comentários às questões" no final deste livro, especialmente no caso desta atividade, é fundamental que você leia os comentários, que dão continuidade ao que está sendo apresentado nesta unidade.

Como se pode inferir dos exemplos apresentados até aqui, não é do gênero que depende o nível de complexidade do texto, esse nível só pode ser avaliado pela análise do **texto**. Não há gêneros em que os textos são mais complexos ou menos complexos, qualquer gênero pode se materializar em textos com diferentes níveis de complexidade.

Assim, ao escolher o gênero textual para leitura e interpretação de crianças do ciclo de alfabetização e letramento, é preciso consultar os dois quadros: localizar o texto no quadro "Gêneros preferenciais para leitura no ciclo de alfabetização e letramento", relendo sobretudo a coluna que apresenta sugestões pedagógicas, e analisar o nível de complexidade do texto, orientando-se pelas perguntas propostas na segunda coluna do quadro "Nível de complexidade de textos".

Veja um exemplo em que a consulta aos dois quadros teria talvez evitado a inadequação da escolha de um texto.

Uma professora de um 1º ano em que todas as crianças já estavam alfabéticas, com o objetivo de desenvolver habilidades de leitura e interpretação de tirinhas, partiu do pressuposto de que tirinhas, sobretudo da turma da Mônica, bem conhecida pelas crianças, causariam interesse e teriam um nível de complexidade à altura das possibilidades de leitura e interpretação delas.

Escolheu a seguinte tirinha:

© Mauricio de Sousa Editora Ltda.

Surpreendeu-se porque para muitas crianças a tirinha se revelou de difícil compreensão. Vamos identificar por quê:

> são apenas dois quadrinhos, e o primeiro só ganha sentido em relação com o segundo. A criança vê e lê os balões no primeiro quadrinho, entende que Cascão está pedindo a alguém que está atrás dele – quem? – que conte *mais uma* mentira – para quê? – e não identifica onde ele está ajoelhado;

> no segundo quadrinho, a referência a outro texto e outro personagem (intertextualidade) é condição para que as crianças compreendam a relação entre os dois quadrinhos; para isso, elas têm de ter conhecimentos prévios:

- conhecer a história de Pinóquio e saber que seu nariz cresce a cada vez que ele fala uma mentira;

- lembrar que Cascão tem pavor de água, quer atravessar um rio sem se molhar;

- está usando o nariz de Pinóquio como uma ponte, o que então esclarece que, no primeiro quadrinho, Cascão está ajoelhado sobre a ponta do nariz de Pinóquio;

- para alcançar o outro lado, o nariz de Pinóquio tem de crescer mais. Para isso, ele precisa falar mais uma mentira.

A professora relatou que as crianças fizeram muitas perguntas, tiveram muitas dúvidas; várias não sabiam a história de Pinóquio ou não se lembravam de que mentiras faziam crescer seu nariz, o que exigiu que ela contasse ou relembrasse a história; e precisou explicitar as inferências exigidas para a compreensão da tirinha: para Cascão chegar ao outro lado do rio, o nariz de Pinóquio teria que crescer até chegar à outra margem; para que o nariz de Pinóquio crescesse, ele teria de falar mais mentiras – inferências externas à tirinha, porque dependem de conhecimentos sobre a história de Pinóquio e sobre Cascão.

Para um leitor já em fase mais avançada em habilidades de interpretação de textos, a tirinha seria provavelmente compreendida, as relações entre os quadrinhos seriam logo estabelecidas, os conhecimentos prévios necessários seriam ativados para a compreensão da narrativa. É o que deve ter acontecido com você quando leu a tirinha, mas não foi o caso de crianças do 1° ano, com 6 anos em média.

A conclusão **não é** que você só deve escolher textos que as crianças serão capazes de ler e compreender facilmente; ao contrário, textos podem e devem propor desafios para as crianças, oportunidades para que desenvolvam habilidades de compreensão e interpretação, ampliem seus conhecimentos e experiências. Mas os desafios devem estar dentro das possibilidades das crianças a quem a leitura vai ser proposta, e adequados aos objetivos de desenvolvimento de habilidades de leitura e interpretação. A proposta de leitura e interpretação da tirinha com Cascão e Pinóquio parece ter ultrapassado as possibilidades de crianças do 1° ano, tantas foram as dificuldades de compreensão e de interpretação.

Segundo a professora, a tirinha, depois de compreendida, deixou as crianças insatisfeitas porque o problema apresentado não foi resolvido, a solução ficou em suspenso; perguntavam: será que Pinóquio fez o que Cascão pediu? Cascão vai alcançar a outra margem do rio? (impressionaram-se com a expressão aflita de Cascão no segundo quadrinho); Pinóquio vai ou não atender ao pedido de Cascão, vai ou não vai contar mais uma mentira? (tiveram dúvidas, porque a expressão de Pinóquio era de "má vontade").

O que explica a insatisfação das crianças é que a narrativa – a tirinha, um dos gêneros narrativos – foi interrompida antes que o problema de Cascão fosse solucionado, o que rompe com a expectativa de crianças em relação a textos narrativos que, sobretudo na literatura infantil, obedecem à estrutura convencional das narrativas, explicitada neste quadro:

ESTRUTURA DA NARRATIVA

Situação inicial	O cenário, os personagens, o espaço, o tempo.
Conflito (problema)	Um problema surge, exigindo ações dos personagens.
Busca de solução	O que os personagens fazem para tentar solucionar o conflito.
Clímax	A narrativa chega ao ponto máximo do conflito.
Desfecho	O conflito é resolvido.

Na tirinha de Cascão e Pinóquio, a **situação inicial** é apresentada no primeiro quadrinho de forma incompleta: infere-se que há dois personagens, mas apenas um é apresentado, Cascão, o outro é alguém com quem Cascão está falando, mas não se sabe quem é. O espaço é um mistério: onde está Cascão, onde está o outro personagem? O segundo quadrinho revela o outro personagem, mostra o **conflito** – a dificuldade de Cascão para chegar à outra margem do rio – e esclarece a **busca de solução** – o pedido de Cascão a Pinóquio de que faça seu nariz crescer contando mais uma mentira. E a **solução**, pela qual ansiavam as crianças? A tirinha termina sem que se saiba se Cascão conseguiu ou não chegar à outra margem, se Pinóquio atendeu ao pedido de Cascão e contou mais uma mentira, se seu nariz cresceu o suficiente para levar Cascão até à outra margem. A professora resolveu a ansiedade das crianças sugerindo que inventassem a solução, provocando, assim, a imaginação e desenvolvendo a habilidade de fazer previsões.

A análise que fizemos anteriormente considerou apenas o nível de complexidade da tirinha para crianças do 1º ano do ensino fundamental, no início de sua formação leitora. Para outros leitores mais avançados em habilidades de interpretação, a análise mostra que seria uma tirinha criativa, de leitura estimulante para desenvolver habilidades de fazer inferências, de compreender intertextualidade, leitores para quem a falta de solução para o conflito poderia ser um estímulo à imaginação.

Detivemo-nos na análise da tirinha não só para evidenciar que é um equívoco considerar que tirinhas são textos sempre fáceis, apropriados para crianças em início de sua formação como leitoras, mas sobretudo para evidenciar a importância de, ao escolher textos, levar em conta a adequação do nível de complexidade às crianças a que o texto se destina. Ao mesmo tempo, já introduzimos a importância do desenvolvimento de habilidades de interpretação de textos, tema a que voltaremos adiante. Antes, porém, analise você também uma tirinha.

PARE E PENSE

Analise agora você uma outra tirinha do Cascão:

© Mauricio de Sousa Editora Ltda.

1. Identifique a estrutura da narrativa, orientando-se pelo quadro apresentado anteriormente. Enquanto lê a tirinha, vá identificando e registrando por escrito suas estratégias cognitivas de como você vai encontrando resposta para as questões a seguir:
   - Qual é a situação inicial: os personagens, onde estão, qual a relação entre eles?
   - Que problema surge? Para qual dos personagens? Como ficamos sabendo?
   - Por que a situação é vista como um problema pelo personagem?
   - Que solução o personagem buscou para resolver o problema?
   - Qual foi o desfecho?

2. Uma criança de 6 anos, no início do 1º ano, solicitada a falar em voz alta o que pensava enquanto lia a tirinha, disse:
   Cascão está passeando e viu uma tartaruga. Ouviu um trovão e ficou com medo da chuva. Então ele tomou a casa da tartaruga e escondeu da chuva dentro dela.
   Como você interpreta a leitura que a criança fez da tirinha: o que faltou na interpretação que ela fez?

3. Que habilidades de interpretação você poderia desenvolver em crianças de uma turma de 1º ou 2º ano orientando a leitura dessa tirinha?

Você pode comparar suas respostas com os comentários apresentados no capítulo "Respostas e comentários às questões" no final deste livro.

Relembre a figura apresentada anteriormente representando os componentes que devem orientar uma atuação consciente e sistemática da/o professora/or no desenvolvimento de leitura e interpretação de textos. Observe que, até aqui, focalizamos sobretudo a escolha do texto: os gêneros textuais e a análise do nível de complexidade de textos no ciclo de alfabetização e letramento. Outros elementos do gráfico, porém, também estiveram presentes na discussão. Abaixo segue novamente a reprodução do gráfico para retornarmos à totalidade do processo de leitura e interpretação de textos e esclarecermos os demais componentes:

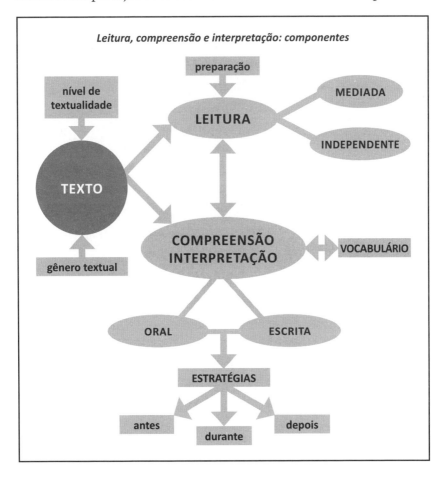

Exemplificamos, a partir do componente "escolha do texto", alguns gêneros textuais, segundo o quadro "Gêneros preferenciais para a leitura no ciclo de alfabetização e letramento": bilhete, cartaz, texto informativo, tirinhas, que analisamos com os critérios propostos no quadro "Nível de complexidade de textos". As análises desses exemplos orientam a escolha entre os gêneros textuais do quadro "Gêneros preferenciais para a leitura no ciclo de alfabetização e letramento", e por isso não é necessário tratar aqui separadamente de cada um, e a análise da complexidade dos textos é orientada pelas perguntas propostas na terceira coluna do quadro "Nível de complexidade de textos".

Apenas um gênero textual tem de ser considerado de forma diferenciada em relação aos outros: **poemas,** ao contrário dos outros gêneros do quadro, não são textos para serem lidos e estudados como os demais. Entre os textos da categoria de "poéticos", para crianças no ciclo de alfabetização e letramento, parlendas, cantigas, travalínguas são brincadeiras com as palavras, jogos com os sons de palavras e de frases, colocando o foco em um aspecto importante de gêneros poéticos, que também apoiam a alfabetização. A leitura de poemas, porém, deve ter por objetivo, sobretudo, o desenvolvimento de uma relação sensível, mais que racional, com o que nos rodeia, já que incentivam uma percepção do mundo estética, emotiva, criativa. Aprofundar o tratamento de poemas na escola ultrapassa os objetivos deste livro, mas você encontrará orientação e sugestões de atividades com poemas no ciclo de alfabetização e letramento nas sugestões apresentadas no quadro acima.

> Para despertar a criança para a poesia que podemos descobrir nas pequenas coisas que nos rodeiam, leia, e leia para as crianças, *Poesia na varanda*, de Sonia Junqueira, editora Autêntica. Para inserir a poesia em sua sala de aula: *Poesia para crianças*, coletânea organizada por Leo Cunha, editora Positivo, principalmente os capítulos 4 e 5, e *A poesia vai à escola*, de Neusa Sorrenti, editora Autêntica. Leia mais sobre poesia infantil em: www.ceale.fae.UFMG.br/glossarioceale, verbete *Poesia infantil*.

Ao analisarmos os textos, já mencionamos outros componentes da figura, como vocabulário e habilidades de interpretação. Apresentamos, a seguir, considerações sobre cada um dos componentes.

LEITURA

No gráfico, a leitura vem precedida de "preparação" e das opções por "mediada" e "independente".

Preparação – A leitura de um texto, seja qual for o gênero, deve ser sempre preparada com antecipação pela/o professora/or. A escolha do texto seguindo os critérios discutidos anteriormente já prepara a/o professora/or para orientar a leitura e interpretação pelas crianças. A leitura e compreensão de um texto, se improvisada no momento da atividade, dificilmente orientará as crianças de forma a realmente desenvolver habilidades de leitura e compreensão. Por exemplo, a análise que fizemos da tirinha do "Cascão e a tartaruga", na atividade do box "Pare e pense" anterior, seria uma preparação necessária para a orientação da leitura e interpretação da tirinha pelas crianças.

Por outro lado, ao propor a leitura de um texto, é necessário, antes, preparar as crianças para a leitura, despertando a curiosidade e o interesse pelo tema, e verificando se elas têm os conhecimentos prévios necessários para compreender o texto. Por exemplo, antes de propor a crianças a leitura da tirinha do "Cascão e o Pinóquio", seria preciso prepará-las para a leitura anunciando que vão ler uma tirinha com dois personagens, o Cascão – sabem quem é? por que ele tem o apelido de Cascão? – e o Pinóquio – conhecem a história do Pinóquio? lembram que seu nariz cresce a cada vez que ele conta uma mentira?

A figura propõe duas possibilidades de leitura: *mediada e independente*. No ciclo de alfabetização e letramento, a leitura mediada predomina: as crianças ou ainda não leem ou estão começando a adquirir alguma autonomia de leitura, já tendo adquirido possibilidades de leitura *independente*. Consideremos inicialmente o que estamos entendendo por leitura independente no ciclo de alfabetização e letramento.

LEITURA INDEPENDENTE

Antes mesmo de dar os primeiros passos no processo de compreensão do sistema alfabético de escrita, desde a creche as crianças já convivem, ou já devem conviver, com material escrito: livros, gibis, revistas, materiais que começam a reconhecer como *objetos*, inicialmente agindo sobre eles como agem sobrem os brinquedos que as rodeiam, logo começando a manipular esses *objetos*, copiando o que fazem os adultos ou fazendo o que os adultos as induzem a fazer: passando páginas, observando ilustrações e aos poucos revelando interesse em ouvir leitura de histórias ou de poemas. São atividades de leitura que aqui estamos considerando como *independente*, entendendo que não significam ainda a tentativa de decodificar e ler palavras.

Essa tentativa se manifesta quando a criança se torna pelo menos *silábica com valor sonoro*. A partir dos anos 1980, autores de literatura infantil começaram a produzir livros que oferecessem a crianças que estão se alfabetizando a possibilidade de ler sozinhas; são pequenas narrativas apresentadas de forma graficamente atraente, com ilustrações ocupando quase toda a página e pouco texto, em geral uma frase simples, vocabulário familiar à criança, palavras com controle progressivo da estrutura silábica das palavras e das relações fonema-grafema. As primeiras coleções, que continuam sendo publicadas, são bem conhecidas por alfabetizadoras/ores – *Coleção Gato e Rato*, de Mary e Eliardo França, a *Série Mico Maneco*, de Ana Maria Machado, a *Coleção Estrelinha*, de Sonia Junqueira.

No quadro da multiplicação de livros de literatura infantil na produção editorial brasileira das últimas décadas, são numerosos os livros que, além de sua qualidade literária, acompanham o desenvolvimento da leitura ao longo do processo de alfabetização, colaborando com a formação de crianças leitoras, em geral denominadas "pré-leitoras" ou "leitoras iniciantes" ou "leitoras em processo". São livros que brincam com as palavras, com os sons das palavras, que divertem e dão suporte à alfabetização, de escritores como Eva Furnari, Bartolomeu Campos de Queirós, Elias José, José Paulo Paes, livros de trava-línguas como *Travadinhas*, de Eva Furnari, *Enrosca ou desenrosca*, de Maria José Nóbrega, *Quebra-língua*, de Ciça... Você encontrará na biblioteca de sua escola muitos livros para leitura independente de crianças em processo de alfabetização, entre os acervos que foram distribuídos pelo Ministério da Educação às escolas públicas, no período 2007-2015, pelo Programa Nacional Biblioteca da Escola – PNBE, destinados, de dois em dois anos, especificamente à educação infantil e anos iniciais do ensino fundamental. Como lamentavelmente o PNBE foi interrompido em 2015, uma alternativa é você consultar catálogos de editoras de livros infantis, acessando-os na internet, e buscar formas de enriquecer a biblioteca da escola e os cantinhos de leitura da sala de aula com bons livros que permitam a crianças em fase de alfabetização as primeiras experiências de leitura independente. Muitos livros para crianças do ciclo de alfabetização e letramento são impressos em letras maiúsculas, que são as com que a alfabetização se inicia; no entanto, no início do ensino fundamental, quando as crianças já devem ter aprendido as letras minúsculas, é importante que interajam com livros em letras minúsculas, que são as que predominam em textos impressos e na literatura em geral.

Podemos também considerar leitura independente os livros que as crianças escolhem, na biblioteca ou no cantinho de leitura, para ler em casa nos fins de semana, buscando ajuda de um familiar se necessário, e ao retornar à escola, partilham com os colegas o livro que leram e seu conteúdo.

LEITURA MEDIADA

Nas primeiras etapas do ciclo de alfabetização e letramento, as crianças estão aprendendo a ler e ao mesmo tempo estão *lendo* textos e livros pela mediação da/o professora/or, que lhes empresta os olhos e a voz, traduzindo o escrito em palavras quando lê *para* e *com* as crianças um texto ou um livro. A mediação de leitura orienta o encontro da criança com o texto, com o livro, ora visando especificamente o desenvolvimento sistemático de estratégias de compreensão e interpretação, ora visando, sobretudo, promover uma interação prazerosa da criança com a leitura.

Exemplos de leitura como prática escolar de desenvolvimento de habilidades de compreensão e interpretação foram apresentados anteriormente: com a mediação das professoras, foi orientada a leitura e interpretação do cartaz sobre vacinação de animais, destinada a crianças de 5, 6, 7 anos, com o objetivo de desenvolver habilidades de compreensão e interpretação do gênero textual *cartaz*; a *tirinha* do "Cascão e Pinóquio" foi lida e interpretada por crianças do 1º ano, com a mediação das professoras, objetivando desenvolver habilidades de leitura de textos verbo-visuais.

> Livros com orientação e muitas sugestões para o desenvolvimento da leitura nos anos iniciais são: *Decole: desenvolvendo competências de letramento emergente*, de Fernanda Leopoldina Viana et al., editora Penso, e *Leitura nas séries iniciais: uma proposta para formação de leitores de literatura*, de Elizabeth Baldi, editora Projeto.

A leitura mediada como prática literária exige uma preparação específica: o objetivo é a interpretação literária de livros e textos literários, narrativos ou poéticos: reveja os gêneros textuais dessas duas categorias, no quadro "Gêneros preferenciais para a leitura no ciclo de alfabetização e letramento" (p. 212).

A mediação literária deve ocorrer em ambiente que se diferencie tanto quanto possível da sala de aula, ainda que ocorra nela mesma com as crianças sentadas em círculo para a "Hora da Literatura", ou na biblioteca, em que as crianças estarão na "casa dos livros", rodeadas deles, também sentadas em círculo para acompanhar a leitura, que deverá ser cuidadosamente preparada pela professora. Leia como uma professora analisou um texto que escolheu para a "Hora da Literatura" de um 2º ano – primeiro, acompanhe o que a professora foi pensando à medida que **preparava a leitura**.

> *Mostro o livro, o título [30 fábulas contemporâneas para crianças, de Sérgio Capparelli], o autor, pergunto o que deve haver dentro de um livro com este título, tento, junto com as crianças, identificar as ilustrações da capa, são estranhas... Levanto a hipótese de que devem ter relação com as fábulas do livro; mostro de novo o livro de fábulas que lemos na 'hora da literatura' na semana passada (Fábulas de Esopo), verifico se ainda se lembram do que é "fábula". Vou ter de explicar por que as fábulas deste livro de hoje são <u>contemporâneas</u>, como está no título – será que sabem o que quer dizer "contemporâneas"? Como vou explicar essa palavra??? Vou dizer que as fábulas que lemos na semana passada são antigas, foram inventadas há muitos e muitos séculos, em outros tempos, estas foram escritas agora, no tempo que estamos vivendo – as coisas que acontecem no tempo que estamos vivendo são <u>contemporâneas</u>. Depois desta preparação, acho que já posso mostrar a fábula que vamos ler. Abro o livro e mostro a página da fábula, mostro o título da fábula e a ilustração, peço que observem o desenho do gambá, pergunto se conhecem gambá, muitas devem conhecer... Verifico se sabem que o gambá solta um líquido fedorento quando está irritado ou ameaçado. Aí leio em voz alta o texto, para que eles tenham um primeiro contato com a fábula, em seguida vou relendo e fazendo perguntas. Mas vou marcar onde devo parar para fazer perguntas. Depois leio de novo o texto inteiro, pedindo que eles acompanhem lendo silenciosamente, na versão impressa que só neste momento vou distribuir.*

Depois de realizar a **preparação** da leitura seguindo as reflexões que fez, a professora leu a fábula em voz alta para as crianças, que riram quando terminou a leitura (perceberam o humor no desfecho). Em seguida fez a releitura com interrupções, nos lugares que tinha programado, propondo questões que ampliassem a compreensão e incentivassem a interpretação das crianças. Leia o relato da leitura mediada: (**P** – professora; **C** – criança)

O GAMBÁ INVISÍVEL

de Sérgio Capparelli

**O gambá comprou uma lata de tinta
capaz de deixá-lo invisível. E logo decidiu roubar galinhas.**

**Passou a tinta no corpo e sua imagem começou a desaparecer
no espelho. Que tinta maravilhosa!**

P *Vamos pensar: por que o gambá queria ficar invisível?*

C1 *Gambá come galinha, um já quis comer uma galinha no quintal lá de casa, mas ela fugiu.*

C2 *Se ele estivesse invisível, a galinha não ia fugir. Por isso que esse gambá aí queria ficar invisível, pra pegar galinha pra comer.*

P *Como o gambá ficou sabendo que a tinta funcionava?*

C3 *Porque o moço que vendeu falou que a tinta fazia ficar invisível* (outras crianças concordam).

C2 *Não é por isso não, gente! É porque ele passou a tinta nele, olhou no espelho e não via ele no espelho, viu que tinha ficado invisível.*

P *Isso mesmo, vou ler de novo, prestem atenção* (relê o segundo parágrafo). *Agora o problema é ver se este gambá invisível vai conseguir roubar galinhas. Vamos continuar a história.*

Foi então para a beira do rio onde havia um galinheiro com ovos apetitosos. Nem bem se aproximou, foi recebido com tiros.

Tentou de novo numa granja perto de uma serraria. De novo tiros e latidos de cachorros.

P *Será que gambá come ovos também? Alguém sabe? Ninguém sabe? Eu também não sei...*

C4 *Vou perguntar pro meu pai, aposto que ele sabe.*

P *Então vamos combinar assim, vocês vão descobrir se gambá come ovos, perguntem às pessoas em casa, quem ficar sabendo, conta pra nós amanhã.*

P *E granja, vocês sabem o que é? Tá bem, não precisa falar todos ao mesmo tempo, vocês tinham mesmo de saber, tem uma granja grande aqui perto, né?*

C5 *Tem uma coisa que eu não entendi: se ele estava invisível, por que quando chegou nos lugares deram tiros pra matar ele?* (várias crianças concordam que também não entenderam – esqueceram a leitura do texto inteiro feita antes pela professora).

P *É estranho mesmo... será que a tinta não funcionou?*

Cs várias sugestões: *foi mentira do homem que vendeu a tinta; não existe tinta que faz ficar invisível; as pessoas ouviram o barulho do gambá chegando.*

P Vamos ver o que diz a história?

O gambá voltou à loja de tintas para reclamar. Nem bem entrou, ouviu o vendedor perguntar:

– Algum problema, gambá?

– Um baita problema – respondeu. – Essa tinta não vale nada. Quando eu chego perto dos galinheiros, atiram em mim. Entrei no armazém, você me enxergou. Devolve meu dinheiro!

P E agora? Vocês acham que o vendedor vai devolver o dinheiro?

Cs Vai ter de devolver, ele enganou o gambá! A tinta não funcionou!

– Eu juro, gambá, que não estou te enxergando – disse o vendedor.
– Mas, mesmo de longe, todo mundo sabe que é você quem vem chegando.

– Como, se estou invisível?

P Que desculpa será que o vendedor vai dar? Vejam a resposta do vendedor:

– Mesmo invisível, gambá fede.

P Então: como as pessoas ficavam sabendo que o gambá invisível estava chegando?

C6 Por causa do fedor dele, coitado.

C1 Sei não, acho que o vendedor enganou ele, não existe tinta que faz ficar invisível.

C7 Mas isso é uma história, não é de verdade, numa história pode ter coisas que não existem: não tem fada, princesa, bruxa?...

C6 E tem bicho que fala, igual ao gambá e aqueles bichos das fábulas da semana passada.

P É isso mesmo, as histórias são criadas pela imaginação, são inventadas, nelas pode existir o que de verdade não existe, elas nos fazem imaginar um outro mundo... outros seres, outros lugares... por isso gostamos de histórias, né?

Vimos que, apesar de as crianças terem ouvido inicialmente a leitura de toda a fábula pela professora, na leitura mediada não relacionaram os tiros com o cheiro do gambá, concordaram que o vendedor é que tinha enganado o gambá, o que comprova a importância da leitura mediada para desenvolver as habilidades de compreensão do texto.

Como a leitura e interpretação foram desenvolvidas em uma turma que já lia (2º ano), a professora distribuiu em seguida a fábula digitada em uma folha e leu-a em voz alta, pedindo às crianças que fossem acompanhando silenciosamente a leitura na folha. Leu em um ritmo que facilitasse o acompanhamento pelas crianças, usou a

> O mesmo texto poderia ser usado em turmas de crianças que ainda não sabem ler – na educação infantil ou no início do 1º ano.

entonação adequada em cada situação. Sugeriu que lessem a fábula em casa para a família.

Os pontos em que a professora planejou interromper a leitura foram escolhidos obedecendo à estrutura convencional da narrativa, que já discutimos antes. Observe, no relato da leitura, que cada um dos cinco trechos em que há interrupção da leitura (trechos em negrito) corresponde a uma das partes da estrutura da narrativa, veja:

ESTRUTURA DA FÁBULA

Situação inicial 1ª interrupção	O gambá compra uma tinta para ficar invisível e roubar galinhas.
Conflito (problema) 2ª interrupção	Quando vai roubar galinhas, percebem a presença do gambá e atiram.
Busca de solução 3ª interrupção	O gambá volta à loja onde comprou a tinta para reclamar.
Clímax 4ª interrupção	O vendedor também não enxerga o gambá.
Desfecho 5ª interrupção	O fedor do gambá é que faz as pessoas saberem que ele está chegando.

Sem necessidade de explicitar a estrutura convencional de narrativas, o que seria prematuro em um 2º ano, as interrupções e as perguntas em momentos pré-determinados vão orientando as crianças a perceber essa estrutura e a prever o que vai acontecer em seguida. Procure, sempre que for preparar a leitura de uma fábula, conto, livro, planejar interrupções da leitura de acordo com a estrutura da narrativa.

A fábula, como acontece em qualquer texto, apresentou algumas dificuldades de vocabulário, que a professora explicou rapidamente, para não prejudicar a sequência da leitura: *contemporâneas*, no título do livro; *apetitosos*, para qualificar os ovos; *granja*, que não foi necessário explicar, porque já fazia parte do vocabulário das crianças; e *baita*, quando o gambá diz "um *baita* problema", um adjetivo de uso coloquial que algumas crianças não conheciam.

Recorde mais uma vez a figura que representa os componentes da leitura e interpretação de textos: veja que um dos componentes é o **vocabulário**.

VOCABULÁRIO

Sobretudo no ciclo de alfabetização e letramento, é fundamental o desenvolvimento do vocabulário das crianças, que estão em uma etapa de constituição e ampliação de seu repertório léxico. É sobretudo a leitura e interpretação de textos que oferece oportunidades de enriquecer o vocabulário das crianças nesse ciclo, ampliando suas possibilidades de compreensão de texto.

Temos, todos nós, e as crianças desde pequenas também, um **vocabulário passivo** – palavras que compreendemos, mas não usamos – e um **vocabulário ativo** – palavras que compreendemos e usamos, ao falar e ao escrever. O vocabulário passivo é maior que o ativo – compreendemos um número maior de palavras que o número de palavras que usamos, embora essa divisão varie de pessoa para pessoa. Quantas vezes você já se surpreendeu ao ouvir alguém usar uma palavra que você conhece, mas jamais usaria? Compreendemos quando ouvimos uma frase como "Oxalá isto aconteça logo!", mas provavelmente nunca usaríamos "oxalá", diríamos "Tomara que isto aconteça logo!". *Oxalá* é uma palavra de nosso vocabulário passivo, *tomara* é de nosso vocabulário ativo.

Um dos objetivos do ensino de vocabulário no ciclo de alfabetização e letramento é ampliar o repertório léxico da criança, mas sempre usando como critério se determinada palavra deve ser incorporada ao **vocabulário ativo**, porque é uma palavra muito falada e escrita – atividades para que a criança aprenda a palavra e seu significado e passe a usá-la, falando ou escrevendo –, e palavras que, se aparecem eventualmente em textos destinados a crianças, podem ou devem ser aprendidas para enriquecer o **vocabulário passivo**.

É preciso sempre considerar que as palavras que compõem o vocabulário ativo de uma criança (também de um adulto) dependem muito do contexto sociocultural da pessoa. Por exemplo, uma palavra da fábula, *granja*, que poderia ser desconhecida de crianças de outros contextos regionais, mostrou-se claramente do vocabulário ativo das crianças. Já o adjetivo *apetitosos* ("ovos apetitosos") não era conhecido das crianças. Para não interromper muito a sequência da narrativa, a professora prometeu explicar depois, e assim fez:

> – *Nós encontramos algumas palavras novas na fábula, desde o título do livro, vejam de novo* (mostra o livro), *já conversamos sobre o sentido de "contemporâneas". Por que a fábula que lemos é contemporânea?*, pergunta a professora.
>
> – *Porque é diferente, é do tempo de hoje, não é como aquelas do tempo antigo que lemos semana passada*, respondem as crianças.
>
> – *É diferente por quê?*
>
> – Várias respostas: *É engraçada; não tem aquela tal de moral, é chato história que quer ensinar a gente; é sobre um bicho que a gente conhece, que já viu, melhor que história de cordeiro, de cegonha, uns bichos que nunca vi.*
>
> – *E vocês conseguem me dar exemplo de alguma coisa que é contemporânea?*
>
> – Várias sugestões: *Video game, hip-hop, funk, tablet... celular... minha mãe diz que detesta essas músicas modernas, vou dizer pra ela que são contemporâneas, chique, né?*

Já com relação ao adjetivo *apetitosos*, a professora considerou que era uma palavra para as crianças incorporarem ao vocabulário passivo, não ativo – é um adjetivo pouco usado na linguagem cotidiana –, mas explicou o significado, relacionando a palavra com *apetite*:

LEITURA E ESCRITA NO PROCESSO DE ALFABETIZAÇÃO E LETRAMENTO

> *– Uma comida apetitosa é a que desperta o apetite, a vontade de comer, como os ovos despertaram o apetite, a vontade de comer, do gambá. Mas vocês falariam com a cantineira que o lanche está apetitoso? Acho que não... como vocês diriam?*
> *– O lanche está gostoso... está bom...*, respondem as crianças
> *– Apetitoso é uma palavra pra conhecer, mas não pra usar, procurem guardar essa palavra, apetitoso, para saberem o que quer dizer, se ela aparecer de novo em um texto.*

O vocabulário pode ser organizado em três níveis:

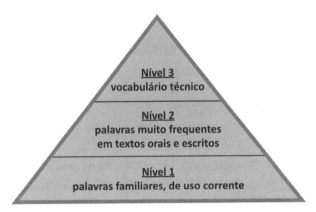

No ciclo de alfabetização e letramento, é importante ampliar o nível 1, porque as crianças, sobretudo as menores, ainda estão construindo seu repertório de palavras de uso corrente, que são aprendidas nas interações orais no contexto familiar e sociocultural, e devem ser intensificadas no contexto escolar, em interações com os vários adultos com que convivem na escola e com a leitura de textos. Mas é o nível 2, particularmente no ciclo de alfabetização e letramento, que é responsabilidade do ensino, por meio de estudo de novas palavras encontradas na leitura de textos de vários gêneros, sempre destacando palavras que as crianças devem incorporar ao vocabulário ativo e realizando atividades em que elas apareçam em diferentes situações para que as crianças tenham oportunidade de usá-las. Como exemplo, a palavra *contemporânea*, no título do livro em que está a fábula lida, ampliaria o vocabulário de nível 2 das crianças.

São do nível 3, no contexto escolar, os termos técnicos próprios das áreas de conhecimento que fazem parte do currículo do ensino fundamental – Matemática, Ciências, Geografia, História. No ciclo de alfabetização e letramento, o conteúdo dessas áreas é apenas introdutório, e são poucos os termos técnicos que as crianças devem acrescentar a seu repertório lexical; cabe à/ao professora/or selecionar aqueles que a criança deve incorporar a seu vocabulário ativo.

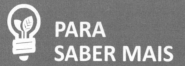

PARA SABER MAIS

Para atividades de enriquecimento do vocabulário, é indispensável que você tenha dicionários em sua sala de aula e desenvolva atividades com eles.

Em 2012, foram distribuídos às escolas públicas pelo Ministério da Educação (MEC) dicionários elaborados especificamente para o ensino fundamental, com adequação à faixa etária e ao ano de escolaridade dos alunos. Foram distribuídos dois tipos de dicionários; o tipo 1 visa à fase inicial de alfabetização (1º ano) e o tipo 2 supõe crianças já com alguma autonomia de leitura (2º e 3º anos), ou seja: são dicionários para crianças de 6 a 8 anos. Caracterizam-se por um número limitado de verbetes, foco em um vocabulário considerado básico, as letras são de tamanho maior, há inclusão de ilustrações, quando necessário para melhor compreensão de palavras que se supõe menos comuns para crianças da faixa etária a que se destinam os dicionários.

As escolas públicas receberam um acervo de dicionários para cada sala de aula, para uso coletivo, acompanhado de um manual – *Com direito à palavra: dicionários em sala de aula* –, com orientação para o uso dos dicionários em sala de aula e com sugestões de atividades que podem ser desenvolvidas com eles.

Se você ainda não tem dicionários do tipo 1 ou 2 em sua sala de aula, procure-os na biblioteca de sua escola e não deixe de consultar o manual *Com direito à palavra: dicionários em sala de aula*.

Relembre mais uma vez a figura apresentada anteriormente representando os componentes que devem orientar uma atuação consciente e sistemática da/o professora/or no desenvolvimento de leitura, compreensão e interpretação de textos. O que foi desenvolvido até aqui, nesta unidade, já envolveu reflexões sobre compreensão e interpretação sempre que analisamos textos, mas é necessário considerar agora de forma mais sistemática esses componentes e as estratégias de compreensão e interpretação. Reveja em destaque a parte da figura que vamos discutir agora:

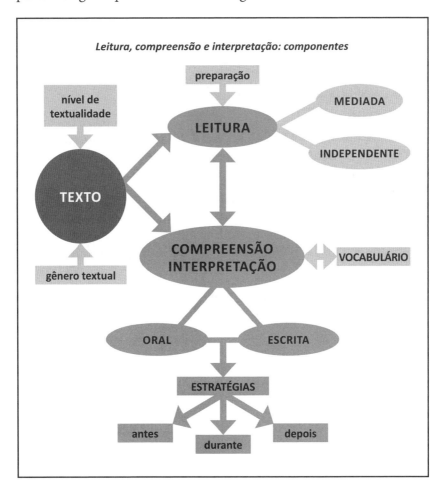

A leitura competente de um texto depende fundamentalmente de *compreensão* e *interpretação*, por isso os dois processos estão juntos no gráfico: a interpretação do texto depende de sua compreensão, e a compreensão só se completa com a interpretação.

Compreender um texto é entender o que foi escrito: captar o significado das palavras, identificar os fatos e ideias que *estão* no texto. **Interpretar** um texto é estabelecer conexões entre os fatos e ideias que estão subentendidas no texto.

A diferença entre compreensão e interpretação orienta a leitura mediada pela/o professora/or, que precisa discriminar os fatos e ideias que as crianças precisam *compreender* para se tornarem capazes de *interpretar*, de estabelecer conexões entre fatos e ideias.

Vamos esclarecer, relembrando, no relato da leitura mediada do texto "O gambá invisível", as **estratégias** que a professora, na **preparação** da leitura (relembre o quadro que registra suas reflexões), identificou como necessárias para **compreensão** da fábula pelas crianças:

> **Estratégias** são ações planejadas pela/o professora/or visando ao desenvolvimento de habilidades de compreensão e interpretação de textos.

> ➢ *verifico se ainda se lembram do que é "fábula";*
> ➢ *vou ter de explicar por que as fábulas deste livro de hoje são contemporâneas;*
> ➢ *pergunto se conhecem gambá;*
> ➢ *verifico se sabem que o gambá solta um líquido fedorento quando está irritado ou ameaçado, para que compreendam o desfecho da narrativa.*

Como já analisamos anteriormente, uma das **estratégias** que a professora planejou para a leitura mediada foi interromper a leitura em pontos do texto que correspondiam à estrutura convencional da narrativa. As perguntas que a professora propõe em cada interrupção também são **estratégias** planejadas para verificar a compreensão e desenvolver a interpretação durante a leitura.

O quadro seguinte mostra as **estratégias** que a professora planejou utilizar para desenvolver a compreensão e interpretação da fábula. Analise o quadro identificando as estratégias para cada momento de interrupção da leitura:

ESTRATÉGIAS

ANTES DA LEITURA	DURANTE A LEITURA	APÓS A LEITURA
• Mostrar o livro (coletânea de fábulas), a capa, o autor.	• Esclarecer o significado de palavras desconhecidas.	• Estimular as crianças a avaliar a fábula em relação a outras fábulas lidas anteriormente.
• Indicar o gênero do texto que vão ler a partir do título do livro, lembrar textos do mesmo gênero já lidos anteriormente.	• Levar as crianças a identificar a *causa* de o gambá querer ficar invisível.	• Esclarecer a diferença entre ficção e realidade.
• Mostrar o texto no livro (página dupla, p. ex.: 34-35), o título da fábula, a ilustração, relação entre o título da fábula e a ilustração no livro.	• Levar as crianças a identificar o *efeito* da tinta: o gambá ficou invisível.	
• Verificar se têm os conhecimentos necessários para a compreensão do texto: o animal gambá e por que é fedorento.	• Levar as crianças a identificar a *causa* de o gambá não ter conseguido o que queria.	
	• Levar as crianças a prever a atitude do vendedor da tinta.	
	• Levar as crianças a identificar a causa de a tinta não ter funcionado.	

O quadro mostra o que a professora planejou *fazer* durante a leitura mediada da fábula, os procedimentos que usou para desenvolver nas crianças habilidades de compreender e interpretar textos. Observe que as estratégias estão expressas em verbos que indicam **ações da professora**.

PARE E PENSE

Depois de ler o quadro que relata a preparação da leitura feita pela professora, de ler o relato da leitura mediada da fábula "O gambá invisível", confrontando o relato com as estratégias planejadas, construa um quadro semelhante ao das estratégias e substitua cada estratégia pela habilidade de leitura que cada uma procurou desenvolver nas crianças: antes, durante e depois da leitura.

> *Você pode comparar suas respostas com os comentários apresentados no capítulo "Repostas e comentários às questões" no final deste livro.*

Finalmente, observe, no gráfico que apresenta os componentes do desenvolvimento da leitura, que compreensão e interpretação podem ser desenvolvidas oralmente ou por escrito. Crianças que ainda não sabem ler – na educação infantil, talvez ainda no 1º ano – *ouvir* o texto lido pela/o professora/or e interpretá-lo oralmente, com a mediação da/o professora/or, já desenvolve habilidades que serão consolidadas na compreensão e interpretação autônomas de textos escritos. Para crianças que já sabem ler, a leitura oral pela/o professora/or prepara a criança para *ler* o texto, tanto oralmente quanto silenciosamente. Em ambas as modalidades – leitura oral ou leitura silenciosa – a compreensão e interpretação prévias do texto apoiam e facilitam a leitura. As sugestões seguintes têm se mostrado eficientes nas atividades de leitura no ciclo de alfabetização e letramento:

> ➢ o primeiro contato com o texto, após a preparação – desenvolvidas as estratégias para *antes* da leitura – é a leitura oral pela/o professora/or, sem interrupções, com dicção clara, expressividade, entonação adequada; no caso de narrativas, principalmente em livros infantis, uso de tom diferenciado de voz na fala de personagens, mostrando as ilustrações para evidenciar sua relação com a história – o objetivo é que as crianças tenham o primeiro contato com o texto em sua inteireza;
>
> ➢ em seguida, releitura mediada: com interrupções em pontos do texto previamente escolhidos para levar as crianças a identificar conexões entre fatos do texto, orientada pelas estratégias planejadas para o desenvolvimento de habilidades de compreensão e interpretação;
>
> ➢ no caso de crianças que já sabem ler, leitura silenciosa do texto já conhecido, compreendido e interpretado oralmente, ou de parte do texto (no caso de crianças que ainda leem com alguma dificuldade), para desenvolver competências de leitura silenciosa;

➢ finalmente, para crianças que já sabem ler e escrever com suficiente competência, são propostas questões por escrito sobre o texto lido, para que respondam também por escrito: questões selecionadas e elaboradas para confirmar se as habilidades desenvolvidas na leitura oral mediada foram apropriadas pelas crianças.

Acrescente-se ainda que a leitura oral e releituras orais pela/o professora/or atuam como modelagem para a aquisição de **fluência** que, desenvolvida na leitura oral, leva naturalmente a uma leitura silenciosa também fluente.

FLUÊNCIA

Leitura com fluência significa reconhecimento rápido e correto de palavras e de conjunto de palavras, ritmo e entonação adequados, o que depende da compreensão do texto. No ciclo de alfabetização e letramento, assim que as crianças adquiram alguma independência de leitura, é preciso desenvolver atividades específicas para a aquisição de fluência oral na leitura, base para a fluência na leitura silenciosa. Já sugerimos atividades de fluência quando discutimos, na unidade anterior, o desenvolvimento de fluência na leitura de frases, passo inicial para o desenvolvimento da fluência na leitura de textos. Orientam também a fluência os sinais de pontuação como indicadores de pausas, de entonação; a eles já nos referimos no capítulo "A entrada da criança na cultura da escrita", unidade 1, no quadro "Para saber mais", como acréscimos que são ao sistema alfabético, e na próxima unidade voltamos a eles, sob a perspectiva de sua importância na escrita e também na leitura.

O quadro seguinte sugere atividades para o desenvolvimento da fluência na leitura de textos, que devem ser realizadas com regularidade, reservando-se algum tempo para elas pelo menos duas vezes por semana, até que as crianças desenvolvam a capacidade de ler um texto com rapidez e precisão de decodificação, com ritmo e entonação adequados. São atividades que envolvem toda a turma, pois a leitura oral pelas crianças separadamente, para avaliar e desenvolver individualmente a fluência, o que seria desejável, é quase impossível na organização predominantemente coletiva das atividades em sala de aula. Adequando o tamanho do texto e seu nível de complexidade, as atividades podem ser desenvolvidas a partir do 1º ano.

ATIVIDADES PARA DESENVOLVIMENTO DE FLUÊNCIA NA LEITURA

TIPOS DE LEITURA	ATIVIDADES
Leitura compartilhada	1. A/O professora/or lê oralmente o texto, os alunos apenas ouvem. 2. A/O professora/or esclarece dificuldades de compreensão do texto, se houver. 3. Os alunos recebem o texto (impresso ou apresentado em cartaz quando é bem curto, como um poema, uma parlenda) e acompanham a segunda leitura da/o professora/or, que chama a atenção para a pontuação e seu efeito na entonação. 4. A/O professora/or relê oralmente o texto, em partes: após cada parte, os alunos repetem o trecho, oralmente, como um eco.
Leitura em coro	1. A/O professora/or lê oralmente o texto, os alunos apenas ouvem. 2. A/O professora/or esclarece dificuldades de compreensão do texto, se houver. 3. Os alunos recebem o texto (impresso ou apresentado em cartaz quando é bem curto, como um poema, uma parlenda) e a leitura é feita oralmente por todos, em coro, sob a regência da/o professora/or. Uma variante é dividir a turma em dois ou três grupos e desenvolver a atividade com um grupo de cada vez.
Leitura dialogada	1. A/O professora/or lê oralmente um texto com diálogos entre dois ou três personagens, diferenciando pelo tom de voz a fala do narrador (se houver) e as falas dos diferentes personagens, com atenção para a entonação adequada à natureza da fala. 2. A/O professora/or esclarece dificuldades de compreensão do texto, se houver. 3. Os alunos recebem o texto, a/o professora/or distribui as falas (narrador e personagens) para grupos de alunos e cada grupo lê, obedecendo a sequência do texto, a fala que lhe foi atribuída. Após a leitura de cada grupo, a/o professora/or e os colegas avaliam, dão sugestões. A atividade pode ser repetida, alterando-se os grupos ou a distribuição das falas.
Leitura por duplas	1. A/O professora/or lê oralmente o texto, os alunos apenas ouvem. 2. A/O professora/or esclarece dificuldades de compreensão do texto, se houver. 3. Os alunos recebem o texto (impresso ou apresentado em cartaz quando é bem curto, como um poema, uma parlenda) e organizam-se em duplas (por escolha livre ou por escolha da/o professora/or: aluno mais fluente com aluno menos fluente). 4. Cada membro do par lê, alternadamente, o texto para o colega, que acompanha e dá sugestões, quando for o caso.

Leia mais sobre fluência da leitura no site www.ceale.fae.ufmg.br/glossarioceale, verbete *Fluência*.

Observe que as atividades sugeridas começam sempre com a leitura de um texto pela/o professora/or, como modelo para a leitura das crianças. Textos para desenvolvimento de fluência no ciclo de alfabetização e letramento devem ser escolhidos especificamente para esse objetivo: curtos, com vocabulário conhecido pelas crianças e frases não muito longas. Os critérios para escolha desses textos são, pois, diferentes dos critérios de escolha de textos para desenvolvimento de habilidades de compreensão e interpretação: os objetivos visados são diferentes, portanto, a escolha dos textos e as estratégias são também diferentes.

Ao fim desta unidade, você deve estar se perguntando: afinal, quais são as habilidades de leitura, compreensão e interpretação de textos que é preciso desenvolver no ciclo de alfabetização e letramento? Embora seja impossível prever todas as oportunidades de desenvolvimento de habilidades de leitura que os gêneros textuais podem oferecer, o quadro a seguir propõe as **metas em continuidade**, que podem ser desenvolvidas pela leitura de textos dos gêneros sugeridos como *preferenciais* no ciclo de alfabetização e letramento.

QUADRO 3 – METAS: CONTINUIDADE

HABILIDADES DE LEITURA E INTERPRETAÇÃO NO CICLO DE ALFABETIZAÇÃO E LETRAMENTO	Pré-escola	1º ano	2º ano	3º ano
• Ouvir com atenção a leitura de textos.	■	■		
• Ler oralmente pequenos textos com fluência e compreensão.				■
• Ler silenciosamente com fluência e compreensão.				■
• Incorporar ao vocabulário novas palavras encontradas em textos.	■	■		
• Inferir o sentido de palavras desconhecidas com base no contexto da frase.				■
• Identificar o gênero do texto pela configuração gráfica do portador.				■
• Reconhecer, em livro, a capa, o autor, o ilustrador.	■	■		■
• Diferenciar, no texto, trechos de fala de personagens e a forma de sua apresentação gráfica (discurso direto).				■
• Formular previsões sobre a continuidade do texto, em interrupções da leitura oral de uma narrativa feita pela/o professora/or.	■		■	■
• Relacionar texto e ilustrações.	■	■	■	■
• Identificar informação explícita em texto lido pela/o professora/or.	■	■	■	■
• Localizar informação explícita em texto lido silenciosamente.			■	■
• Recontar história lida pela/o professora/or.	■			
• Inferir informação implícita em texto.				■
• Relatar oralmente narrativa apresentada em textos verbo-visuais (tirinhas, história em quadrinhos) ou apenas visuais (livros de imagem).			■	■
• Identificar relação de causa entre fatos de uma narrativa.				■
• Identificar a estrutura de textos narrativos: situação inicial, conflito, busca de solução, clímax, desfecho.			■	■

Alguns esclarecimentos talvez sejam necessários sobre as habilidades incluídas no quadro.

Naturalmente, em um só texto não há possibilidade de desenvolver *todas* as habilidades propostas no quadro. Importante é que todas sejam desenvolvidas nas oportunidades oferecidas pelos textos que serão lidos e interpretados em cada ano e no decorrer dos anos do ciclo de alfabetização e letramento. Por isso a distribuição das habilidades pelos anos do ciclo deve constar do projeto pedagógico da escola e orientar todas/os as/os professoras/es das turmas do ciclo, de modo a haver **continuidade** no desenvolvimento das habilidades.

Convém lembrar, porém, que a organização em anos pelo critério da faixa etária das crianças nem sempre coincide com o nível de desenvolvimento cognitivo e linguístico de todas as crianças agrupadas em determinado ano ou em determinado contexto. Embora a distribuição das habilidades pelos anos de escolarização apresentada no quadro tenha sido confirmada como adequada após um longo período de sua construção/reconstrução e aplicação em todas as escolas de uma rede municipal de educação, de certo modo representativas das escolas públicas do país, pode ocorrer, em contextos específicos, que determinada habilidade prevista para determinado ano seja considerada difícil para um grupo de crianças, devendo então ser desenvolvida no ano seguinte – você deve ter observado que as habilidades se estendem cumulativamente ao longo dos anos do ciclo de alfabetização e letramento. Por outro lado, habilidades previstas para determinado ano mas que se revelem já dominadas pelas crianças podem ser antecipadas para o ano anterior. O conhecimento das crianças e daquilo de que elas são capazes só pode ser avaliado pelas/os professoras/es; mas é preciso ter discernimento para não *sub*avaliar ou *super*avaliar as possibilidades das crianças: pedir menos quando se pode pedir mais, ou pedir mais quando as crianças ainda não têm condições de corresponder ao que se pede.

As **metas em continuidade** para dois dos componentes do ciclo de alfabetização e letramento – a aprendizagem do sistema alfabético e a aprendizagem de normas ortográficas – estão apresentadas no capítulo anterior. Neste capítulo, são apresentadas as metas para os dois outros componentes – habilidades de leitura e interpretação de textos e habilidades de produção de textos. No capítulo "Planejamento no processo de alfabetização e letramento", as metas dos vários componentes são reunidas em quadros que as apresentam por anos do ciclo, abrangendo a totalidade do currículo do ciclo de alfabetização e letramento.

UNIDADE 3

Produção de textos: letramento no ciclo de alfabetização

Vamos iniciar esta unidade retomando um dos primeiros parágrafos da unidade anterior:

O domínio do sistema de escrita alfabética abre novas possibilidades de *interação* para a criança: recepção de mensagens ao ler, produção de mensagens ao escrever, para, assim, ampliar a inserção dela no contexto social e cultural.

Na unidade anterior, discutimos a leitura – a *recepção de mensagens*, a interação com quem produziu o texto. Nesta unidade, vamos discutir a *produção de mensagens*, a interação entre quem escreve e quem vai ler o texto: a criança como "autora".

Como vimos na unidade 1 deste capítulo, a criança desenvolve a escrita de palavras mais rapidamente que a leitura de palavras: escreve espontaneamente, quando tem um lápis na mão e um papel diante de si, sejam rabiscos, sejam escritas silábicas, e vão avançando no processo de fonetização da escrita até se tornarem alfabéticas. Vimos, no capítulo anterior, textos escritos por crianças que ainda não liam, ou liam com muita dificuldade, mas já produziam textos: lembre-se da carta de Guilherme para o Papai Noel, do bilhete de Caroline prevenindo o mosquito contra a aranha, da narrativa de Henrique sobre a bola que quebrou a vidraça, a de Armando sobre a bola que quebrou o vaso... Em todos esses exemplos, a criança produziu um **texto**.

No entanto, observe as características da produção desses textos.

O texto de Caroline foi motivado pela intenção de prevenir o mosquito do perigo que corria, no **contexto** da descoberta de uma teia de aranha na sala de aula – o bilhete, produzido por Caroline, foi o **gênero textual** adequado à situação.

253

Em vésperas do Natal, Guilherme, no **contexto** de uma época em que são esperados presentes do Papai Noel, produziu um texto para expressar seus desejos: a carta foi o **gênero textual** adequado ao contexto e a seus objetivos.

Já as narrativas de Henrique e de Armando se caracterizam como uma atividade de *retextualização*: Henrique e Armando *retextualizaram* narrativas visuais – tirinhas mudas – em narrativas verbais.

Henrique e Armando realizaram uma atividade proposta por suas professoras, são elas que vão ser suas leitoras. Depen-

> **Retextualização**
> é a produção de
> um texto pela
> transformação de
> um gênero textual
> em um outro
> gênero textual.

dendo de como foi proposta a atividade (ler depois o texto produzido para a turma, por exemplo), também os colegas seriam seus leitores.

Por outro lado, situações de certa forma *reais* motivaram a produção de Caroline e de Guilherme: a existência de uma teia de aranha na sala de aula permitiu à professora propor às crianças a produção de um bilhete, fantasiando uma interação com o mosquito, e a época natalina sugeriu a produção de cartas para o Papai Noel, motivando Guilherme a escrever para um destinatário existente em sua imaginação. Assim, nesses casos, a produção de texto surgiu naturalmente, em situações em que tinham **o que dizer** a um **destinatário**, com um determinado **objetivo**, o que determinou a escolha dos gêneros: bilhete, carta.

A substituição, no contexto escolar, dos já antigos termos "composição" e "redação" pela expressão *produção de texto* não significou apenas uma mudança terminológica, mas uma mudança de concepção da aprendizagem da escrita de textos: não se aprende a "compor" textos ou a "redigir" textos sobre determinado tema, aprende-se a *produzir* textos em situações de *interação* entre *quem* escreve e *para quem* se escreve, tendo *o que* escrever e *para que* escrever, tal como acontece em situações reais fora dos muros da escola.

Entretanto, nem sempre é fácil para a escola, um contexto de ensino-aprendizagem inevitavelmente diferente dos contextos sociais que envolvem a escrita para além de seus limites, inserir a produção textual em situações *reais*. A alternativa é criar situações que se aproximem, tanto quanto possível, de situações de interação por meio da escrita, propondo que a criança *produza um texto* tendo *o que dizer*, com determinado *objetivo*, dirigido a determinados *leitores*. Exemplos são o bilhete de Caroline e a carta de Guilherme lembrados anteriormente.

No ciclo de alfabetização e letramento, porém, a criança ainda está aprendendo a *escrever textos*, e aqui é preciso lançar mão de outra alternativa: motivar e orientar a criança a *escrever textos*, para que se torne capaz de *produzir* textos em situações em que produzir um texto se mostre necessário ou desejado. No ciclo de alfabetização e letramento, são, pois, dois os procedimentos que devem ser usados, que vamos denominar de: a *escrita de texto* e a *produção de texto*.

Enquanto a criança ainda está aprendendo a escrever, já tenta simular a *escrita* de texto, como em alguns exemplos em capítulos anteriores – lembre-se, na unidade 3 do capítulo "A entrada da criança na cultura da escrita", da tentativa de Lívia, ainda na fase de rabiscos, de "escrever" um "texto", com linhas sinuosas, imitando a escrita cursiva, usando pautas sucessivas e obedecendo à direção da escrita – de cima para baixo, da esquerda para a direita; lembre-se ainda, nessa mesma unidade do capítulo "A entrada da criança na cultura da escrita", do "texto" de Aquiles, na fase de escrita com letras, pretendendo escrever um texto; no capítulo "O despertar da consciência fonológica", unidade 3, do bilhete de Mateus, com escrita silábica com valor sonoro; lembre-se ainda da carta de Guilherme, no capítulo "Consciência fonêmica: a apropriação do princípio alfabético", unidade 2, já na escrita alfabética.

Tal como na unidade 1 deste capítulo discutimos a necessidade de desenvolver a *leitura de frases*, como preparação das crianças para a *leitura de textos*, também é preciso avançar da escrita de palavras para a *escrita de frases*, preparando-as para a *escrita de textos*, com atividades como a seguinte – também associada a desenhos, como vimos em relação à leitura, porém, com a diferença de que as figuras devem ser organizadas de forma a aproximar a criança da estruturação de frases em textos.

No exemplo seguinte, a professora entregou as quatro figuras para cada criança e propôs a seguinte atividade:

ORDENAR AS FIGURAS NA SEQUÊNCIA DO QUE ESTÁ ACONTECENDO E ESCREVER UMA FRASE PARA CADA FIGURA.

Lúcia
5 anos e 8 meses

Lúcia ordenou as figuras em uma sequência temporal e em seguida escreveu as frases de acordo com essa sequência. Não *produziu* um texto, mas revelou a habilidade de usar os verbos em tempos adequados à progressão dos fenômenos: verbo com o auxiliar *estar*, para expressar ações em progressão – o sol *está nascendo*, o sol *está se pondo* – e verbo no passado para expressar o que já aconteceu: o sol *nasceu*, a noite *chegou*, a lua *apareceu*. A criança soube, de certa forma, aproximar-se de um texto articulando as frases pela escolha de verbos que expressassem a sequência dos fatos e a duração de cada um.

À medida que a criança avança na compreensão do que é um texto, sobretudo por meio de convívio com a leitura, a mesma demanda de escrita de frases para figuras pode orientá-la para reunir as frases em um texto. Naturalmente, a escolha das figuras é determinante: se, no exemplo anterior, as cenas apresentavam uma sequência de fenômenos naturais, no exemplo abaixo as figuras apresentam uma sequência de *fatos*, favorecendo a articulação entre eles.

Observe que a demanda – *escreva uma frase para cada cena e* **forme uma história** – e que as figuras, na sequência em que são apresentadas, realmente contam uma "história". No entanto, embora a demanda seja de uma frase para cada cena, e as linhas ao lado da cena definam a extensão da "frase" para cada cena, Luiz não se limitou às linhas propostas e a uma frase para cada

Luiz
6 anos e 4 meses

cena: identificou uma história na sequência das cenas e construiu mais de uma frase para cada cena; escreveu uma história, ultrapassando as linhas e articulando as cenas e as frases.

Conclui-se que uma das atividades que prepara a escrita de texto é a escrita de frases. Quando provocada por figuras que induzam à articulação entre as cenas, colabora para que a criança vá se aproximando da escrita de um texto e de sua estruturação, como veremos adiante. Luiz construiu uma retextualização de uma sequência de figuras de fatos, o mesmo que fizeram Henrique e Armando, cujos textos foram apresentados no capítulo anterior.

Observe, porém, a diferença na apresentação da atividade que foi proposta às três crianças: a demanda feita a Henrique e Armando foi que escrevessem a história que a tirinha contava, sem limitar a escrita a uma frase para cada cena, e oferecendo linhas sucessivas abaixo da tirinha, o que sugeria a produção de um texto, uma narrativa, tanto que ambos começaram a escrita com a expressão que com frequência marca o começo de narrativas: *Um dia...* Ao contrário, a Luiz foram demandadas *frases* para cada cena. Essa pode ser considerada uma das razões por que os textos de Armando e Henrique sejam mais elaborados que o de Luiz, sem desprezar uma razão também importante: Henrique (7 anos e 8 meses) e Armando (7 anos e 4 meses) estavam já no 2º ano, e Luiz (6 anos e 4 meses), estava ainda no 1º ano. Mas quando Luiz, ignorando a demanda de uma frase para cada cena, constrói uma retextualização articulando as cenas e as frases, como fizeram Armando e Henrique, infere-se que a forma gráfica em que a proposta é apresentada pode induzir a diferentes respostas pela criança. No caso de Luiz, a proposta, pela forma como foi apresentada, impôs barreiras à construção de um texto fluente, obrigando-o a transpor os espaços demarcados para as cenas. Os efeitos disso serão comentados adiante.

Retextualizações feitas por crianças de outra turma, também do 1º ano, a que foi proposta a mesma atividade proposta a Luiz, revelam com clareza a influência da apresentação gráfica da atividade na produção da criança. Veja um exemplo:

A proposta de escrita é a mesma feita a Luiz, mas Ana Luíza, ao contrário de Luiz, obedeceu o espaço concedido a cada cena, espaço ainda mais claramente demarcado com as linhas para cada cena inseridas em um quadro, diferentemente da separação das cenas por espaços em branco como na proposta para Luiz, o que permitiu que ele desse sequência à narrativa, não se sujeitando ao

Ana Luíza
6 anos e 3 meses

número de linhas concedido para cada cena. Ana Luíza respeitou o espaço demarcado para a escrita das frases, mas não respeitou a demanda de "escreva uma frase para cada cena", escreveu mais de uma frase para as três cenas. Construiu uma narrativa, o que fica evidente quando escolhe um título que começa como frequentemente se iniciam as narrativas que conhece: *Era uma vez...* Infere-se que ela pretendia escrever uma história, mas, diante da demanda de escrever uma frase para cada cena, transferiu o começo da história para o título.

A partir da unidade 2 do capítulo "Consciência fonêmica: a apropriação do princípio alfabético", em que discutimos a apropriação da escrita alfabética pelas crianças, apresentamos textos de crianças que vamos retomar agora, reunindo-os para uma análise das dificuldades e possibilidades de escrita de texto por crianças no período de dois ou três anos em que completam o ciclo de alfabetização e letramento.

TEXTOS DE CRIANÇAS DO 1º ANO:

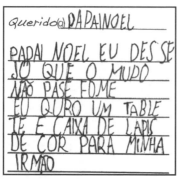

Guilherme
6 anos e 3 meses

Caroline
6 anos e 6 meses

Luiz
6 anos e 4 meses

Ana Luíza
6 anos e 3 meses

TEXTOS DE CRIANÇAS DO 2º ANO:

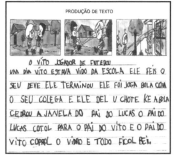

Henrique
7 anos e 8 meses

Armando
7 anos e 4 meses

Observe que os seis textos foram escritos com letras maiúsculas. A letra cursiva é em geral introduzida quando a criança se torna alfabética e já desenvolveu bem a coordenação motora – Henrique e Armando já poderiam ter escrito com letra cursiva, mas, como eles, há crianças que demoram um pouco mais a dominar a cursiva, e não há razão para apressá-las.

Vamos fazer algumas inferências a partir do conjunto de textos.

Em primeiro lugar, pode surpreender o fato de que crianças do 1º ano, com 6 anos e alguns meses, e do 2º ano, com 7 anos e alguns meses, já tenham condições de produzir textos com autonomia, embora ainda não dominando inteiramente as normas ortográficas. Lembremos, porém, como foi dito várias vezes em páginas anteriores, que os exemplos dados neste livro são produções de crianças de uma rede pública em que o processo de aprendizagem do sistema de escrita alfabética inicia-se na educação infantil, de modo que a grande maioria chega ao ensino fundamental silábico-alfabética ou alfabética, entre as quais muitas se tornam rapidamente capazes de escrever textos com autonomia.

É preciso ainda lembrar que, desde muito pequenas, as crianças foram construindo o conceito de "texto" pelas atividades com parlendas e com a leitura frequente, mediada pela/o professora/or, de contos, lendas, fábulas, poemas, de modo que, ao apropriar-se da escrita alfabética, já têm "modelos" de textos e começam a produzir os "seus" textos. Mesmo antes de alfabéticas já tentam escrever frases sobre uma cena, como fez Aquiles, silábico com valor sonoro, que apresentamos na unidade 3 do capítulo "O despertar da consciência fonológica".

Em segundo lugar, observamos que apenas dois textos – o bilhete de Caroline e a carta de Guilherme – foram produzidos em situações *reais*, no sentido de que reproduzem situações que ocorrem também fora do ambiente escolar: escrever bilhetes, escrever cartas. São textos produzidos em um **contexto** real – uma teia de aranha na sala de aula, a época natalina –, com **objetivos** específicos e "leitores" definidos, ainda que imaginários. Os textos das outras crianças foram escritos em situação tipicamente escolar, podendo ser considerados como um gênero textual escolar, em que o **contexto** é a sala de aula, o **destinatário** é a/o professora/or e o **objetivo** é a aprendizagem de *escrever* textos, não propriamente de *produzir* textos.

Assim, o conjunto de textos que analisamos nesta unidade exemplifica os dois procedimentos que, no ciclo de alfabetização e letramento, são as alternativas possíveis para o desenvolvimento de habilidades necessárias para que as crianças aprendam a *escrever* textos como atividade escolar e aprendam também a *produzir* textos em situações em que interagem com um destinatário com o propósito de lhe comunicar algo.

Outra inferência que os textos apresentados nos permitem fazer, inferência que se confirma em muitas escolas públicas e nos livros didáticos, é a frequência com que a retextualização é o recurso usado para a aprendizagem da *escrita* de textos, com significativa predominância do uso de tirinhas. Isso porque na retextualização, **o que escrever** já está dado, facilitando a escrita do texto pela criança, que se limita, no caso da tirinha, a contar, passo a passo, o que também está contado na tirinha passo a passo, embora com relações nem sempre explícitas, como comentamos ao discutir, na unidade anterior, o uso de tirinhas para a leitura.

Para crianças recém-alfabéticas, em geral as cenas são apresentadas verticalmente, com linhas ao lado de cada uma e solicitação de uma frase para cada cena, de modo que a criança, escrevendo não mais que frases, construa progressivamente a história, como nos textos de Luiz e Ana Luíza.

Quando a criança avança no domínio do sistema alfabético, os quadros das tirinhas são apresentados horizontalmente: a criança vê as cenas na mesma direção em que lê textos – da esquerda para a direita – e conhece a história inteira, o que a leva a escrever um texto que flui de um quadro a outro, como nos textos de Henrique e Armando. Como a internet é uma fonte rica de tirinhas, com numerosos sites em que elas estão disponíveis, a/o professora/or pode encontrar facilmente boas sugestões para atividades de retextualização. No entanto, a retextualização de tirinhas parece fácil, mas na verdade nem sempre é, o que vamos esclarecer adiante.

Deve ter ficado claro nos parágrafos anteriores que os dois procedimentos – *escrever* textos e *produzir* textos – favorecem o desenvolvimento de habilidades para que a criança avance para além da escrita de palavras e frases. E não há precedência de um procedimento sobre o outro: por exemplo, Caroline e Guilherme *produziram* textos – bilhete e carta – ainda no 1º ano, mas antes, durante e mesmo depois das oportunidades que sugeriram a *produção de textos,* participaram de atividades para a aprendizagem de *escrita de textos,* semelhantes à atividade proposta a Luiz e Ana Luíza, também no 1º ano. No entanto, não se deve simplesmente esperar que surjam situações que possibilitem a proposta de uma *produção de texto*, como aconteceu quando uma teia de aranha apareceu na sala de aula. É importante que sejam criadas com frequência propostas que "copiem" situações que ocorrem na vida real, possibilitando que a criança produza um texto em que ela tenha o que dizer a alguém, com um objetivo específico, vivendo realmente uma interação com um destinatário ou com destinatários.

Na unidade anterior, apresentamos o quadro "Gêneros preferenciais para a leitura no ciclo de alfabetização e letramento"; vamos rever o quadro considerando-o agora sob o ponto de vista dos gêneros *para a escrita*, que são quase os mesmos para a leitura, mas aqui adaptados para atividades de escrita e produção de textos.

ALFALETRAR • MAGDA SOARES

GÊNEROS PREFERENCIAIS PARA ESCRITA E PRODUÇÃO DE TEXTO NO CICLO DE ALFABETIZAÇÃO E LETRAMENTO		
CATEGORIAS	GÊNEROS	SUGESTÕES
INTERATIVOS	• Bilhete • Convite • Carta	• Escreva um bilhete para um colega e participe do jogo de troca de bilhetes (lembre-se desse jogo sugerido na unidade anterior). • Escreva, individualmente ou com a participação de colegas, um convite para outra turma assistir a uma apresentação de textos, ou para pais assistirem em uma festa a uma peça de teatro preparada pela turma etc. • Escreva, individualmente ou com a participação de colegas, uma carta para um autor de livros lidos convidando-o para ir à escola; ou uma carta para um autor reclamando do destino que ele deu a um personagem de sua história; ou uma carta para um autor discordando do desfecho de uma sua história, ou sugerindo outro desfecho para a história.
INSTRUCIONAIS (injuntivos)	• Regras de comportamento • Regras de jogo	• Escreva, com a colaboração dos colegas, as regras de comportamento a serem respeitadas na sala e na escola ("combinados"). • Escreva as regras para uma brincadeira ou jogo inventado por você ou pela turma.
NARRATIVOS	• Histórias pessoais • Retextualização de tirinhas • Relatos de experiências pessoais ou coletivas • Reconto	• Conte uma situação em que você ficou muito nervosa/triste/alegre/com medo... • Escreva a história apresentada em uma tirinha para alguém que não viu a tirinha. • Relate uma atividade realizada fora da escola (como uma visita ao zoológico). • O que você mudaria em sua cidade/em sua casa/em sua escola/em sua sala de aula? • Reconstrua, com seus colegas e a orientação da/o professora/or, um texto lido por ela/ele (uma história, uma notícia...).
EXPOSITIVOS	• Texto informativo • Propaganda – cartaz • Legenda	• Prepare, em grupo, uma entrevista com um ou uma profissional da escola e escreva um texto sobre o que ele ou ela faz. • Pesquise com seus colegas sobre algum animal e escreva um texto sobre ele. • Escreva um cartaz ou propaganda anunciando um produto novo que você inventou. • Escreva a legenda para uma gravura ou foto.

Em todas as atividades sugeridas, a/o professora/or deve atuar como escriba, no caso de crianças que ainda não têm escrita autônoma, ou como orientadora/or da produção do texto.

Comparando esse quadro com o que foi proposto para a leitura, observe que foi retirada a categoria de gêneros poéticos, essenciais para atividades de leitura, mas considerados acima das condições de escrita no ciclo de alfabetização e letramento. É possível propor às crianças que escrevam estrofes que rimem, mas o efeito pode ser levá-las a um conceito simplista de poema, como sendo aquilo que rima... Reveja a caracterização dos gêneros poéticos no quadro "Gêneros preferenciais para leitura no ciclo de alfabetização e letramento" (p. 212).

Também foram retirados outros gêneros, adequados para o desenvolvimento da leitura, mas não para o desenvolvimento da escrita em crianças não alfabetizadas ou recém-alfabetizadas. Por outro lado, foram acrescentados gêneros relevantes para o desenvolvimento da escrita de textos: no ciclo de alfabetização e letramento, há gêneros textuais para ler **e** escrever, há gêneros para ler **e não** para escrever.

Outra diferença no quadro que focaliza a escrita é a substituição da caracterização dos gêneros que preenche a terceira coluna, referente à leitura, por sugestões de atividades de escrita e de produção de textos, a fim de ampliar as possibilidades de gêneros textuais que podem ser propostos a crianças recém-alfabetizadas ou ainda não alfabetizadas. Essas sugestões visam apenas a exemplificar quantas propostas diferentes podem ser temas para a produção de textos por crianças no ciclo de alfabetização e letramento.

Dependendo do tema e do nível das crianças, a produção do texto pode ser individual, em duplas, em grupo ou também coletiva, envolvendo toda a turma. Para crianças que ainda não se alfabetizaram – crianças na educação infantil ou ainda no início do 1º ano –, o *relato coletivo* e o *reconto*, tendo a/o professora/or como escriba, são alternativas que desenvolvem a compreensão do que é um texto, sua estrutura, suas convenções, as diferenças entre o texto oral e o texto escrito.

> Leia no *Glossário Ceale*, na internet, site www.ceale.fae.ufmg.br/glossarioceale, o verbete *Reconto* e o verbete *Escrita coletiva na alfabetização*.

Para crianças recém-alfabetizadas, no 1º ou 2º ano, a *retextualização de tirinhas*, comentada anteriormente, é uma boa alternativa, mas convém insistir que a escolha da tirinha é fundamental para que a criança possa transformar um texto visual em um texto verbal: lembre-se do que foi discutido na unidade anterior sobre a escolha de tirinhas para leitura, os mesmos cuidados devem orientar a escolha de tirinhas para retextualizações. Inicialmente, a criança precisa compreender a tirinha, e já vimos, ao discutir a leitura de tirinhas, que essa compreensão nem sempre é fácil. Além disso, a criança, ao retextualizar a tirinha, precisa se desprender dela, não deixando implícitas no texto verbal informações que estão no texto visual. Por isso é sempre conveniente orientar que transformem em uma história verbal a história visual para um leitor que não viu ou não está vendo a tirinha.

Como orientar a criança para identificar e superar os problemas em seu texto?

Encontramos nos seis textos que estamos analisando erros de ortografia que discutimos na unidade em que tratamos da escrita ortográfica – unidade 3 do capítulo anterior. São erros frequentes em crianças na fase de aprendizagem das normas ortográficas: os dois ou três primeiros anos do ensino fundamental. Naquela unidade são dadas sugestões para orientar as crianças a superar esses erros. Vamos discutir outros problemas de textos produzidos no ciclo de alfabetização e letramento e como orientar a criança a superá-los.

No ciclo de alfabetização e letramento, quando as crianças estão aprendendo a usar a língua escrita para escrever textos, é natural que escrevam como falam. Nos muitos contatos que têm com textos escritos, ouvindo textos de diferentes gêneros lidos por adultos e, quando já alfabetizadas, lendo textos autonomamente, percebem que textos escritos são uma modalidade diferente da modalidade oral, e até memorizam algumas expressões e mesmo palavras próprias da língua escrita, que eventualmente incluem em seus textos: começam o texto com *Era uma vez...* que Luíza considerou tão necessário usar na escrita de uma história que colocou a expressão no título de seu texto: *Era uma vez a galinha Maria*. Armando e Henrique começaram seus textos com *Um dia...*, e é comum crianças terminarem seus textos com um *foram felizes para sempre*, considerando que histórias terminam assim, ainda que essa conclusão nem sempre seja pertinente para a história contada.

Como mostram os textos que estamos analisando, as crianças escrevem como um registro da fala, escrevem como contariam oralmente a história, portanto, sem pontuação, sem organização em parágrafos, usando marcadores de coesão adequados à fala, não à escrita. É natural que isso ocorra: separar textos em parágrafos, usar os diferentes sinais de pontuação, conectar partes do texto relacionando-os com marcadores específicos da língua escrita são convenções que vão sendo aprendidas ao longo dos anos do ensino fundamental. Vamos discutir aqui convenções básicas que crianças no ciclo de alfabetização e letramento podem compreender na leitura e começar a usar ao escrever textos.

PONTUAÇÃO

Em geral, na fase inicial de escrita de textos, as crianças não usam **sinais de pontuação**, como acontece nos textos que estamos analisando. A exceção é o **ponto-final**, que em geral aprendem rapidamente, pela frequência com que o veem em textos lidos, sempre encerrando o texto ou uma parte do texto. Lembre-se do "texto" de Aquiles, no capítulo "A entrada da criança na cultura da escrita", ainda na fase de escrita com letras, em que ele coloca ao final de cada linha um ponto-final, e até faz uma última linha mais curta, certamente repetindo o que costuma ver nos textos:

Aquiles
5 anos e 2 meses

Nos textos que estamos analisando, a única criança que não usou o ponto-final foi Luiz. Nos outros textos, ele aparece: Ana

Luíza escreve frases curtas e coloca ponto-final no fim de cada uma delas; Armando e Henrique usam o ponto-final só no final do texto, supondo que é esta sua função: marcar o fim do texto.

No ciclo de alfabetização e letramento, as crianças têm muita dificuldade em compreender e, sobretudo, em usar outros sinais de pontuação além do ponto-final, mesmo os sinais mais comuns. Alguns sinais indicam a entonação, que as crianças não têm ainda condição de discernir na oralidade e representar na escrita: o **ponto de interrogação** e o **ponto de exclamação**. A **vírgula** indica uma "pequena" pausa, e a avaliação da duração da pausa é bastante subjetiva, tornando difícil, mesmo para adultos que já dominam a produção de textos, definir quando usar a vírgula. Além disso, o uso da vírgula define-se não só pelo ritmo da frase, mas também pela estrutura sintática e isso só vai ser compreendido depois de conhecimentos de sintaxe, de componentes da oração, de estrutura de períodos, o que ocorre nos anos finais do ensino fundamental.

É na leitura mediada que a/o professora/or pode indicar no texto um sinal de pontuação significativo, pois atribui determinado sentido a uma frase. Por exemplo, no conto apresentado na unidade anterior, "O gambá invisível", na leitura oral da frase *"Que tinta maravilhosa!"*, destacando a entonação da frase, pode-se mostrar que o sinal de exclamação revela o entusiasmo do gambá. Entretanto, e para que você comprove como um sinal de exclamação pode acrescentar diferentes sentidos à frase, compare a entonação marcada por esse sinal em *"Que tinta maravilhosa!"* com a entonação marcada pelo mesmo sinal nesta outra frase do texto *"Devolve meu dinheiro!"* – aqui o ponto de exclamação indica outro sentimento, bem diferente: a irritação do gambá. Por isso, se é importante que seja comentada na leitura a contribuição do ponto de exclamação para a compreensão e interpretação do texto, não se pode pretender que, no ciclo de alfabetização e letramento, as crianças usem, ao escrever, esse recurso, e também que leiam com a entonação adequada frases que terminam com ponto de exclamação.

Mais fácil é o **ponto de interrogação**, que finaliza uma frase, marcando uma entonação que reconhecemos logo como sendo uma pergunta. São tantas as perguntas que lhe são feitas em casa e na escola que a criança é capaz de identificar a entonação interrogativa na língua oral, mas precisa aprender o sinal que representa essa entonação ao escrever uma frase interrogativa e, ao ler, dar a entonação adequada a uma frase interrogativa. O que torna difícil ler, em um texto, uma frase interrogativa com a entonação adequada é que essa entonação parte do início da frase, o que exige perceber, antes de ler a frase, o ponto de interrogação no fim – com frequência, na leitura oral de um texto, a criança lê uma frase interrogativa duas vezes, a primeira vez com a entonação de uma frase afirmativa, em seguida, depois de encontrar ao final o ponto de interrogação, relê a frase, agora com entonação interrogativa (por isso é que na escrita do espanhol uma frase interrogativa começa com o ponto de interrogação invertido, para já anunciar que a frase é uma pergunta: *¿Puedo hacerte una pregunta?*).

Quanto à **vírgula**, como já foi dito, seu uso para marcar pausas é em grande parte subjetivo, e em muitos casos depende de conhecimentos de sintaxe, que são prematuros para crianças no ciclo de alfabetização e letramento.

O que é possível, nesse ciclo, nos 2º ou 3º anos, é levar a criança, ao ler oralmente o texto que escreveu, perceber, com a orientação da/o professora/or, quando uma pausa entre palavras ou frases ajudaria a leitura e a compreensão do leitor, e então inserir a vírgula; ou perceber que a vírgula que colocou obriga a fazer uma pausa onde não há pausa, como a que costumam colocar separando o sujeito de predicado, e orientar então que é preciso retirá-la.

Outra estratégia é, ao ler em voz alta um texto enquanto as crianças acompanham em leitura silenciosa, chamar a atenção para as vírgulas que marcam claramente uma pausa na fala. Por exemplo, de novo em "O gambá invisível", levar as crianças a observar a pausa que é necessária na frase: "*Algum problema, gambá?*", comparar com uma frase como *Algum problema difícil?*, em que não se faz pausa, portanto, não se colocaria vírgula. No exemplo do texto, a vírgula separa o vocativo "gambá", um dos casos em que a vírgula é gramaticalmente obrigatória. A explicação do conceito de vocativo, difícil e desnecessário para crianças do ciclo de alfabetização e letramento, deve ser dispensada nesse momento. O objetivo dessas observações em textos da criança ou em histórias lidas para elas é somente levá-las a perceber que, ao falar, fazemos algumas pausas entre as palavras, e a vírgula indica essas pausas.

Outro procedimento que pode ajudar as crianças a compreender a função da vírgula é, ao registrar um reconto ou um relato atuando como escriba, a/o professora/or ir discutindo com as crianças orientada/o pelas questões: *"Será que aqui seria bom fazer uma pausa, antes de continuar? Então vamos colocar uma vírgula?"*.

Observe como uma professora, atuando como escriba, orientou as crianças da pré-escola a construir um relato de uma atividade que tinham realizado fora da sala de aula: um passeio em volta da escola para observar como era o seu entorno.

> **P.** *Vamos escrever o que vimos, para contar para a outra turma, tá? Como vamos começar?*
>
> **C1.** *Uma vez nós saímos para passear...*
> A professora escreve a frase no quadro de giz e pergunta:
>
> **P.** *Vocês acham que tá bom assim?*
>
> **C2.** *Não foi uma vez, foi ontem! Põe aí ontem, no lugar de uma vez.*
>
> **P.** *É mesmo, não foi uma vez... é bom que as outras crianças saibam que não foi 'uma vez', (apaga 'uma vez' e escreve 'ontem'). Mas foi ontem só pra nós, se a gente vai ler para a outra turma na semana que vem, podemos falar que saímos ontem? Não vai ser ontem pra eles...*
>
> **C3.** *Vai ser melhor começar assim: Um dia...*
>
> **Cs** *(várias) É, põe um dia, tem histórias que começam assim: um dia...*
>
> **P.** *Então tá. Apaga 'ontem' e escreve 'um dia'. E agora, para passear onde?*
> Depois de várias sugestões, completaram a frase: UM DIA NÓS SAÍMOS PARA PASSEAR PERTO DA NOSSA ESCOLA PARA VER AS ÁRVORES QUE TEM EM VOLTA DA ESCOLA.
>
> **P.** *Lê como ficou depois das sugestões: Mas ficou 'escola' duas vezes, ficou também uma frase muito comprida, vocês não acham? Escutem de novo.*
> (lê a frase)
>
> **C2.** *Ah, não tá bom, não fomos passear perto da escola, foi em volta da escola.*
>
> **Cs.** *É mesmo, tem de trocar, nós andamos foi em volta da escola.*
>
> **P.** *Tá, vou trocar, mas agora temos também dois 'em volta' e a frase tá comprida ainda, vou ler como ficou:* UM DIA NÓS SAÍMOS PARA PASSEAR EM VOLTA DA NOSSA ESCOLA PARA VER AS ÁRVORES QUE TEM EM VOLTA DA ESCOLA. *Primeiro, vamos achar onde é que a gente pode dar uma paradinha pra respirar, né?*

C4. *Eu acho que a gente pode dar uma paradinha depois de nossa escola, dá pra pôr uma vírgula aí?*
P. *Dá, ótimo.* (põe a vírgula) *Mas agora temos duas vezes "em volta da nossa escola". Não tá bom repetir, vamos achar um jeito.*
Cs. *Dão várias sugestões, não chegam a um acordo.*
P. *Posso dar minha sugestão? A gente pode tirar o primeiro "em volta da nossa escola"* (apaga), *deixar só aqui no fim, passamos o 'nossa' pra cá* (acrescenta no fim). *Vejam como fica mais curto e conta o que nós fizemos mesmo. Lê:*
UM DIA NÓS SAÍMOS PARA PASSEAR, PARA VER AS ÁRVORES QUE TEM EM VOLTA DA NOSSA ESCOLA. *Ficou ótimo, não ficou? Agora vamos continuar, o que vamos dizer agora?*
C5. (*Escolhendo entre as sugestões dadas por várias crianças*). *De repente vimos uma árvore muito grande.*
P. *Foi mesmo, eu não tinha reparado naquela árvore até hoje! Mas agora vamos mudar um pouco de assunto, né? Já vamos falar do que vimos. Então vou passar pra outra linha e deixar um espaço aqui, pra indicar que é outro parágrafo, como a gente vê nos livros. Escreve a frase. Mas prestem atenção como a gente faz uma paradinha depois de "de repente". Lê:* DE REPENTE, VIMOS UMA ÁRVORE... *Vou colocar uma vírgula aqui, depois do "de repente", não fica melhor?*
Cs. *Fica, fica.*
P. *E o que mais podemos falar da árvore?*
Cs. *Sugestões: pertinho do muro... um tronco bem grosso... com muitas folhas...*
P. *Então vamos acrescentar isso, a gente tem de fazer uma paradinha para separar cada qualidade da árvore, vou pôr vírgulas pra marcar a paradinha, olhem bem como vou fazer* (escreve, chamando a atenção para as vírgulas).
C4. *Faltou falar que tem um ninho de passarinho na árvore!*
Cs. *Tem que pôr, tem que pôr.*
P. *É mesmo, vou acrescentar. Como é que eu escrevo?*
C4. *Escreve: a árvore tem um ninho de passarinho.*
P. *Lê toda a parte já escrita e começa a escrever* A ÁRVORE TEM... *Vai ficar repetido: vimos uma árvore... a árvore tem...*
C4. *Escreve ela tem.*
P. *Acrescenta a frase e pergunta: Agora podemos terminar, né? Fazer um último parágrafo para concluir, o que vocês sugerem? Começamos falando do nosso passeio, é bom terminar dizendo o que achamos do passeio.*
Cs. *Várias sugestões, finalmente concluíram por "foi um passeio muito legal".*
P. *Acrescenta o último parágrafo. E o título?*
Cs. *Sugestões: O passeio... Um passeio... A árvore... Finalmente optaram por "A árvore", que a professora acrescentou no alto do texto.*

Assim ficou o texto:

A ÁRVORE

UM DIA NÓS SAÍMOS PARA PASSEAR, PARA VER AS ÁRVORES QUE TEM EM VOLTA DA NOSSA ESCOLA.

DE REPENTE, VIMOS UMA ÁRVORE MUITO GRANDE, PERTINHO DO MURO, COM UM TRONCO BEM GROSSO, COM MUITAS FOLHAS. ELA TEM UM NINHO DE PASSARINHO.

FOI UM PASSEIO MUITO LEGAL.

Crianças que ainda não sabiam ler nem escrever com fluência, ao acompanhar a escrita do relato, já foram introduzidas ao conceito de parágrafo, de pontuação (ponto-final e vírgula), de recursos para não repetir palavras e expressões: vão construindo habilidades de produção de texto, que serão desenvolvidas no ensino fundamental.

PARAGRAFAÇÃO

Dividir um texto em parágrafos exige a capacidade de organizá-lo em grupos de ideias que desenvolvam articuladamente o tema ou assunto e de indicar essa organização por convenções gráficas: começar cada parágrafo em uma nova linha, com um recuo em relação à margem da página. Dessa caracterização infere-se que a organização de um texto em parágrafos não é fácil para crianças que estão apenas começando a escrever textos. Considerando, porém, que compreender e usar a paragrafação é aprender a estruturar as ideias para compor um texto, é necessário, e também possível, *introduzir*, no ciclo de alfabetização e letramento – como no exemplo do relato do passeio em volta da escola – a organização de textos em parágrafos, com estratégias que orientem essa organização, tanto em relação à estruturação de ideias como em relação aos recursos gráficos que, na página, separam os parágrafos.

Além das atividades de relato e de reconto, a forma gráfica de apresentação da proposta de escrita de um texto, de que vimos um exemplo em dois dos textos que estamos analisando (o de Luiz e o de Ana Luíza), é uma estratégia para orientar a divisão do texto em parágrafos. A sequência de cenas que compõem uma narrativa, com linhas para a escrita de frases para cada cena, ajuda a criança a estruturar a narrativa e a construir o conceito de parágrafo.

Assim, a forma gráfica da proposta de escrita orientou Ana Luíza a dividir a história em grupos de frases para cada cena. Pode-se dizer que Ana Luíza aprendeu, com essa atividade, a dividir uma narrativa em partes que se desenvolvem temporalmente, acompanhando, pelas cenas, a evolução da narrativa. Solicitar a Ana Luíza que fizesse a **reescrita** de sua narrativa excluindo as cenas, transformando as frases que escreveu para cada cena em um parágrafo, caracterizando cada parágrafo por um recuo em relação à margem do texto, levaria a criança a construir o conceito de organização e apresentação de textos em parágrafos. É importante que haja sempre um propósito para os textos reescritos: expor os textos em um mural, manter um caderno apenas para os textos reescritos, por exemplo, *Meu caderno de textos*, ou algo semelhante, ou outras opções que motivem a criança a escrever e atribuam um propósito para a escrita.

Comparando o texto de Ana Luíza com o de Luiz, ambos sobre a construção de uma mesma história apresentada visualmente, já comentamos antes que Luiz, ao contrário de Ana Luíza, não seguiu a orientação de escrever uma frase para cada cena, não se limitou ao espa-

> A GALINHA PINTADINHA
> A MINHA GALINHA ESTAVA NO NINHO AI ELA SAIL DO NINHO E AI O MEU GATO ASUSTOU OS PINTINHOS E A MINHA GALINHA NÃO VIL O GATO COMENDO OS PINTINHOS SO SOBROU UM PINTINHO E A GALINHA ESPATOU O GATO.

ço concedido para cada uma e escreveu a narrativa sem estabelecer as relações evidentes entre as cenas, o que prejudicou a estruturação das ideias. Também não separou as frases por ponto-final e deu continuidade à história ultrapassando a informação de cada cena, com frases que começam em um quadro e continuam no seguinte. Se pedíssemos a Luiz que reunisse as frases, ele provavelmente se surpreenderia com o resultado. Veja como a professora orientou Luiz para analisar e refazer o texto que resultou de sua reescrita:

P. *Luiz, agora que você escreveu sem as cenas, leia para mim o texto.* (Luiz leu devagar, sem silabar, mas sem pausas.)

P. *Ai, Luiz, você não ficou cansado de ler tudo assim sem parar pra mudar de uma frase pra outra?*

Luiz *É, ficou tudo emendado, né?*

P. *Então, vamos desemendar? Onde é que você pode fazer a primeira paradinha e colocar um ponto-final?*

Luiz Relê e diz: *Posso dar uma paradinha aqui* (aponta ninho), *vou botar um ponto aqui. A minha galinha estava no ninho.*

P. *Agora me diz uma coisa: o que ela estava fazendo no ninho e depois saiu?*

Luiz *Uai, ela estava chocando os ovos.*

P. *Mas você não escreveu isso, você só escreveu que ela saiu do ninho. Por quê?*

Luiz *Os pintinhos nasceram, ela não precisava ficar mais no ninho.*

P. *Mas você não disse isso também, só escreveu que ela saiu do ninho e apareceu um gato que assustou os pintinhos. A gente nem sabia que os pintinhos tinham nascido.*

Luiz Relê o início do texto e diz: *É mesmo, eu tinha de dizer isso. Vou colocar aqui: os pintinhos nasceram e aí ela saiu do ninho. Fica bom assim?*

P. *Fica, é isso mesmo, eu só não gosto desse "aí". Quando a gente fala, usa muito "aí" pra contar alguma coisa, mas quando a gente escreve não usa "aí", nós já conversamos sobre isso, lembra? E precisa mesmo desse "aí"? Pra que esse "aí"?*

Luiz *Pra dizer que primeiro os pintinhos nasceram, e então ela pôde sair do ninho.*

P. *Ah, gostei desse "então", põe "então" no lugar de "aí", veja como fica melhor.*

Luiz *Acho melhor eu escrever este texto nesta outra folha, tá ficando muito rabiscado.* Começou a reescrever o texto em outra folha, enquanto falava: *A minha galinha estava no ninho chocando os ovos. Então os pintinhos nasceram e ela saiu do ninho.*

P. *Ótimo, Luiz, tá vendo que você foi escrevendo sem pensar no que precisava dizer pra eu entender? Nesse trecho que você escreveu, você contou o que está na primeira cena, né? E depois, o que aconteceu?*

Luiz *O meu gato assustou os pintinhos... ih, botei "e aí" de novo aqui!*

P. *E não precisa desse "e aí", acho que você pôs "e aí" pra continuar a história...*

Luiz *É, o gato apareceu de repente, quando viu os pintinhos.*

P. *Entendi. Isso está na segunda cena, veja. Não é melhor você mudar de linha, fazer um parágrafo?*

Luiz *Tá, vou mudar de linha e deixar um espaço aqui no começo. É assim, né? Mas o que é que faço com este "e aí"?*

P. *Você acha que precisa mesmo desse "e aí"? Leia a frase sem o "e aí".*

Luiz *Não, não precisa. Vou tirar.*

A professora continuou orientando Luiz a analisar seu texto, identificar o que precisava acrescentar, onde poderia colocar um ponto-final, onde terminava uma parte e começava outra – para isso voltou a analisar com ele as cenas. Para essa revisão, a professora concentrou-se em levar Luiz a perceber a necessidade de acrescentar informações de que o leitor precisaria, a separar a narrativa em parágrafos e a evitar ou substituir o articulador 'aí' na narrativa. Erros ortográficos, que são poucos, seriam comentados depois (*sail, vil* – troca de U por L; *asustou* por assustou – uso S e SS; *espatou* por espantou – nasalização da vogal).

A proposta de retextualização de narrativas visuais em narrativas verbais – como sugerido para as retextualizações feitas por Luiz e Ana Luíza – é um procedimento que ajuda a criança a identificar a estrutura da narrativa, porque as cenas visuais, se forem bem escolhidas (a escolha das tirinhas exige cuidados, como já discutimos na unidade anterior), evidenciam essa estrutura, podendo constituir um parágrafo para cada cena.

Recontos e relatos são também uma estratégia para introduzir o conceito e o uso de parágrafos, não só de vírgulas, como vimos no relato do passeio em volta da escola, construído pelas crianças, com a professora atuando como escriba, escrevendo as sugestões das crianças e, em determinados pontos, sugerindo: *"Vamos mudar de linha aqui? Fazer outro parágrafo? Vamos passar para uma outra parte do relato?"*.

Importante também é que, em atividades de leitura mediada, a/o professora/or chame a atenção das crianças para a organização dos textos em grupos de ideias ou fatos, nomeando-os como **parágrafos**, mostrando o recuo da margem no início de cada parágrafo.

COESÃO

Outra característica da influência da oralidade sobre a produção de textos é o uso de articulação entre as frases com marcadores próprios da fala, como vimos no texto de Luiz. Na fala das crianças, e frequentemente na de adultos também, a continuidade do texto oral é em geral marcada por recursos de articulação entre os fatos narrados, como "e", "aí", "e aí". Veja como uma criança recontou a história do gambá invisível que leu e interpretou na atividade que relatamos anteriormente:

*O gambá conseguiu ficar invisível com uma tinta **e aí** ele foi roubar galinhas, **aí** não conseguiu **e** foi brigar com o vendedor da tinta **e aí** o vendedor disse que as galinhas fugiam por causa do cheiro dele* (Márcia, 2º ano).

Ao escrever um texto, a criança usa muito esses repetidos recursos (como foram vistos no texto de Luiz, mas também são encontrados nos de Armando e de Henrique). São recursos que, na fala, marcam a continuidade, o encadeamento dos fatos e das ideias, dando **coesão** ao texto. Na escrita, porém, a continuidade e o encadeamento entre fatos ou ideias são feitos por recursos próprios: no exemplo anterior, em vez de "aí", "e aí", na escrita poderiam ser usados *depois, em seguida, então* etc.

> **Coesão textual** consiste no encadeamento de partes do texto por meio de palavras e expressões que garantem a continuidade e a coerência das ideias e fatos. Pra saber mais sobre estratégias de produção textual, leia o livro *Ler e escrever*, de Ingedore V. Koch e Vanda M. Elias, editora Contexto.

No ciclo de alfabetização e letramento, é extremamente prematuro introduzir o conceito de coesão e ensinar os numerosos recursos coesivos de que dispomos na língua, conteúdo que só poderá ser discutido em anos mais avançados. No entanto, nas situações de reescrita coletiva, esses recursos coesivos podem ser trabalhados e também já nas primeiras produções escritas das crianças pode-se levá-las a substituir, na reescrita, o uso de "e aí" por outras expressões, como: *depois, então, em seguida, de repente, nesse momento* etc.

PARE E PENSE

Se você pedisse a Ana Luíza que reunisse as frases de seu texto de forma corrida, sem as cenas, provavelmente o resultado seria este:

> E RA U MAVES A GALINHA MARIA
> A GALINHA BOTA O SEUS OVOS.
> ELA ESPERA UM POQUINHO E
> DEPOIS OS PITINHO NASCEM.
> A GALINHA LEVOU OS PITINHOS
> PARA PASEA. O GATO CHEGOU E
> COMEU OS PITINHOS.
> A GALINHA FICOU BRAVA
> E BATEO NO GATO.

Quais orientações você daria a Ana Luíza para a reescrita de seu texto em relação a:

1. erros ortográficos e de concordância;
2. organização do texto em parágrafos;
3. repetição da palavra "galinha" em todos os parágrafos.

Você pode comparar suas respostas com os comentários apresentados no capítulo "Respostas e comentários às questões" no final deste livro.

ALFALETRAR • MAGDA SOARES

CORREÇÃO DE TEXTOS NO DIA A DIA DA SALA DE AULA

Depois de todas essas considerações sobre a escrita de textos, você deve estar pensando, com razão: como corrigir os textos produzidos pelas crianças nas condições escolares, em que elas são organizadas em turmas frequentemente numerosas? O que torna impossível discutir com cada uma seu texto? Já é consenso que corrigir cada texto, marcar os erros ou substituí-los pela forma certa, além de ser uma tarefa demorada e cansativa, tem pouco ou nenhum efeito na escrita de textos pelas crianças.

No ciclo de alfabetização e letramento, a criança comete erros ortográficos, ou de pontuação, ou de paragrafação, ou de coesão porque está ainda em fase de aprendizagem das convenções da escrita e da produção de textos. A atenção da/o professora/or deve estar posta no *processo de aprendizagem*, e não no *produto* dela. Para isso, o procedimento é levar a criança a compreender seus erros, suas causas e se corrigir. Como?

A alternativa foi exemplificada com a análise dos textos de Luiz e de Ana Luíza: na sala de aula, os textos dessas duas crianças foram escolhidos para uma atividade de análise e reescrita coletiva (sendo sempre importante ter a concordância dos autores dos textos escolhidos), acompanhadas pela turma, que pode participar da análise e dar sugestões, de modo que cada criança aprenda o que deverá observar em seu próprio texto, no qual também vai fazer depois a reescrita individualmente. Nesse momento de reescrita individual, na sala de aula, a/o professora/or circula entre as crianças orientando, respondendo dúvidas, sugerindo alternativas.

Entre os seis textos que analisamos, apenas o de Caroline não é uma narrativa – gênero que tem predominado no ciclo de alfabetização e letramento para a escrita (como também para a leitura). Mas não é esse o único gênero a ser escrito nesse ciclo: reveja o quadro "Gêneros preferenciais para a escrita e a produção de textos", apresentado anteriormente (p. 264), e recorde as muitas alternativas que ali são propostas, além de narrativas. Para a maioria dos

278

gêneros textuais, o procedimento pode ser o mesmo descrito para narrativas. Alguns gêneros supõem produção individual, muitos podem ser produzidos por duplas ou por grupos. Em todos esses casos, os textos produzidos podem ser analisados coletivamente para uma posterior reescrita; gêneros produzidos de forma coletiva por toda a turma são discutidos à medida que vão sendo escritos no quadro de giz. O fundamental é que seja uma escrita consciente, analisada e, progressivamente, aperfeiçoada, sempre levando as crianças a compreender a justificativa das mudanças sugeridas, além de reescrever o texto depois da análise e correção dele. A frequência dessas atividades de produção de textos dependerá do planejamento semanal ou quinzenal da/o professora/or – que discutiremos no próximo capítulo. Portanto, o fundamental é a revisão do texto produzido e sua reescrita.

Os *gêneros preferenciais para a escrita e a produção de texto* no ciclo de alfabetização e letramento e as sugestões de atividades para desenvolver a produção e a escrita de textos estão propostos no quadro apresentado nesta unidade.

Completamos neste capítulo, com as **metas em continuidade** dos componentes de *Leitura e interpretação* e *Produção de textos*, os quadros de componentes curriculares do ciclo de alfabetização e letramento, apresentados separadamente após a discussão de cada componente. No próximo capítulo, as metas são apresentadas em conjunto, reunidas em quadros por ano do ciclo, em uma forma mais adequada para representar o currículo da escola e orientar a ação pedagógica das/os professoras/es.

QUADRO 4 – METAS: CONTINUIDADE

HABILIDADES DE PRODUÇÃO DE TEXTOS NO CICLO DE ALFABETIZAÇÃO E LETRAMENTO	Pré-escola	1º ano	2º ano	3º ano
• Participar oralmente de produção de texto destinado a interlocutores, professora/or como escriba (combinados, bilhete, carta).	■	■		
• Recontar oralmente e ditar para a/o professora/or, com a colaboração dos colegas, história e/ou notícia lidas por ela.	■	■		
• Produzir oralmente e ditar para a/o professora/or relato de atividade (passeio, excursão) realizada fora da escola.	■	■		
• Escrever relato pessoal (sobre si mesmo, sobre desejos para o futuro, sobre acontecimento que viveu no passado, sobre a família, os amigos etc.).			■	■
• Escrever frase sobre uma cena ou sobre personagem de história conhecida ou de história em quadrinhos.			■	■
• Escrever legenda para gravura ou foto.	■			
• Escrever narrativa retextualizando uma tirinha.			■	■
• Escrever texto relatando um acontecimento interessante, diferente (relato).			■	■
• Escrever texto dando continuidade a uma situação inicial proposta (narrativa).		■	■	■
• Produzir texto informativo sobre seres ou fenômenos estudados por interesse pessoal ou da turma.			■	■
• Escrever e expor na sala de aula ou na biblioteca cartaz divulgando livro lido.			■	■
• Revisar o texto com a orientação da/o professora/or e de colegas.		■	■	■
• Reescrever o texto produzido depois de revisão orientada (reescrita).			■	■

LEITURA E ESCRITA NO PROCESSO DE ALFABETIZAÇÃO E LETRAMENTO

CONVENÇÕES GRÁFICAS E ORTOGRÁFICAS NA PRODUÇÃO DE TEXTO NO CICLO DE ALFABETIZAÇÃO E LETRAMENTO	Pré-escola	1º ano	2º ano	3º ano
• Reconhecer, ao acompanhar escrita da/o professora/or, a separação das palavras por espaços, a paragrafação, o uso do ponto-final.	▓	▓		
• Obedecer convenções de apresentação de texto na página: título, margens, paragrafação.		▓	▓	▓
• Marcar o final de frases com ponto-final.		▓	▓	▓
• Marcar o final de frases com ponto de interrogação.			▓	▓
• Transcrever um texto apresentado em letra de imprensa em escrita cursiva legível e regular.			▓	▓
• Produzir textos com letra cursiva legível e regular.			▓	▓
• Usar articuladores de coesão próprios da língua escrita.			▓	▓
• Evitar repetições usando sinônimos e pronomes pessoais para referência a palavra anterior.			▓	▓
• Escrever corretamente obedecendo às normas ortográficas (Quadro 1 - "Ortografia" no capítulo "Consciência fonêmica: a apropriação do princípio alfabético").		▓	▓	▓

CAPÍTULO 6

PLANEJAMENTO NO PROCESSO DE ALFABETIZAÇÃO E LETRAMENTO

Nos capítulos anteriores, fomos discutindo, passo a passo, o processo de *alfabetização* e os processos de *letramento*. Embora ao longo de todos os capítulos alfabetização e letramento tenham se entrelaçado em um processo de **Alfaletrar**, o foco foi dirigido de *alfabetização* nos três primeiros capítulos para o *letramento* no capítulo anterior. Essa separação foi necessária porque, como afirmamos no capítulo "Alfabetização e letramento", alfabetização e letramento são processos cognitivos e linguísticos distintos. Portanto, a aprendizagem e o ensino de um e de outro são de natureza essencialmente diferente, como deve ter ficado claro para você ao ler os capítulos anteriores. São, porém, como também afirmamos no capítulo "Alfabetização e letramento", processos simultâneos e interdependentes – como você deve ter comprovado nas atividades e nos relatos ao longo deste livro.

Para evidenciar mais claramente e de forma sistemática essa simultaneidade e essa interdependência, é preciso agora articular esses processos no planejamento da aprendizagem e das práticas de ensino, reunindo o *passo a passo* dos capítulos anteriores em um *caminho* que conduz às várias habilidades e aos vários conhecimentos – constituintes da alfabetização e do letramento no ciclo, por meio do qual crianças adentram o mundo do escrito. Assim, essas crianças tornam-se alfabetizadas e iniciam sua formação como leitoras e produtoras de textos. Este capítulo sugere, em suas três unidades, a articulação dos processos:

Unidade 1 – A questão do método

Unidade 2 – Planejamento das práticas em alfabetização e letramento

Unidade 3 – Acompanhamento do processo ensino-aprendizagem: diagnósticos

UNIDADE 1

A questão do método

Você certamente não encontrou neste livro "**um método**" de alfabetização e letramento. Lembre-se do box incluído na unidade 1 do capítulo "Consciência fonêmica: a apropriação do princípio alfabético", ao qual retorno aqui: o que se propõe neste livro **não é** "um método", mas uma ação pedagógica bem estruturada, fundamentada em uma concepção de aprendizagem da língua escrita que articula contribuições de várias ciências – da Psicogênese da escrita, da Psicologia do Desenvolvimento cognitivo e linguístico, da Psicologia cognitiva, das ciências da linguagem, sobretudo a Psicolinguística, a Fonologia e a Linguística Textual, dos estudos sobre as culturas do escrito. Todas essas ciências contribuem para a compreensão dos processos de alfabetização e de letramento, e, com apoio em seus resultados e reflexões, é que procuramos orientar, pedagogicamente, em sua inteireza, a aprendizagem das crianças que, ao se alfabetizar e letrar, apropriam-se de muitas e diferentes competências – não um "método", mas um ensino **com método**, que denominamos como o processo de **Alfaletrar**.

A proposta deste livro diferencia-se de "métodos de alfabetização" porque, em primeiro lugar, estes designam propostas pedagógicas apenas para a aprendizagem do sistema de escrita alfabética, daí o complemento "de alfabetização" – considerada condição e pré-requisito para o desenvolvimento posterior de habilidades de uso desse sistema para ler e interpretar textos e para produzir textos. O pressuposto, nos vários métodos de alfabetização, é que é necessário primeiro aprender a ler e a escrever, entendidos como codificar e decodificar as relações letras-fonemas, para só depois ler "de verdade" – gibis, livros, jornais, cartazes etc. ou escrever "de verdade" – bilhetes, histórias, parlendas, convites etc. Ao contrário, neste livro, propõe-se a simultaneidade de aprendizagens do sistema alfabético de escrita e de seus usos para a leitura e a produção de textos: alfabetizar e letrar em sincronia: **Alfaletrar**.

Em segundo lugar, restritos ao processo de aprendizagem do sistema alfabético, os métodos de alfabetização consideram cada um apenas uma parte de um processo complexo tomando-a como o todo, o que lembra a conhecida parábola hindu:

Seis homens cegos tentam descobrir como é um elefante. O primeiro toca a barriga do animal e afirma que ele é como uma parede; o segundo toca a presa e discorda: um elefante é como uma lança; o terceiro toca a tromba e declara que o animal é como uma serpente; o quarto toca a perna e contesta: não, um elefante é como uma árvore; o quinto toca a orelha e defende que ele é como um leque; finalmente, o sexto toca o rabo e assegura que o elefante é como uma corda. Conclusão: cada cego está certo em parte, mas todos estão errados.

Tal como, ao identificar o elefante, cada cego afirma o que é o animal com base em apenas uma de suas partes, assim também cada "método de alfabetização" focaliza uma parte do complexo processo de aprendizagem do sistema alfabético, assumindo uma determinada faceta desse processo como sendo o todo. Assim, há métodos que partem de textos em geral construídos artificialmente para que deles a criança chegue progressivamente aos fonemas. Há métodos que partem diretamente das relações fonema-letra. Há métodos que focalizam o gesto articulatório com que são pronunciadas as letras para chegar aos fonemas. Há métodos que partem das sílabas, ou de palavras, ou de sentenças, para chegar aos fonemas e às letras que os representam.

> Para uma revisão e ampliação de seus conhecimentos sobre métodos de alfabetização, leia, no *Glossário Ceale*, os verbetes: *Método alfabético e de soletração, Método fônico, Método global, Método natural, Método silábico, Método de palavração e de sentenciação.* http://www.ceale.fae.ufmg.br/glossario-ceale.html.

PLANEJAMENTO NO PROCESSO DE ALFABETIZAÇÃO E LETRAMENTO

Como você pode inferir, todos esses métodos concordam, como não podia deixar de ser, que a alfabetização é a apropriação deste artefato cultural que é o sistema alfabético de escrita, mas todos, privilegiando uma ou outra faceta, concentram-se no *objeto* da aprendizagem, o *sistema de escrita*, numa perspectiva de *como ensinar*, desconsiderando o *sujeito* da aprendizagem, *como a criança aprende.*

A multiplicação histórica de métodos de alfabetização e as divergências em torno deles parecem ter sua explicação no fato de que a necessidade *de ensinar* a ler e a escrever, resultado da ampliação de novas possibilidades de acesso ao impresso e da democratização da educação escolar, precedeu de muito o conhecimento de *como se aprende* a ler e a escrever, origem que os marca até hoje: ainda, atualmente, os "métodos de alfabetização" se caracterizam quase sempre como material didático para ensinar a ler e a escrever, não como uma transposição didática de fundamentos psicológicos e linguísticos da aprendizagem da modalidade escrita da língua pela criança.

Recentemente, porém, o foco dos métodos em *como ensinar* vem sendo bastante ampliado pelo reconhecimento de que o *ensino* deve configurar-se em função do processo de *aprendizagem* da língua escrita pela criança, o que é decorrência de estudos e pesquisas no campo das ciências linguísticas e das ciências psicológicas, que, a partir de meados do século passado, se voltaram para a compreensão de *como a criança aprende* este objeto, a língua escrita.

Entre as ciências linguísticas, particularmente a Fonologia, a Psicolinguística e a Linguística Textual vêm contribuindo com relevantes implicações para o processo de aprendizagem do sistema de escrita e de seus usos sociais e, consequentemente, para seu ensino. Ao mesmo tempo, as ciências psicológicas, particularmente a Psicologia do desenvolvimento cognitivo e linguístico, a Psicogênese da escrita, a Psicologia Cognitiva (mais recentemente também a Neurociência),

> Leia mais sobre as relações entre as culturas do escrito no verbete *Cultura escrita*, no Glossário Ceale: http://www.ceale.fae. ufmg.br/app/webroot/ glossarioceale.

voltaram-se para a investigação do processo de aprendizagem da língua escrita pela criança, também com implicações fundamentais para a orientação dessa aprendizagem. É preciso acrescentar ainda a contribuição dos estudos sobre a cultura do escrito, que evidenciam os modos de relacionamento com a escrita em diferentes grupos sociais, um conhecimento que é importante sobretudo para professoras/es que trabalham com crianças das camadas populares ou de meios rurais.

A contribuição dessas ciências esclareceu, sob várias perspectivas, que a criança, em função de seu contexto sociocultural, traz para a escola conhecimentos prévios sobre a escrita e seus usos, vai elaborando progressivamente concepções sobre o sistema alfabético, precisa desenvolver, para essa elaboração, consciência fonológica e fonêmica, conhecimento das letras, e se apropria do princípio alfabético e dos usos da língua escrita no ritmo de seu desenvolvimento cognitivo e linguístico, sob uma orientação que compreenda como ela aprende, como evolui a interação entre ela e o sistema alfabético, na totalidade do processo de aprendizagem da língua escrita que envolve não só a apropriação do sistema alfabético, mas também a compreensão dos usos desse sistema: a leitura, a interpretação e produção de textos – o letramento. Retomando a analogia da aprendizagem da escrita com a fábula dos cegos e o elefante, tal como faltou aos cegos perguntar: *e para que serve um elefante?* Também a criança, se apenas se alfabetiza, poderia perguntar: *e para que serve o sistema de escrita alfabético?* Para que serve aprendermos o funcionamento desse artefato cultural?

Nossa proposta neste livro, fundamentada nas contribuições das ciências linguísticas e psicológicas, considera que são estes dois processos – aprendizagem do sistema alfabético de escrita e desenvolvimento de habilidades de uso desse sistema para ler e escrever textos – que tornam a criança alfabetizada leitora e produtora de textos: *alfabetização* e *letramento,* **Alfaletrar**.

Dedicamos três capítulos para discutir o processo de alfabetização, não considerando apenas a aprendizagem do sistema de escrita, mas acompanhando os *passos* que vão conduzindo a criança, em seu desenvolvimento cognitivo e linguístico, à compreensão do que é o sistema alfabético – a relação entre sons da língua e sinais gráficos – para que se aproprie desse sistema entendendo-o como uma *representação*, não como um *código* de relações. E não nos limitamos à apropriação do sistema alfabético de escrita: para dar sentido a essa apropriação (*para que serve o sistema de escrita alfabética?*), ela esteve sempre inserida no convívio com os usos do sistema alfabético e na aprendizagem desses usos, aos quais dedicamos o capítulo anterior: a leitura, a compreensão e a interpretação de textos que circulam em contextos pessoais e sociais, e a produção de textos que são demandados nesses contextos.

Assim, como dito inicialmente, o que é proposto neste livro é uma *ação educativa* que põe o foco não só no ensino, mas no ensino em função da *aprendizagem*. Em cada capítulo, em cada unidade dos capítulos, refletimos sobre as práticas pedagógicas que orientam a aprendizagem das crianças. Cada momento do desenvolvimento da criança na compreensão do sistema alfabético, cada faceta do desenvolvimento da consciência fonológica e fonêmica, cada faceta do processo de conhecimento das letras, cada passo em direção à aprendizagem das relações fonemas-grafemas, cada etapa na apropriação de normas ortográficas, cada componente do desenvolvimento de habilidades de ler e interpretar textos e de produzir textos, elas são facetas que demandam, cada uma, ações pedagógicas diferenciadas, mas compõem, reunidas, a totalidade da aprendizagem inicial da leitura e da escrita pela criança.

Essa totalidade, constituída de tantas facetas, se materializa em um conjunto de procedimentos articulados que, por sua diversidade e especificidade, constituem o que denominamos **Alfaletrar** e que permite a/o alfabetizadora/or trabalhar **com método**, capaz de atuar de forma integrada: ao mesmo tempo que a criança vai aprendendo o sistema de representação fonema-grafema, vai também aprendendo a compreender e interpretar textos, de início lidos pela/o professora/or, aos poucos lidos por ela mesma, e a produzir textos, de início em *escrita inventada*, aos poucos em frases, em pequenos textos de diferentes gêneros, ditados para a/o professora/or, que atua como escriba, logo escritos por ela mesma. Em outras palavras, a criança se insere no mundo da escrita tal como ele **é**: aprende a ler, a compreender e interpretar textos *reais* que lhe foram lidos ou que leu autonomamente, e aprende a escrever produzindo palavras e textos *reais*, não palavras descontextualizadas, ou frases artificiais apenas para prática das relações fonema-grafema; e ao mesmo tempo vai aprendendo a identificar os usos sociais e culturais da leitura e da escrita, vivenciando diferentes situações de letramento, conhecendo vários gêneros textuais e vários suportes de escrita: **Alfaletrar**, alfabetizar letrando.

Entendendo-se a palavra **método** segundo sua etimologia – do grego *meta-* (em direção a) + *hodós* (caminho) –, método é *caminho em direção a um fim*. O *fim* é a criança leitora e produtora de textos, e, para levá-la a esse fim, é preciso orientá-la no percurso desse *caminho*, conhecendo seu curso, seus meandros, as dificuldades que podem se interpor. Para isso, professoras/es fundamentam-se nos processos cognitivos e linguísticos de desenvolvimento e aprendizagem da língua escrita, por eles orientam seus próprios passos e os passos das crianças: é o que se denomina **ensinar com método**, ensinar conhecendo e orientando com segurança os processos de aprendizagem da escrita e de seus usos, o que se diferencia fundamentalmente de ensinar trilhando caminhos predeterminados por convencionais **métodos**.

Em síntese, **ensinar com método** significa colocar o foco na aprendizagem da criança: "como a criança aprende", para orientar "como vou ensinar". Por isso, em todos os capítulos deste livro, procurou-se deixar clara a concepção do que constitui alfabetizar e letrar, **Alfaletrar**: compreender como a criança aprende a língua escrita, o sistema alfabético e seus usos, e com base nessa compreensão, estimular e acompanhar a aprendizagem com motivação, propostas, intervenções, sugestões, orientações, o que supõe um olhar *reflexivo* e *propositivo* sobre o desenvolvimento e a aprendizagem da criança.

A próxima unidade apresenta a organização das ações no cotidiano das salas de aula: o planejamento das práticas do **Alfaletrar** sugerido neste livro.

UNIDADE 2

Planejamento das práticas em alfabetização e letramento

Retomemos o conceito de método proposto na unidade anterior – *caminho* em direção a um *fim* – e consideremos *fim* a criança leitora e produtora de textos. Para, porém, atingir esse *fim*, é necessário definir de que habilidades e conhecimentos a criança deve se apropriar para que se torne alfabetizada, leitora e produtora de textos.

Assim, **ensinar com método**, **Alfaletrar**, exige que primeiramente se definam os objetivos, as **metas** a que se deve conduzir a criança: que habilidades ela precisa desenvolver, que conhecimentos precisa adquirir, para que se torne alfabetizada, leitora e produtora de textos? As **metas** é que indicam os *caminhos* que devem ser trilhados para alcançá-las.

Em unidades anteriores, já indicamos, em quadros, as **metas** para os componentes dos processos de alfabetização e letramento; reveja:

- ➤ Habilidades e conhecimentos: Apropriação do sistema alfabético de escrita (p. 141) – capítulo "Consciência fonêmica: a apropriação do princípio alfabético", unidade 2
- ➤ Ortografia no ciclo de alfabetização e letramento (p. 188) – capítulo "Consciência fonêmica: a apropriação do princípio alfabético", unidade 3
- ➤ Habilidades de leitura e interpretação no ciclo de alfabetização e letramento (p. 249) – capítulo "Leitura e escrita no processo de alfabetização e letramento", unidade 2
- ➤ Habilidades de produção de textos no ciclo de alfabetização e letramento (p. 280) – capítulo "Leitura e escrita no processo de alfabetização e letramento", unidade 3
- ➤ Convenções gráficas e ortográficas na produção de texto no ciclo de alfabetização e letramento (p. 281) – capítulo "Leitura e escrita no processo de alfabetização e letramento", unidade 3

Os quadros apresentam as habilidades e os conhecimentos distribuídos **em progressão** ao longo dos anos do ciclo de alfabetização e letramento, da pré-escola ao 3º ano e evidenciam em que ano a criança tem, em princípio, condições de desenvolver determinada habilidade e quantos anos são necessários para que ela se aproprie dessa habilidade. Orientar-se por esses quadros garante a **continuidade** no processo de alfabetização e letramento no ciclo: orientar cada professora/or a dar seguimento ao que foi desenvolvido no ano anterior e a conduzir suas crianças para o que será desenvolvido no ano seguinte. Leia, como um exemplo, um trecho da conversa, no início de um novo ano letivo, entre uma professora que ia assumir uma turma de 2º ano, Estela, e a professora do 1º ano da turma no ano anterior, Vitória:

> **Vitória**: *Em ortografia, Estela, muitas crianças chegaram ao fim do ano passado ainda errando na nasalização de vogais, acho que você vai precisar voltar a isso. Esta meta teria de ser vencida no 1º ano, mas não consegui.*
>
> **Estela**: *Tem acontecido muito isso, Vitória. Acho que nós devíamos conferir com as outras professoras, pode ser que a gente precise colocar essa habilidade também no 2º ano.*
>
> **Vitória**: *Eu acho mesmo que seria melhor termos dois anos para que as crianças aprendam a nasalizar. Acho que um ano é pouco para isso, até no 3º ano algumas crianças ainda trocam M por N ou o contrário, na nasalização, ou simplesmente não nasalizam a vogal.*
>
> **Estela**: *Isso é mesmo difícil pra criança, acho que é por causa das diferentes formas de nasalizar a vogal, e algumas têm dificuldade de diferenciar fonologicamente vogal nasal de vogal oral. Aqui no quadro das metas (consulta o quadro), isto está mesmo só no 1º ano; no 2º a meta já é que as crianças escrevam corretamente palavras com vogal nasal, mas, como você está dizendo, as crianças não assimilam as formas de nasalizar no 1º ano. Seria melhor mesmo colocar isso em dois anos, no 1º e no 2º ano. Vamos propor essa mudança na próxima revisão das metas?*

PLANEJAMENTO NO PROCESSO DE ALFABETIZAÇÃO E LETRAMENTO

A conversa entre as professoras é um exemplo de que:

> para preservar a **continuidade** no desenvolvimento das crianças, é importante que todas/os professoras/es sejam orientadas/os por **metas em progressão** ao longo dos anos;
> é importante que as/os professoras/es do ciclo troquem informações sobre as metas que não foram alcançadas em ano ou anos anteriores, que devem ser retomadas, de modo a garantir a **continuidade** no desenvolvimento e aprendizagem da criança;
> pode acontecer que a prática das/os professoras/es mostre que alguma meta deveria estar prevista para antes ou para depois do ano para o qual está indicada, prejudicando a **continuidade** no desenvolvimento e aprendizagem das crianças; neste caso altera-se o quadro, mudando a posição da meta na sequência dos anos;
> as metas podem e devem ser revistas periodicamente, à medida que as práticas pedagógicas vão sugerindo mudanças que as tornem mais adequadas a crianças em contínuo desenvolvimento e aprendizagem.

São as metas definidas para a sequência dos anos que caracterizam a base **curricular** do ciclo de alfabetização e letramento, porque garantem a **continuidade** na aprendizagem das crianças e no trabalho das/os professoras/es. É para garantir a **continuidade** que as metas foram apresentadas, nos capítulos anteriores, em quadros em que são distribuídas ao longo dos anos do ciclo.

Mas é preciso que, em cada ano, mantenha-se também a **integração** dos vários componentes: a **continuidade** é garantida pelas *linhas* dos quadros, a **integração** é garantida pelas *colunas*. Ou seja: a/o professora/or de um determinado ano deve orientar-se tanto pela posição do ano pelo qual está responsável na sequência dos anos, a fim de se situar em relação à **continuidade**, quanto pelas metas atribuídas ao ano pelo qual se responsabilizou, metas que deve desenvolver de forma concomitante e harmônica: **integração**. Analise a representação gráfica:

CICLO DE ALFABETIZAÇÃO E LETRAMENTO:
CONTINUIDADE E INTEGRAÇÃO DAS APRENDIZAGENS

COMPONENTES	Pré	1º	2º	3º
Conhecimento das letras e do alfabeto	▓	▓		
Consciência fonológica	▓			
Consciência fonêmica		▓	▓	
Escrita de palavras		▓	▓	▓
Leitura de palavras	▓	▓	▓	▓
Ortografia		▓	▓	▓
Leitura e interpretação de textos	▓	▓	▓	▓
Produção de textos	▓	▓	▓	▓

Observe: as barras horizontais mostram que os componentes têm **continuidade** ao longo dos anos, crescendo em profundidade e complexidade, como mostram os quadros apresentados em capítulos anteriores após a discussão de cada componente; verticalmente, cada coluna mostra quais componentes estão em cada ano.

Para representar a **integração** em cada ano e permitir a cada professora/or orientar-se não só pela continuidade, mas também pelas metas específicas do ano pelo qual é responsável, os quadros seguintes apresentam as metas **por ano**: as habilidades e conhecimentos em cada ano, detalhando os quadros em que as metas são apresentadas em **continuidade**.

PLANEJAMENTO NO PROCESSO DE ALFABETIZAÇÃO E LETRAMENTO

PRÉ-ESCOLA – 4 ANOS: INTEGRAÇÃO DAS METAS

APROPRIAÇÃO DO SISTEMA ALFABÉTICO DE ESCRITA				LEITURA E PRODUÇÃO DE TEXTOS	
Conhecimento das letras e do alfabeto	Consciência fonológica	Escrita de palavras	Leitura de palavras	Leitura e interpretação de textos	Produção de textos
• **Diferenciar** letras de números e outros símbolos. • **Discriminar** letras de traçado semelhante – **maiúsculas** de imprensa. • **Identificar** letras **maiúsculas** de imprensa ouvindo seu nome. • **Escrever** letra **maiúscula** de imprensa ouvindo seu nome. • **Reconhecer** determinada letra entre duas letras.	• **Identificar** número de sílabas em palavra ouvida. • **Identificar** palavras que rimam. • **Identificar** palavras que começam com a mesma sílaba (aliteração).	• **Escrever** o primeiro nome. • Escrever simulando escrita (rabiscos, garatujas, imitação de letras).	• **Reconhecer** o próprio nome entre 3 ou 4 nomes de colegas.	• **Ouvir** com atenção a leitura de textos. • **Reconhecer**, em livro, a capa e o modo de folhear as páginas, da direita para a esquerda. • **Formular previsões** sobre a continuidade, em interrupções da leitura oral de uma narrativa. • **Relacionar** texto e ilustrações em livros. • **Memorizar** parlendas, cantigas, pequenos poemas.	• **Participar** oralmente de produção de texto, professora/or como escriba. • **Recontar** oralmente e ditar para a/o professora/or, com a colaboração dos colegas, pequena história lida por ela/ele. • **Reconhecer**, ao acompanhar a escrita de texto da/o professora/or na lousa, a direção da escrita da esquerda para a direita, e a separação das palavras por espaços.

295

ALFALETRAR • MAGDA SOARES

PRÉ-ESCOLA – 5 ANOS: INTEGRAÇÃO DAS METAS

APROPRIAÇÃO DO SISTEMA ALFABÉTICO DE ESCRITA				LEITURA E PRODUÇÃO DE TEXTOS	
Conhecimento das letras e do alfabeto	**Consciência fonológica**	**Escrita de palavras**	**Leitura de palavras**	**Leitura e interpretação de textos**	**Produção de textos**
• **Discriminar** letras de traçado semelhante – maiúsculas de imprensa. • **Identificar** letras maiúsculas de imprensa ouvindo seu nome. • **Identificar** letra maiúscula em palavra ouvindo seu nome. • **Escrever** letra maiúscula de imprensa ouvindo seu nome. • **Reconhecer** entre sequências de três letras determinada sequência (três sequências).	• **Identificar** número de sílabas em palavra ouvida. • **Identificar** palavras que terminam iguais – rimas. • **Identificar** palavras que começam com a mesma sílaba (aliteração). • **Inferir** que sons das palavras correspondem a letras na escrita.	• **Escrever** o nome completo. • **Escrever** palavras com sílabas CV (nome de desenhos). • **Escrever** espontaneamente palavras ou frases (escrita criativa).	• **Reconhecer** o conceito de palavra escrita, identificando o número de palavras em frase. • **Identificar** palavra familiar em pequeno texto.	• **Ouvir** com atenção a leitura de textos. • **Incorporar** ao vocabulário novas palavras encontradas em textos. • **Identificar** o gênero do texto pela configuração gráfica e características do portador. • **Reconhecer**, em livro, a capa e o autor. • **Formular previsões** sobre a continuidade, em interrupções da leitura oral de uma narrativa. • **Relacionar** texto e ilustrações. • **Identificar** informação explícita em texto lido pela/o professora/or. • **Memorizar** parlendas, cantigas, pequenos poemas.	• **Participar** oralmente de produção de relato de atividade (passeio, excursão) realizada fora da escola, professora/or como escriba. • **Recontar** oralmente e ditar para a/o professora/or, com a colaboração dos colegas, história ou notícia lidas por ela/ele. • **Reconhecer**, ao acompanhar a escrita de texto da/o professora/or na lousa, a separação das palavras por espaços, a paragrafação, o uso do ponto-final. • **Escrever** frase sobre uma cena ou sobre personagem de história conhecida. (escrita criativa).

P L A N E J A M E N T O   N O   P R O C E S S O   D E   A L F A B E T I Z A Ç Ã O   E   L E T R A M E N T O

1º ANO: INTEGRAÇÃO DAS METAS

APROPRIAÇÃO DO SISTEMA ALFABÉTICO E DE NORMAS ORTOGRÁFICAS					LEITURA E PRODUÇÃO DE TEXTOS	
Conhecimento das letras e do alfabeto	Consciência fonêmica	Normas ortográficas	Escrita de palavras	Leitura de palavras	Leitura e interpretação de textos	Produção de textos
• **Discriminar** letras de traçado semelhante – **maiúsculas** de imprensa. • **Discriminar** letras de traçado semelhante – **minúsculas de** imprensa. • **Escrever** letra **minúscula** de imprensa ouvindo seu nome. • **Relacionar** letras maiúsculas em letras minúsculas correspondentes (letra de imprensa). • **Relacionar** palavra em maiúscula com sua versão em minúscula (letras de imprensa). • **Conhecer** a ordem alfabética. • **Listar** palavras em ordem alfabética com base na primeira letra.	• **Identificar** relações regulares (biunívocas) entre fonemas e grafemas. • **Identificar**, em um conjunto de palavras, aquela que se diferencia apenas por fonema inicial. • **Identificar**, em um conjunto de palavras, aquela que se diferencia apenas por fonema medial. • **Completar** palavras com fonema-letra inicial ou fonema-letra medial. • **Localizar**, em quadro de dupla entrada ('casinhas'), sílabas que se igualam ou se diferenciam pela relação fonema-grafema ("onde moram os fonemas").	• **Diferenciar** vogais abertas, fechadas e nasais. • **Identificar** as marcas usadas para a nasalização de vogais: **M, N, til**. • **Inferir** as regras de uso de **M** ou **N** na nasalização de vogais. • **Reconhecer** palavras em que a vogal final é pronunciada como **I** mas representada pela letra **E**. • **Reconhecer** palavras em que a vogal final é pronunciada como **U** mas representada pela letra **O**. • **Identificar** a representação do fonema **/k/** por **QU e** do fonema **/g/** por **GU** em função da vogal que se segue à consoante. • **Identificar** os fonemas correspondentes à letra **R** em diferentes contextos: **R** brando intervocálico, **R** forte no início da palavra e duplicado como **RR** quando intervocálico. • **Identificar** os fonemas correspondentes à letra **S** em diferentes contextos. • **Identificar e corrigir**, com a mediação da/o professora/or, erros ortográficos ao rever seu próprio texto ou texto de colegas.	• **Escrever palavras** em escrita alfabética. • **Escrever** corretamente sílabas com vogal nasal. • **Escrever** corretamente sílabas em que a relação fonema-grafema é regular. • **Escrever** corretamente palavras que contenham os dígrafos **LH, NH**. • **Escrever** corretamente palavras em que os fonemas **/k/** e **/g/** são representados por **QU e GU** em função da vogal que se segue ao fonema. • **Escrever** corretamente palavras com **R** brando, intervocálico, **R** forte no início da palavra e duplicado como **RR** quando intervocálico. • **Escrever** corretamente palavras com **S** intervocálico, **S** no início da palavra e duplicado como **SS** intervocálico. • **Escrever** corretamente palavras com sílabas CV, CCV, CVC, V (oral ou nasal).	• **Reconhecer** o conceito de palavra escrita identificando o número de palavras em frase. • **Identificar** uma mesma palavra escrita com diferentes tipos de letras. • **Identificar** determinada palavra em pequeno texto. • **Ler** corretamente palavras com sílabas CV, CCV, CVC, V (oral e nasal) e com os dígrafos **LH, NH, GU, QU**. • **Ler** corretamente palavras com sílabas com a letra **R** intervocálica, inicial ou duplicada. • **Ler** corretamente palavras com sílabas com a letra **S** intervocálica, inicial ou duplicada.	• **Ouvir** com atenção a leitura de textos. • **Incorporar** ao vocabulário novas palavras encontradas em textos. • **Identificar** o gênero do texto pela configuração gráfica do portador. • **Reconhecer** em livro a capa, o autor, o ilustrador. • **Formular previsões** sobre a continuidade do texto, em interrupções da leitura oral de uma narrativa pela/o professora/or. • **Relacionar** texto e ilustrações. • **Identificar** informação explícita em texto lido pela/o professora/or. • **Localizar** informação explícita em texto curto lido silenciosamente. • **Recontar** história lida pela/o professora/or. • **Relatar** oralmente narrativa apresentada em textos verbo-visuais (tirinhas, história em quadrinhos) ou apenas visuais (livros de imagem).	• **Reconhecer**, ao acompanhar a escrita de texto da/o professora/or na lousa, a separação das palavras por espaços, a paragrafação, o uso de vírgulas e do ponto-final. • **Obedecer** convenções de apresentação de texto na página: título, margens, paragrafação. • **Recontar** oralmente e ditar para a/o professora/or, com a colaboração dos colegas, história ou notícia lidas por ela/ele. • **Produzir oralmente**, com a colaboração dos colegas, relato de atividade (passeio, excursão) realizada fora da escola. • **Escrever** legenda para gravura ou foto. • **Escrever** narrativa retextualizando uma tirinha. • **Escrever** texto dando continuidade a uma situação inicial proposta (narrativa). • **Escrever e expor** na sala de aula ou na biblioteca cartaz divulgando livro lido. • **Revisar** o texto com a orientação da/o professora/or e de colegas. • **Reescrever** o texto depois de revisão (rescrita).

2º ANO: INTEGRAÇÃO DAS METAS

APROPRIAÇÃO DO SISTEMA ALFABÉTICO E DE NORMAS ORTOGRÁFICAS			LEITURA E PRODUÇÃO DE TEXTOS	
Conhecimento do alfabeto	Normas ortográficas	Escrita de palavras	Leitura e interpretação de textos	Produção de textos
• **Conhecer** a ordem alfabética. • **Listar** palavras em ordem alfabética com base nas três primeiras letras.	• **Memorizar** a escrita de palavras de uso frequente em que as sílabas **-lha** e **-lho** são escritas como **-lia** e **-lio**. • **Diferenciar** a terminação **-ou** de verbos no passado da terminação **-ol**. • **Diferenciar** as formas verbais que terminam com **-am** e com **-ão**. • **Memorizar** a escrita de palavras de uso frequente com **X** ou **CH** e com **J** ou **G** antes de **E** e **I**. • **Memorizar** a escrita de palavras de uso frequente em que o fonema **/s/** em início de palavra pode ser representado por **C** ou **S**. • **Memorizar** as palavras de uso frequente iniciadas por **H**. • **Memorizar** as palavras de uso frequente em que há redução dos ditongos **AI, EI, OU** em sílabas **CVV** e **VV**. • **Identificar e corrigir**, com a mediação da/o professora/or, erros ortográficos ao rever seu próprio texto ou texto de colegas.	• **Escrever** corretamente palavras com sílabas CV, CCV, CVC, V (oral ou nasal). • **Relacionar** palavras em letras de imprensa com sua versão em cursiva. • **Escrever** palavras em letra cursiva.	• **Ouvir** com atenção a leitura de textos. • **Ler oralmente** textos com fluência e compreensão. • **Ler silenciosamente** com fluência e compreensão. • **Incorporar** ao vocabulário novas palavras encontradas em textos. • **Inferir** o sentido de palavra desconhecida com base no contexto da frase. • **Identificar** o gênero do texto pela configuração gráfica do portador. • **Reconhecer** em livro a capa, o autor, o ilustrador. • **Diferenciar** no texto trechos de fala de personagens e a forma de sua apresentação gráfica (discurso direto). • **Formular previsões** sobre a continuidade do texto, em interrupções da leitura oral de uma narrativa pela/o professora/or. • **Relacionar** texto e ilustrações. • **Identificar** informação explícita em texto lido pela/o professora/or. • **Localizar** informação explícita em texto lido silenciosamente. • **Inferir** informação implícita em texto. • **Relatar** oralmente narrativa apresentada em textos verbo-visuais ou apenas visuais. • **Identificar** relação de causa entre fatos de texto narrativo ou informativo. • **Identificar** estrutura de textos narrativos: situação inicial, conflito, busca de solução, clímax, desfecho.	• **Produzir oralmente** e ditar para a/o professora/or relato de atividade realizada fora da escola (passeio, excursão). • **Escrever** relato pessoal (sobre si mesmo, desejos para o futuro, acontecimento que viveu no passado, sobre a família, os amigos). • **Escrever** legenda para gravura ou foto. • **Retextualizar** uma tirinha em texto narrativo. • **Escrever** texto relatando acontecimento vivido ou a que assistiu (relato). • **Escrever** texto em continuidade a uma situação inicial proposta (narrativa). • **Escrever** texto informativo sobre seres ou fenômenos por interesse pessoal ou da turma. • **Escrever e expor** na sala de aula ou na biblioteca cartaz divulgando livro lido. • **Obedecer às** convenções de apresentação de texto na página: título, margens, paragrafação. • **Usar** adequadamente o ponto de interrogação em final de frase. • **Escrever** corretamente obedecendo às normas ortográficas já aprendidas. • **Escrever** texto com letra cursiva legível e regular. • **Usar** articuladores de coesão próprios da língua escrita. • **Evitar** repetições usando sinônimos e pronomes pessoais para referência a palavra anterior. • **Revisar** o texto com orientação da/o professora/or e de colegas. • **Reescrever** o texto da revisão (reescrita).

3º ANO: INTEGRAÇÃO DAS METAS

APROPRIAÇÃO DO SISTEMA ALFABÉTICO E DE NORMAS ORTOGRÁFICAS			LEITURA E PRODUÇÃO DE TEXTOS	
Conhecimento do alfabeto	Normas ortográficas	Escrita de palavras	Leitura e interpretação de textos	Produção de textos
• **Conhecer** a ordem alfabética. • **Listar** palavras em ordem alfabética com base nas três primeiras letras.	• **Memorizar** a escrita de palavras de uso frequente em que as sílabas **-lha e -lho** são escritas como **-lia e -lio.** • **Diferenciar** a terminação **-ou** de verbos no passado da terminação **-ol.** • **Diferenciar** as formas verbais que terminam com **-am** e com **-ão.** • **Memorizar** a escrita de palavras de uso frequente com **x** ou **ch** e com **j** ou **g** antes de **e** e **i.** • **Memorizar** a escrita de palavras de uso frequente em que o fonema **/s/** em início de palavra pode ser representado por **C** ou **S.** • **Memorizar** as palavras de uso frequente iniciadas por **H.** • **Memorizar** as palavras de uso frequente em que há redução dos ditongos **AI, EI, OU** em sílabas **CVV** e **VV.** • **Identificar e corrigir,** com a mediação da/o professora/or, erros ortográficos ao rever seu próprio texto ou texto de colegas.	• **Escrever** corretamente palavras com sílabas CV, CCV, CVC, V (oral ou nasal). • **Relacionar** palavras em letras de imprensa com sua versão em cursiva. • **Escrever** palavras em letra cursiva.	• **Ouvir** com atenção a leitura de textos. • **Ler oralmente** textos com fluência e compreensão. • **Ler silenciosamente** com fluência e compreensão. • **Incorporar** ao vocabulário novas palavras encontradas em textos. • **Inferir** o sentido de palavra desconhecida com base no contexto da frase. • **Identificar** o gênero do texto pela configuração gráfica do portador. • **Reconhecer** em livro a capa, o autor, o ilustrador. • **Diferenciar** no texto trechos de fala de personagens e a forma de sua apresentação gráfica (discurso direto). • **Formular previsões** sobre a continuidade do texto, em interrupções da leitura oral de uma narrativa pela/o professora/or. • **Relacionar** texto e ilustrações. • **Identificar** informação explícita em texto lido pela/o professora/or. • **Localizar** informação explícita em texto lido silenciosamente. • **Inferir** informação implícita em texto. • **Relatar** oralmente narrativa apresentada em textos verbo-visuais ou apenas visuais. • **Identificar** relação de causa entre fatos de texto narrativo ou informativo. • **Identificar** estrutura de textos narrativos: situação inicial, conflito, busca de solução, clímax, desfecho.	• **Escrever** relato pessoal (sobre si mesmo, desejos para o futuro, acontecimento que viveu, sobre a família, os amigos etc.). • **Escrever** legenda para gravura ou foto. • **Retextualizar** uma tirinha em texto narrativo. • **Escrever** texto relatando acontecimento vivido ou a que assistiu (relato). • **Escrever** texto em continuidade a uma situação inicial proposta (narrativa). • **Escrever** texto informativo sobre seres ou fenômenos por interesse pessoal ou da turma. • **Escrever e expor** na sala de aula ou na biblioteca cartaz recomendando livro lido. • **Obedecer** às convenções de apresentação de texto na página: título, margens, paragrafação. • **Usar** adequadamente os pontos de interrogação e exclamação em final de frase. • **Escrever** corretamente obedecendo às normas ortográficas já aprendidas. • **Escrever** texto com letra cursiva legível e regular. • **Usar** articuladores de coesão próprios da língua escrita. • **Evitar** repetições usando sinônimos e pronomes pessoais para referência a palavra anterior. • **Revisar** o texto com orientação da/o professora/or e de colegas. • **Reescrever** o texto da revisão (reescrita).

O planejamento de suas práticas depende fundamentalmente de você ter clareza das **metas** – habilidades e conhecimentos – a alcançar, para que haja **continuidade** no desenvolvimento e aprendizagem das crianças e para que as habilidades e os conhecimentos sejam desenvolvidos e aprendidos com **integração** das metas em cada ano. Os quadros que mostram a **continuidade**, associados aos que mostram a **integração** das metas em cada ano visam a orientar o planejamento de sua ação pedagógica, que não pode ser improvisada a cada dia, sem dar seguimento ao caminho que deveria estar traçado: onde as crianças já chegaram, os passos já dados, os passos necessários para que elas avancem.

PARE E PENSE

Leia o seguinte diálogo entre duas professoras do ciclo de alfabetização e letramento:

> — Não tenho ideia do que vou fazer com as crianças hoje na aula de português, e são duas aulas seguidas! Não tive tempo de procurar uma atividade, nem me lembro direito do que fiz na aula de ontem...
> — Você já deu uma olhada na caixa de atividades? Às vezes, você encontra alguma coisa lá.
> — É, vou procurar. Você vai fazer o que na sua aula de português hoje?
> — Eu estou no 2º ano, vou repetir hoje uma atividade de que as crianças gostaram muito quando eu estava no 1º ano. Pode ser que sirva também para as suas crianças do 3º. Se você quiser, está aqui o roteiro, posso passar pra você, tire uma cópia.
> — Ah, que bom! Me empresta aí, num minuto vou lá na secretaria e tiro uma cópia, já volto.

> Pense:
>
> 1. Considere as frases: *"Não tive tempo de procurar uma atividade"* e *"nem me lembro direito do que fiz na aula de ontem..."*. Que conceito a professora tem do que é uma "aula de português"?
>
> 2. Analise a sugestão: *"Você já deu uma olhada na caixa de atividades?"*. Que inferência você faz do fato de a escola manter uma *"caixa de atividades"*?
>
> 3. O que revela a proposta da colega: *"Eu estou no 2º ano, vou repetir hoje uma atividade de que as crianças gostaram muito quando eu estava no 1º ano. Pode ser que sirva para as suas crianças do 3º"*.
>
> 4. Relembre o diálogo entre Estela e Vitória no início desta unidade e identifique a diferença de ação pedagógica entre elas e as duas professoras deste diálogo.
>
> *Você pode comparar suas respostas com os comentários apresentados no capítulo "Respostas e comentários às questões" no final deste livro.*

Para planejar sua ação pedagógica orientando-se pela **continuidade** das metas e a **integração** daquelas que são atribuídas ao ano pelo qual você está responsável, não planeje aula por aula, como a professora do diálogo anterior, que chegou à escola sem saber o que fazer na aula de português daquele dia; não chegue à escola tendo um "plano de aula", definindo o que vai fazer *naquela* aula *daquele* dia: como manter **continuidade** e **integração** no desenvolvimento das crianças tomando cada aula como uma unidade e não como uma etapa de um processo em andamento?

Construa um planejamento para uma semana ou uma quinzena, ou para o tempo necessário para estabelecer uma sequência adequada das atividades que possibilite desenvolver as habilidades e os conhecimentos pretendidos para aquela fase do processo de aprendizagem das crianças. O texto é o eixo porque, além de representar o início e a finalidade da aprendizagem da língua escrita, possibilita o desenvolvimento de múltiplas habilidades, de forma simultânea e integrada. O desenvolvimento não se dá meta por meta, habilidade por habilidade, mas de forma contínua e integrada.

As metas nos quadros, quer as que indicam a continuidade, quer as que indicam a integração, **não** estão apresentadas em ordem cronológica, a não ser em relação aos anos de escolarização que, aproximadamente, acompanham as possibilidades de aprendizagem das crianças; as metas indicam, como já foi dito, as habilidades e os conhecimentos que queremos atingir ao longo dos anos – **continuidade no ciclo** – e que queremos atingir em cada ano do ciclo – **integração no ano**. Assim, em cada um de seus planejamentos, seja para uma semana, seja para uma quinzena ou mais, não é possível incluir todas as metas propostas para o ano, o importante é que, ao longo do ano, você inclua as metas previstas para o ano em que está trabalhando – **integração**, e oriente-se pelas metas da **continuidade** do processo de aprendizagem – continuar o que já deve ter sido desenvolvido nos anos anteriores e desenvolver o que será continuado nos anos seguintes.

Assim, na proposta deste livro, *planejar* é definir, passo a passo, o caminho capaz de desenvolver nas crianças as habilidades e conhecimentos para que se tornem alfabetizadas, leitoras e produtoras de textos, de acordo com as metas de **continuidade** e de **integração**. Esse caminho passo a passo é uma *sequência didática*: a organização, de forma ordenada e articulada, das atividades para atingir determinadas habilidades ou conhecimentos.

Reveja a sequência didática apresentada na unidade 2 no capítulo "O despertar da consciência fonológica", que foi trazida como exemplo de atividade com os objetivos de desenvolvimento da consciência de rimas e da compreensão de que os sons das palavras correspondem a letras na escrita:

PLANEJAMENTO NO PROCESSO DE ALFABETIZAÇÃO E LETRAMENTO

ATIVIDADES COM PARLENDA **METAS: CONSCIÊNCIA FONOLÓGICA – RIMAS E CORRESPONDÊNCIA RIMAS-LETRAS**			
TEXTO	**Parlenda**: *Galinha choca / comeu minhoca /saiu pulando / que nem pipoca.*		
OBJETIVOS	1. Conhecer o gênero parlenda. 2. Relembrar parlendas conhecidas. 3. Memorizar e recitar a nova parlenda. 4. Interpretar a parlenda. 5. Identificar rimas na parlenda. 6. Comparar rimas na fala e na escrita.		
ETAPAS	1ª	Conversa com as crianças: quem sabe o que é parlenda? Vocês já aprenderam algumas parlendas... lembram algumas? Qual vocês querem recitar? (escolher duas ou três das sugeridas)	segunda
	2ª	Anunciar que vão conhecer uma parlenda nova, pedir que ouçam com atenção. (recitar a parlenda) Repetir a parlenda pedindo que acompanhem em coro. Repetir algumas vezes até perceber que as crianças memorizaram a parlenda.	
	3ª	Perguntas de compreensão: sabem o que é uma galinha choca? O que foi que a galinha comeu? Ela saiu pulando que nem pipoca... pipoca pula? Como é pular que nem pipoca? Vamos pular que nem pipoca?	terça e quarta
	4ª	Repetir a parlenda pedindo que prestem atenção nas palavras que acabam igual (enfatizar na leitura a rima **-oca**). Perguntar: quais palavras acabam igual? Falar de novo a parlenda pedindo que falem junto só as palavras que terminam igual. Falar quantas vezes for necessário até que as crianças identifiquem choca, minhoca, pipoca. Sugerir que pensem em outras palavras que terminem com **-oca** (dorminhoca, mandioca, paçoca, foca, boboca etc.)	
	5ª	Escrever a parlenda em um cartaz ou na lousa – usar cor diferente para a rima **-oca** em cada palavra – levando as crianças a acompanhar sua escrita. Ler a parlenda apontando cada palavra, chamando a atenção para o espaço em branco entre elas e a mudança de linha após cada verso. Chamar a atenção para a escrita igual das rimas: partes das palavras que são iguais na fala são iguais também na escrita, as letras são as mesmas.	quinta e sexta

Um texto – uma parlenda – foi escolhido para possibilitar atividades com as metas de desenvolver a consciência de rimas e despertar a atenção para a correspondência entre sons das palavras e letras, mas a sequência não se limita a essas metas: inclui outras atividades que, de forma *integrada,* também desenvolvem habilidades e conhecimentos previstos em outras metas. A sequência didática é, pois, um exemplo de **integração** de metas; embora as atividades com o texto dediquem mais tempo para as metas visadas – o desenvolvimento da consciência fonológica de rimas e a compreensão de correspondências entre sons da rima e letras – outras atividades desenvolvem outras metas. Veja, consultando o quadro de integração de metas da pré-escola, apresentado algumas páginas atrás, quantas outras habilidades a sequência didática permitiu à professora desenvolver, além das metas "identificar palavras que rimam" e "inferir que sons das palavras correspondem a letras na escrita":

- ➤ **identificar** um gênero textual (parlenda);
- ➤ **reconhecer**, ao acompanhar a escrita da parlenda pela professora, a separação das palavras por espaços e a organização da parlenda em versos;
- ➤ **reconhecer** o conceito de palavra escrita ao acompanhar a escrita da parlenda pela/o professora/or;
- ➤ **identificar** informação explícita na parlenda (perguntas de compreensão);
- ➤ **memorizar** a parlenda;
- ➤ **incorporar** ao vocabulário palavra nova encontrada na parlenda (*choca, galinha choca*).

Assim, numa proposta de alfabetização e letramento a partir de um texto, as metas se desenvolvem simultaneamente, pois textos proporcionam numerosas e variadas possibilidades de atingi-las.

Depende de cada professora/or ou de decisão consensual entre as/os professoras/es da escola o formato de registro dos planejamentos para os anos do ciclo de alfabetização e letramento. A opção por organizar o planejamento em um quadro com etapas, como na sequência didática em torno da parlenda, é uma das formas de planejar e registrar uma sequência. Há diferentes formas de construir e registrar o planejamento, desde que estejam presentes os elementos essenciais que devem ser previstos, indispensáveis para orientar de forma eficiente a realização das atividades.

Esses elementos essenciais de um planejamento estão presentes na sequência didática em torno da parlenda, que estamos tomando como base para a discussão sobre planejamento. Veja quais são e identifique-os na sequência didática:

- definição da meta principal ou das metas principais a que se dedicará mais tempo;
- escolha de um texto como eixo das atividades;
- definição dos objetivos a serem alcançados;
- seleção dos procedimentos de ensino para orientação das atividades;
- organização dos procedimentos e das atividades de forma integrada;
- previsão do número de aulas necessário para realização da sequência ou unidade.

Observe a *duração* prevista para a sequência: uma semana, com as atividades distribuídas pelas seis aulas da semana dedicadas à língua portuguesa no horário escolar: uma aula para as duas primeiras etapas, duas aulas para a terceira e quarta etapas, duas aulas para a quarta e quinta etapas (mais longa, porque dedicada especificamente às metas que são o foco da sequência). Muitas vezes a distribuição pelas etapas e pelos dias da semana tem de ser alterada, ora ficando alguma atividade para a aula seguinte, ora sendo possível adiantar alguma atividade para a aula anterior, já que não se pode prever a reação das crianças. Um planejamento é um caminho que tem trechos em que é preciso ir mais devagar, outros em que é possível ir mais depressa.

A sequência didática em torno da parlenda poderia ter sido planejada na forma seguinte (não são incluídos os objetivos, que são os mesmos da sequência didática sobre a parlenda):

Meta: Consciência fonológica: rimas e correspondência rima-letras		
Texto: parlenda – *galinha choca/comeu minhoca/saiu pulando/que nem pipoca.*		
Segunda-feira Uma aula	**Terça e quarta-feira** Duas aulas	**Quinta e sexta-feira** Duas aulas
• Rever o conceito de parlenda. • Lembrar parlendas. • Apresentar nova parlenda. • Levar as crianças a memorizar a parlenda. • Perguntas de compreensão e vocabulário.	• Repetir a parlenda destacando as rimas. • Pedir às crianças que recitem a parlenda. • Reler pedindo às crianças que falem junto somente as palavras que rimam. • Exemplos pelas crianças de outras palavras com a rima da parlenda.	• Escrever a parlenda destacando a rima, levando as crianças a observar sua escrita, em seguida ler a parlenda apontando as palavras e o espaço entre elas, a organização em versos. • Mostrar a escrita igual das rimas – com as mesmas letras.

Nesse caso, o planejamento foi feito em um quadro, de acordo com o número de aulas de português previsto no horário escolar.

Uma forma de planejamento bastante reduzida é a que apenas lista resumidamente as atividades que a/o professora/or pretende desenvolver:

Planejamento para a semana:

Metas: consciência fonológica – rimas e correspondência rima-letras

Duração: 5 ou 6 aulas

1º rever o conceito de parlenda, apresentar nova parlenda, memorização da parlenda

2º desenvolver a compreensão da parlenda

3º destacar rimas da parlenda, outras palavras com a rima da parlenda

4º lembrar outras parlendas, identificação das rimas

5º escrever e ler para as crianças a parlenda, relacionar rima com escrita

---

No "Para e pense" que é proposto adiante nesta unidade, você terá a oportunidade de avaliar cada uma das três formas de construir um planejamento sugeridas aqui e também a que você terá construído em resposta ao "Para e pense" proposto na unidade 2 do capítulo "O despertar da consciência fonológica".

Convém lembrar que os planejamentos apresentados se referem apenas a duas das metas para o desenvolvimento da consciência fonológica, limitando-se a rimas e apenas introduzindo a correspondência de sons da rima com letras. Há outras metas que visam ao desenvolvimento da consciência fonológica: reveja a coluna de "consciência fonológica" no quadro de integração de metas da pré-escola apresentado anteriormente nesta unidade. Além disso, as atividades dos planejamentos apresentados ocupam apenas uma semana, o que não é suficiente, é claro, para que as crianças atinjam plenamente as metas visadas. Assim, as atividades com a parlenda são, de certa forma, uma introdução ao conceito de rimas e da relação dos sons da rima com letras. Muitas atividades e muitos jogos para o desenvolvimento da consciência de rimas e da consciência fonológica em geral devem ser realizados além das atividades propostas em uma única semana. O mesmo se aplica a quaisquer outras metas do ciclo de alfabetização e letramento.

Generalizando: as metas, todas elas, em todos os anos do ciclo de alfabetização e letramento, dependem, para serem alcançadas, do desenvolvimento de muitas e várias atividades e de aquisição de conhecimentos, o que vai sendo obtido ao longo do ano por meio de vários planejamentos que, ao mesmo tempo que focalizam, cada um, determinadas metas, retomam periodicamente as metas para que as aprendizagens sejam progressivamente consolidadas.

Terminamos esta unidade relativizando um pouco a afirmação do "texto sempre como eixo". Há metas, não muitas, que podem ser desenvolvidas independentemente de um texto, por meio de atividades e jogos: as metas relativas ao conhecimento das letras e do alfabeto (embora seja em textos que as crianças reconhecem letras), o desenvolvimento da consciência fonêmica (embora as atividades possam também partir de textos), algumas metas do componente produção textual em que é a criança que produz o texto (embora essa produção possa ser provocada pela leitura de um texto), a aprendizagem das normas ortográficas (embora possam ser identificadas em textos, sobretudo nos textos produzidos pelas próprias crianças). O que é fundamental é que a criança compreenda que, quando se aprende a língua escrita, o que se aprende é a ler e a produzir textos.

PARE E PENSE

Retorne ao "Pare e pense" na unidade 2 do capítulo "O despertar da consciência fonológica" (p. 92): na segunda questão, a proposta foi que você construísse uma sequência didática para uma parlenda, apresentando-a na forma de sua preferência – o objetivo, naquele momento, era levá-la/o a já pensar em como planejar e registrar uma sequência didática, naquele caso com foco no desenvolvimento da consciência de rimas, tema que estava sendo desenvolvido naquela unidade.

1. Diante do que foi exposto nesta unidade, analise e avalie a forma de organização da sequência didática que você construiu, comparando com as duas formas apresentadas nesta unidade.

2. Qual forma de organização de sequência didática (sequência e quadro sobre a parlenda ou aquela construída por você) é:
   a. A que dá mais orientação para o desenvolvimento da sequência?
   b. A que exige mais conhecimento e prática para construir e desenvolver a sequência?
   c. A que exige mais tempo para construir a sequência?
   d. A que é mais adequada para as condições de trabalho da/o professora/or?
   e. A que desenvolve mais adequadamente, nas crianças, as habilidades pretendidas?

3. Se você é ou pretende ser professora/or no ciclo de alfabetização e letramento, qual forma de planejamento você escolhe para planejar suas sequências didáticas? Justifique sua escolha.

Você pode comparar suas respostas com os comentários apresentados no capítulo "Respostas e comentários às questões" no final deste livro.
Será ideal que as questões sejam discutidas em um grupo de professores, para reflexão sobre diferentes argumentações.

UNIDADE 3

Acompanhamento do processo ensino-aprendizagem: diagnósticos

Você provavelmente estranhou a ausência, ao longo dos capítulos e unidades deste livro, da palavra *avaliação,* tão frequente no vocabulário escolar. Talvez esperasse que ela aparecesse nesta última unidade com que terminamos este livro discutindo aprendizagem e ensino em contexto escolar. Ensinamos, promovemos aprendizagem, e não avaliamos?

A razão é que, na concepção de aprendizagem e de ensino no ciclo de alfabetização e letramento tal como assumida neste livro, não há lugar para *avaliação*. É que a essa palavra, no campo da educação, é atribuído um sentido incompatível com um ensino que põe o foco no processo de aprendizagem das crianças, não em seu produto. *Avaliação*, talvez como resultado de sua etimologia – a + **valia** + ção, substantivo de a – **valia** – r (verificar *valia*, o *valor* de alguém) – conflita com uma ação educativa que visa *acompanhar* a aprendizagem de crianças em seus anos iniciais de escolarização. E esse *acompanhamento* se faz orientado por *diagnósticos*, pela identificação de dificuldades durante o processo de aprendizagem ou de ensino a fim de intervir e orientar, e não por meio de avaliação, pela identificação de qual "valor" a criança atingiu, em determinado momento desse processo inicial de aprendizagem.

Para continuar com o apoio da Etimologia, que nos ajuda a desvelar o sentido que atribuímos às palavras, busquemos as etimologias das palavras que dão título a esta unidade, *acompanhamento* e *diagnóstico*, que expressam ações não só compatíveis com a concepção do processo ensino-aprendizagem adotada neste livro, mas, mais que isso, expressam ações que são parte integrante desse processo, não uma ação com o objetivo de verificar os resultados dele.

Acompanhamento é substantivo derivado do verbo *acompanhar* a que se acresce o sufixo *-mento,* que forma substantivos derivados de verbos que designem ação. *Acompanhamento* é, pois, a ação de *acompanhar,* uma *ação* que os dicionários definem como "estar ou ficar junto a alguém". É esse o sentido que tem essa palavra no título desta unidade, compreendendo-se que o "alguém" é a criança. Portanto, *acompanhamento,* nesta unidade, significa a ação da/o professora/or de estar junto à criança em seu processo de aprendizagem. É interessante conhecer que *acompanhar* tem sua origem no latim "companio", companhia, palavra formada de *cum panis,* que se referia àquele com quem se repartia o pão – cum (com) + panis (pão). É significativo pensar que *acompanhamento* é repartir nosso conhecimento com as crianças.

Na palavra *diagnóstico* está presente a palavra *gnosis,* que significa "conhecimento", com o prefixo *dia-,* que acrescenta a essa palavra o sentido de "através de", "por meio de": *diagnose* é o conhecimento construído a partir de sinais, de manifestações externas; *diagnóstico,* como substantivo, que é como usamos a palavra aqui, é sinônimo de *diagnose,* com a mesma origem. Para ampliar a compreensão de *diagnóstico* no processo ensino-aprendizagem, uma analogia com o uso da palavra na área médica é esclarecedora: quando o médico faz um *diagnóstico,* busca identificar a doença por meio de sintomas revelados pelo cliente, e assim pode definir o tratamento. Da mesma forma, usamos diagnósticos com o objetivo de identificar dificuldades que a criança esteja enfrentando por meio de seus erros, que são os "sintomas" que nos permitem definir e orientar a intervenção, como o médico define o tratamento identificando a doença por meio dos sintomas.

Diagnósticos exigem que se tenha definido claramente o que se pretende que a criança aprenda, as *metas* a alcançar: verificam se as crianças estão alcançando os conhecimentos e as habilidades definidos como necessários para que elas se tornem alfabetizadas e letradas. Um diagnóstico **não** orientado por metas é não só injusto – pode significar buscar o que não foi dado –, mas também inútil – de que adianta identificar erros das crianças se o que perguntamos não foi ensinado? É o que temos enfrentado em quase todas as "avaliações externas" nacionais e estaduais das escolas e das redes de ensino.

No **Alfaletrar**, o processo pode ser visualizado assim:

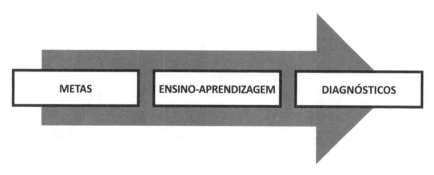

As metas, apresentadas nos capítulos anteriores, são *propostas curriculares* que definem os conhecimentos e as habilidades que orientam o ensino-aprendizagem nas salas de aula do ciclo de alfabetização e letramento, garantindo sua continuidade e integração: um **ensino com método** que promova a aprendizagem daquilo que precisa ser desenvolvido ao longo do ciclo. O *acompanhamento* do processo se faz por meio de *diagnósticos*, palavra usada no plural no título desta unidade e no gráfico, referindo-se a procedimentos da mesma natureza, mas com objetivos diferentes: diagnósticos *permanentes* e diagnósticos *periódicos*.

O **ensinar com método**, que caracteriza o **Alfaletrar**, orienta-se por *diagnósticos permanentes* como característica da atuação das/os professoras/es na sala de aula: sempre *acompanhando* a aprendizagem das crianças e atentas/os a dificuldades ou dúvidas que elas manifestem, para orientá-las a vencê-las quando se manifestem, no contexto de sua turma e de sua sala de aula. São diagnósticos no decorrer do processo de ensino-aprendizagem, considerados parte da ação docente cotidiana. Exemplos desse procedimento de diagnóstico permanente podem ser inferidos das situações de ensino-aprendizagem que foram apresentadas nos capítulos anteriores.

É, porém, necessário verificar se os processos de ensino e aprendizagem, quando guiados pelas mesmas metas, se consideradas todas as crianças de uma turma, de diferentes turmas do mesmo ano na mesma escola ou em diferentes escolas, têm garantido **igualdade** – se *todas* as crianças de uma sala de aula, de uma escola, de uma rede de ensino estão tendo *direito a um ensino de qualidade* e também se têm garantida a **equidade** – se *todas* as crianças estão tendo o *direito de aprender*, de atingir os conhecimentos e as habilidades visados pelo ensino de qualidade. É o que se verifica por meio de *diagnósticos periódicos*.

No município em que o **Alfaletrar** é adotado em todas as escolas, que se orientam pelas mesmas metas e pelo mesmo processo de **ensinar com método**, são realizados *diagnósticos periódicos* em cada ano do ciclo de alfabetização e letramento, três vezes no ano letivo: no início (fevereiro/março), no meio (junho) e no fim do ano (outubro/novembro). As questões para o diagnóstico de cada ano são construídas por grupos de representantes das escolas, um grupo para cada ano do ciclo de alfabetização e letramento.

Para orientar de forma precisa a construção das questões a serem propostas às crianças e que vão compor o diagnóstico, é necessário um detalhamento das metas em **descritores** que compõem uma **matriz** em que as metas estejam expressas em termos que descrevam claramente os conhecimentos e as habilidades que se deseja diagnosticar e orientem a elaboração das questões a serem propostas às crianças. A matriz não pode ser confundida com as metas, porque não esgota tudo o que deve ser desenvolvido nas salas de aula ao longo do ano. As metas são *propostas curriculares* que definem *todos* os conhecimentos e as habilidades necessários ao desenvolvimento das crianças no ciclo de alfabetização e letramento.

Nem todas as metas permitem diagnósticos propostos sob a forma de questões escritas. Releia as metas e verifique que há algumas que implicam atividades orais: recontar oralmente, ouvir com atenção, ler com fluência. Cabe às/aos professoras/es observar as crianças durante essas atividades, diagnosticando as que revelam dificuldades: não participam de recontos orais; distraem-se durante a leitura oral de um texto pela/o professora/or; evidenciam, em atividades de desenvolvimento de fluência – como as sugeridas no capitulo "Leitura e escrita no processo de alfabetização e letramento", na unidade 2, que não conseguem acompanhar as colegas no ritmo e na entonação – o que se pode observar sobretudo na leitura oral em duplas ou em grupos. Cabe à/ao professora/or incentivar as crianças pouco participativas de um reconto pedindo-lhes opinião e ajuda, estimulá-las a acompanhar a leitura de uma história e, quando necessário, desenvolver atividades individuais com crianças com dificuldade de fluência na leitura.

A matriz a seguir orienta a elaboração dos diagnósticos periódicos que vêm sendo realizados pelo **Alfaletrar**, com o detalhamento em descritores das metas, obedecendo a progressão e a integração dos conhecimentos e das habilidades ao longo do ciclo de alfabetização e letramento.

Na página seguinte à matriz, para que você conheça como os resultados dos diagnósticos são analisados pelas/os professoras/es, é apresentado, como exemplo, o quadro que cada professora constrói com os resultados de sua turma.

DIAGNÓSTICO 2 – JUNHO 2019 – CICLO DE ALFABETIZAÇÃO E LETRAMENTO

COMPONENTES	DESCRITORES	Pré 4a.	Pré 5a.	1° ano	2° ano	3° ano
	Diferenciar letras de números e outros símbolos.	X				
CONHECIMENTO DAS LETRAS E DO ALFABETO	Discriminar letras de traçado semelhante – **maiúsculas** de imprensa.	X	X	X		
	Discriminar letras **maiúsculas** de imprensa ouvindo seu nome.	X	X			
	Identificar letras **maiúsculas** em palavra ouvindo seu nome.		X			
	Escrever letra **maiúscula** de imprensa ouvindo seu nome.	X				
	Discriminar letras de traçado semelhante **minúsculas** de imprensa.			X		
	Escrever letra **minúscula** de imprensa ouvindo seu nome.			X		
	Relacionar letras maiúsculas com letras minúsculas correspondentes (letra de imprensa).			X		
	Relacionar palavra em maiúscula com sua versão em minúscula (letras de imprensa).			X		
	Conhecer a ordem alfabética.			X	X	X
	Listar palavras em ordem alfabética com base na primeira letra.			X		
	Listar palavras em ordem alfabética com base nas duas primeiras letras.				X	
	Listar palavras em ordem alfabética com base nas três primeiras letras.					X
CONSCIÊNCIA FONOLÓGICA	Identificar número de sílabas em palavra ouvida.	X				
	Identificar palavras que rimam.	X				
	Identificar palavras que começam com a mesma sílaba (aliteração).	X				
	Inferir que sons das palavras correspondem a letras na escrita.	X				
CONSCIÊNCIA GRAFOFONÊMICA	Identificar relações regulares (biunívocas) entre fonemas e grafemas.			X		
	Identificar, em um conjunto de palavras escritas, aquela que se diferencia apenas por fonema inicial.			X		
	Completar palavras com fonema-letra inicial.			X		
	Completar palavras com fonema-letra medial.			X		
ESCRITA DE PALAVRAS	Escrever espontaneamente palavras e frases.	X	X			
	Escrever palavras de forma silábica **sem** valor sonoro.	X				
	Escrever palavras de forma silábica **com** valor sonoro.	X				
	Escrever palavras em escrita alfabética.		X	X	X	X
	Escrever corretamente sílabas com vogal nasal.			X	X	X
	Escrever corretamente palavras em que as relações fonema-grafema são regulares contextuais (QU e GU; R brando, forte e duplicado; S e SS).			X	X	
	Escrever corretamente palavras com sílabas CV, CCV, CVC, V.			X	X	X
	Relacionar palavras em letras de imprensa com sua versão em cursiva.				X	X
	Escrever palavras em letra cursiva.				X	X

DIAGNÓSTICO 2 – JUNHO 2019 – CICLO DE ALFABETIZAÇÃO E LETRAMENTO

COMPONENTES	DESCRITORES	Pré 4a.	Pré 5a.	1º ano	2º ano	3º ano
LEITURA DE PALAVRAS	**Reconhecer** o conceito de palavra escrita, identificando o número de palavras em frase.		X	X	X	
	Identificar uma mesma palavra escrita com diferentes tipos de letras.			X		
	Identificar palavra de uso frequente em um texto.			X		
	Ler corretamente palavras com sílabas com a letra R ou a letra S intervocálicas, iniciais ou duplicadas.			X	X	
	Ler palavras formadas por sílabas CV, CCV, CVC, V (oral e nasal) e com os dígrafos LH, NH, CH, GU, QU.			X	X	
LEITURA E INTERPRETAÇÃO DE TEXTOS	**Identificar** o gênero do texto pela configuração gráfica e características do portador.	X	X	X	X	X
	Reconhecer, em livro, a capa e o autor.	X				
	Reconhecer, em livro, a capa, o autor, o ilustrador.		X	X	X	X
	Formular previsões sobre a continuidade do texto, em interrupções da leitura de uma narrativa.			X	X	X
	Identificar informação explícita em texto lido silenciosamente.			X	X	X
	Inferir o sentido de palavra desconhecida com base no contexto da frase.				X	X
	Inferir informação implícita em texto lido silenciosamente.				X	X
	Identificar relação de causa entre fatos de texto narrativo ou informativo.				X	X
	Identificar estrutura de textos narrativos: situação inicial, conflito, busca de solução, clímax, desfecho.				X	X
	Identificar no texto trechos de fala de personagens e a forma de sua apresentação gráfica (discurso direto).				X	X

- Cada X representa uma ou mais questões construídas para compor o diagnóstico da turma.

- Essa matriz é atualizada sempre que os resultados dos diagnósticos revelem que já se pode alterar a posição da meta no ciclo e, portanto, do descritor na matriz, avançando ou retardando um conhecimento ou uma habilidade, ou seja, mudando os Xs de colunas.

Os descritores de "Leitura e interpretação de textos" supõem questões escritas para serem respondidas por escrito, para fins de diagnóstico de grande número de crianças. Naturalmente, nos anos em que as crianças ainda não dominam leitura silenciosa autônoma, a/o professora/or lê oralmente as instruções para as crianças e as orienta sobre o que se pede. Em atividades de sala de aula, todos esses descritores são *estratégias* para leitura e interpretação de textos com perguntas e questões discutidas oralmente, desde os 4 anos.

Depois de as crianças responderem às questões do diagnóstico, aplicado pela/o própria/o professora/or à turma, as/os professoras/es constroem um quadro com os resultados de sua turma.

Analise, no quadro seguinte, um exemplo dos quadros que são construídos por todas/os as/os professoras/es após cada diagnóstico. No quadro, os quadrinhos em branco significam acertos; em preto, erros. Na verdade, as escolas usam cores no quadro: amarelo para os acertos e vermelho para os erros, o que torna mais claro o espaço ocupado pelo amarelo e pelo vermelho. Desse modo, se surpreendem quando se deparam com muitos vermelhos... Ou se alegram quando se deparam com um quadro quase inteiramente amarelo.

O quadro a seguir expressa os resultados do diagnóstico de uma turma de 1º ano no final de outubro de 2017. Há pequenas diferenças entre os descritores desse diagnóstico e os da matriz apresentados anteriormente, porque, no ano seguinte, 2018, foram feitas algumas mudanças na matriz, por razões já expostas.

SECRETARIA MUNICIPAL DE LAGOA SANTA - AVALIAÇÃO DIAGNÓSTICA 3 – OUTUBRO, 2017 - DATA: 24/10/17

E. M.   - PROF: .- TURMA: 1º ANO MANHÃ PROF. DO NÚCLEO:

PLANEJAMENTO NO PROCESSO DE ALFABETIZAÇÃO E LETRAMENTO

TOTAL DE ALUNOS	COMPONENTES																	
AVALIADOS: 23 / NÍVEL DE ESCRITA PADRÃO (CV) P.S: 0 SSVS: 0 SCVS: 1 S.A: 0 A: 22 / NÍVEL DE ESCRITA PADRÃO (CCV) E(CVC) S.A: 7 A: 15	RECONHECIMENTO DA ESC. E CONHECIMENTO DO ALFABETO				CONSCIÊNCIA GRAFOFONÉMICA				LEIT. DE PALAVRAS	LEITURA, COMPREENSÃO, INTERPRETAÇÃO DE TEXTOS						ESCRITA DE PALAVRAS		
	DISC. LETRAS MINÚSC. DE TRAÇ. SEMELHANTE	IDENT. LETRAS EM PAL. OUVINDO O SEU NOME.	REL. LETRA MAIÚC. COM A MINÚSC. CORRESPONDENTE	IDENT. UMA MESMA PAL. ESC. COM MINÚSC E MAIÚS.	IDENT. PAL. QUE SE DIFER. POR FONEMA INICIAL	IDENT. PAL. QUE SE DIFER. POR FONEMA MEDIAL	COMP. PAL. COM FONEMA INICIAL	COMP. PAL. COM FONEMA MEDIAL	LER PALAVRAS FORMADAS POR SÍLABA PADRÃO (CV)	LOCALIZAR INFORMAÇÃO EXPLÍCITA			IDENTIFICAR SUBSTITUIÇÕES E ANÁFORAS	LOCALIZAR INFORMAÇÃO EXPLÍCITA		ESCREVER NOME E SOBRENOME SEM O USO DA FICHA	ESCREVER PALAVRAS COM SÍLABAS CV / NÍVEL DE ESCRITA	ESCREVER PALAVRAS COM SÍLABAS CCV E CVC.
	Q.4	Q.5	Q.6	Q.7	Q.8	Q.9	Q.10	Q.11	Q.12	Q.13	Q.14	Q.15	Q.16	Q.17	Q.18	Q.1	Q.2	Q.3
1																	A	A
2																	A	A
3																	A	A
4																	A	A
5			■			■				■			■	■			A	S.A
6																	A	A
7																	A	A
8		■	■	■	■	■	■	■	■	■	■	■	■	■	■		SCVS	SCVS
9																	A	A
10																	A	A
11																	A	A
12																	A	A
13																	A	A
14																	A	A
15								■			■		■				A	SA
16																	A	SA
17																	A	A
18																	A	A
19																	A	A
20							■				■	■		■			A	SA
21																	A	SA
22														■		■	A	SA
23																	A	SA
24						■												
TOTAL DE ACERTOS	24	24	23	22	23	23	20	21	22	21	19	20	22	19	17	19	MÉDIA GERAL	
PORCETAGEM	100%	100%	96%	92%	96%	96%	83%	88%	83%	88%	79%	83%	92%	79%	71%	79%	88%	

Analise o quadro:

> O cabeçalho informa que se trata do diagnóstico 3, o terceiro do ano letivo, realizado no final de outubro. O nome da escola, da professora e da representante da escola no Núcleo de Alfabetização e Letramento da rede foram omitidos, por respeito à privacidade.
> Pela mesma razão, na primeira coluna, os nomes das crianças também foram omitidos, e vamos nos referir a elas por números. No alto dessa primeira coluna, a professora fez uma síntese dos níveis de escrita das crianças, que estão indicados nas duas últimas colunas.
> A explicação para a classificação das crianças em duas categorias de níveis de escrita – Questões 2 e 3 – é que a experiência tem evidenciado que há crianças *alfabéticas* em palavras constituídas de sílabas CV, mas que são ainda silábico-alfabéticas em palavras que incluam sílabas CCV ou CVC. Veja exemplos de palavras escritas por algumas crianças alfabéticas no diagnóstico: MRATELO, PERGO, CAFO, por martelo, prego, garfo. Esse tipo de dificuldade foi analisado no tópico sobre a escrita de sílabas CVC e CCV e estrutura silábica, no capítulo "Consciência fonêmica: a apropriação do princípio alfabético".
> Observe que o quadro está dividido em cinco componentes (segunda linha do quadro), subdivididos nos descritores relativos a cada um (terceira linha do quadro), e logo abaixo estão indicados os números das questões formuladas para diagnosticar cada descritor.

> A penúltima linha do quadro indica o número de acertos em cada questão; e a última linha, a porcentagem que esses acertos representam em relação ao número de crianças que responderam ao diagnóstico.
> A criança de número 8 é um caso de inclusão (com "necessidades especiais"), e a de número 24 apresenta dificuldades de aprendizagem e tem recebido reforço, o que explica os muitos erros que cometeram.

No box "Pare e pense" a seguir, analise os resultados das crianças. Vamos excluir da análise a criança de número 8 que, pela natureza de suas condições especiais, não tem possibilidade de responder a diagnósticos. A criança 24 tem dificuldades de aprendizagem, mas, observe no quadro, que ela revela reconhecimento das letras e começa a perceber as relações letra-grafema: recebe reforço na "sala recurso", mas a professora da turma e a professora que se encarrega do reforço precisam identificar quais são suas dificuldades.

PARE E PENSE

Suponha que você é a/o professora/or dessa turma do 1º ano. Diante dos resultados do diagnóstico no final de outubro, que dados o quadro lhe daria sobre as condições da turma?

1. Foram diagnosticadas 23 crianças (excluindo a criança 8): considerando as linhas do quadro totalmente em branco, quantas crianças acertaram *todas* as questões? Elas representam quanto por cento da turma? Você considera que é uma boa percentagem de acertos em um 1º ano perto do final do ano letivo?

2. Considerando agora as colunas, que mostram acertos e erros nos descritores, identifique em qual dos cinco componentes (nomeados na segunda coluna do quadro) houve **menos** erros, ou seja, há mais quadrinhos em branco? Em qual houve **mais** erros, ou seja, há mais quadrinhos em preto?

3. No componente "Leitura, compreensão, interpretação de textos", as questões em que houve mais erros foram a 17 e a 18. Em ambas, o descritor é o mesmo, o que, em princípio, seria o descritor mais simples entre os desse componente: "localizar informação explícita". Apresento, em seguida, de forma reduzida, o texto e as duas questões. Procure identificar por que as crianças tiveram dificuldade em encontrar a resposta que está explícita no texto.

PLANEJAMENTO NO PROCESSO DE ALFABETIZAÇÃO E LETRAMENTO

TEXTO

REGINA E O MÁGICO

REGINA VÊ O MÁGICO.
O MÁGICO TIRA UMA TIGELA DA SACOLA.
DA TIGELA ELE TIRA: UM BOLO GELADO, UM COPO DE GEMADA, UMA BALA DE MELADO E UM COPO DE GELATINA.
O MÁGICO DÁ TUDO PARA REGINA.
ELE AGITA A VARINHA.
E DA TIGELA APARECE UMA GIRAFA.
A GIRAFA COME TUDO.
E REGINA FICA SEM NADA.
COITADA DA REGINA!

Sônia Junqueira
(adaptado)

QUESTÃO 17

FAÇA UM X SOMENTE NO QUE O MÁGICO TIROU DA TIGELA.

BOLO GELADO	COPO DE GEMADA
XÍCARA DE CAFÉ	PIRULITO DE UVA
BALA DE MELADO	COPO DE GELATINA

QUESTÃO 18

POR QUE A REGINA FICOU SEM NADA?

☐ PORQUE O MÁGICO COMEU TUDO.

☐ PORQUE A REGINA COMEU TUDO.

☐ PORQUE A GIRAFA COMEU TUDO.

E, assim, chegamos ao fim de nossa conversa sobre alfabetização e letramento no ciclo dos 4 aos 8 anos: da educação infantil ao 3º ano do ensino fundamental.

O objetivo foi compartilhar com vocês, leitoras e leitores, uma experiência de mais de 12 anos de envolvimento intenso com professoras e professores, pedagogas, gestores e crianças, no ciclo de alfabetização e letramento da rede de educação de um município (Lagoa Santa, no estado de Minas Gerais), onde mais aprendi que ensinei, na busca de articulação entre teorias e práticas – estas corrigindo muitas vezes aquelas, aquelas iluminando muitas vezes estas. Tudo que foi apresentado neste livro foi realizado e produzido nas escolas públicas do município: relatos de interações entre professoras, entre professoras e crianças, entre crianças, produções das crianças, das professoras etc.

Depois de ter passado décadas formando professoras/es, de ter escrito um livro teórico sobre o que é alfabetização – *Alfabetização: a questão dos métodos* –, só agora, depois desse longo e enriquecedor envolvimento na realidade de professoras e professores orientando crianças em processo de alfabetização e letramento em escolas públicas, sinto que venho cumprindo a advertência de meu mestre Paulo Freire, com quem termino este livro:

> *Se, na verdade, não estou no mundo para simplesmente a ele me adaptar, mas para transformá-lo; se não é possível mudá-lo sem um certo sonho ou projeto de mundo, devo usar toda possibilidade que tenho para não apenas falar de minha utopia, mas participar de práticas com ela coerentes.*
> (em *Pedagogia da indignação*)

RESPOSTAS E COMENTÁRIOS ÀS QUESTÕES

ALFABETIZAÇÃO E LETRAMENTO

UNIDADE 1: *Aprendizagem da língua escrita: um todo em três camadas*

Sugestões de respostas para as questões propostas sobre o livro *Foi assim...*

1. O menino sabia *falar* as vogais; o pai ensinou-lhe a *grafia* das vogais relacionando cada uma com um objeto que sua forma lembra. O menino começa, assim, a ser introduzido a *alguns* dos elementos de *uma* das camadas, a **camada "aprendizagem do sistema alfabético"**: aprendeu a *reconhecer* as vogais.
   Observação: Esse procedimento para reconhecimento das letras – associar cada letra a objetos de forma aproximada à grafia da letra – pode interferir na compreensão da letra como uma grafia arbitrária, representativa dos fonemas da fala.

2. Ao separar, entre as letras do alfabeto, as vogais, o menino mostrou ter aprendido a lição do pai: *reconhecer*, entre várias letras, algumas delas, as vogais – de novo *um dos elementos* da **camada "aprendizagem do sistema alfabético"**.

3. A mãe ensinou que as palavras são feitas da soma de letras e seus sons – ainda na **camada "aprendizagem do sistema alfabético"**.

4. Ao conversar usando as palavras formadas com as vogais, o menino aprendeu que pela escrita interagimos – uma *introdução* à **camada "uso da escrita como meio de interação"**.

5. A preocupação dos pais em ensinar as letras revela seu reconhecimento da importância do domínio da escrita no contexto social e cultural em que vivem: começam a inserir o filho na **camada "usos sociais e culturais da escrita"**.

UNIDADE 2: *Conceitos de alfabetização e letramento*

Sugestões de respostas para as questões propostas sobre as relações da escrita com os contextos sociais, econômicos, culturais.

1. Grupos sociais que se comunicam apenas pela oralidade – grupos ágrafos – vivem em um contexto social, cultural, econômico em que

RESPOSTAS E COMENTÁRIOS ÀS QUESTÕES

não há demandas de registro escrito das interações orais, não haven-do, assim, razão para a representação da língua oral em língua escrita.

2. O contato de grupos ágrafos com culturas letradas cria a necessidade da aquisição da língua escrita dessas culturas, para se relacionarem com sociedades em que ler e escrever são habilidades indispensáveis. Por outro lado, passam a sentir a necessidade de ter a sua própria língua escrita, para preservação de sua cultura.

Conhecer a alfabetização e letramento indígena no Brasil alarga, por contraste, a compreensão sobre a alfabetização e letramento dos falantes de português. Uma sugestão: leia na internet, em www.plataformadoletramento.org.br/em-revista-entrevista. html a entrevista com uma professora especialista em educação indígena: Josélia Gomes Neves.

3. Resposta pessoal. A pergunta pretende que você identifique as demandas de escrita de sua vida pessoal, social, profissional, e tome consciência da necessidade da língua escrita no contexto em que vive. Pense também se algum dos usos que você faz da língua escrita poderia ser substituído pelo uso da língua oral. Neste caso, analise: por que usa a escrita quando poderia usar a fala?

Sugestões de respostas para as questões propostas sobre a aula observada por uma pesquisadora.

1. a) Procedimentos que têm por objetivo especificamente a alfa-betização:

Ler a história correndo o dedo ao longo das linhas, evidenciando assim a direção da escrita; chamar a atenção para determinadas palavras do texto relacionando-as com o desenho; comparar pa-lavras em duas listas, identificando palavras iguais; desenvolver a consciência fonológica levando as crianças a dividir palavras em sílabas oralmente, comparar o tamanho de palavras de acordo com o número de sílabas, encontrar palavras com sílabas iniciais iguais e palavras que rimassem; introduzir a consciência fonêmi-ca, levando as crianças a comparar palavras que se diferenciavam apenas por um fonema; desenvolver a escrita espontânea.

b) Procedimentos que têm por objetivo o letramento:

Manter uma "hora do conto"; desenvolver a aula em torno da leitura de um livro, despertando a curiosidade das crianças construindo uma situação semelhante à que viveriam os animais na história; levar as crianças a analisar o objeto "livro", analisando a capa, o título, o ilustrador, as figuras de animais; construir listas – um gênero de texto – chamando a atenção para o gênero e explicitando suas características e seu uso; desenvolver habilidades de compreensão e interpretação do texto narrativo – relação das ilustrações com o texto, previsão da continuidade da história, identificação de informações na história; desenvolver a produção de cartaz sobre o livro, escrevendo com a colaboração das crianças.

2. A professora contextualizou atividades de alfabetização em palavras da história, de modo que as crianças distinguissem o significado de palavras da cadeia sonora que expressava esse significado, identificassem a identidade sonora de partes de palavras da história (rimas, aliterações) e a representação da cadeia sonora por letras, por meio da construção de um gênero de texto – listas sugeridas pela história. Atividades de alfabetização ganharam sentido porque contextualizadas em palavras com que se familiarizaram na história; as crianças desenvolveram, em conjunto de atividades articuladas, habilidades de leitura, compreensão e escrita, consciência fonológica e habilidades de representação da fala pela escrita.

3. Alfabetizar e letrar tomando um texto para leitura, desenvolvendo habilidades de compreensão e de escrita, evidenciando as relações de palavras lidas com cadeias sonoras, com reflexões que orientam para a apropriação do sistema alfabético.

UNIDADE 3 – *O texto: eixo central de alfabetização e letramento*

Resposta pessoal, mas os argumentos principais são: tal como a criança aprende a língua falada por meio de textos em situações de interação com falantes que a rodeiam, ela também aprende a escrita em interação com textos escritos que dão sentido ao uso da língua escrita, mas com a diferença que ela aprende a língua falada naturalmente, sem necessidade de ensino, pois a fala é uma capacidade inata do ser humano, enquanto a língua escrita precisa ser aprendida, porque é um produto cultural inventado pelo ser humano.

A ENTRADA DA CRIANÇA NO MUNDO DA ESCRITA

UNIDADE 1 – *O objeto do processo de alfabetização: o sistema de escrita alfabética*

Sugestões de respostas para questões sobre escrita ideográfica.

1. Associações: fogo + cinzas -> chama; árvore + floresta -> livro (páginas dos livros são feitos com a celulose presente na madeira de árvores).
2. Resposta pessoal, mas considere que ensinar a escrita ideográfica é ensinar a desenhar uma figura (um ideograma) para cada palavra, enquanto ensinar a escrita alfabética é ensinar 26 pequenos traços que representam as letras, com as quais se pode escrever qualquer palavra.

Sugestões de respostas para questões sobre o sistema alfabético.

1. Representar o significante significa grafar os sons da cadeia sonora da palavra, não aquilo a que a palavra se refere.
2. De um número limitado de letras (notações); no alfabeto latino que usamos há 26 letras.
3. Porque com um número limitado de letras – no nosso alfabeto apenas 26 letras – pode-se escrever qualquer palavra.

UNIDADE 2 – *Desenvolvimento e aprendizagem na apropriação do sistema de escrita alfabética*

1. Do substantivo <u>conceito</u> se forma o verbo <u>conceituar</u>, com o sentido de formular um conceito (por exemplo: *não é fácil conceituar construtivismo*); e o verbo <u>conceitualizar</u>, com o sentido de ir formulando progressivamente um conceito (por exemplo: *o processo de conceitualização da língua escrita pela criança depende de sua interação com o material escrito*).
2. A pesquisa em Psicogênese da escrita revelou o processo pelo qual a criança vai compreendendo a escrita como um sistema de representação da fala, identificando as sucessivas etapas desse processo, que dão suporte e fundamentação para o processo de alfabetização.

UNIDADE 3 – *As primeiras escritas da criança: dos rabiscos às letras*

1. A professora queria verificar se as crianças discriminavam letras de traçados semelhantes.
2. São letras de traçados semelhantes, que confundem crianças ainda aprendendo a traçar e reconhecer letras.
3. Foram escolhidas letras de traçado semelhante que as crianças costumam confundir, sendo necessário desenvolver atividades de discriminação visual, de comparação de palavras em que essas letras semelhantes têm som diferente (correspondem a fonemas diferentes), por exemplo: comparar nomes de crianças ou de palavras: **Paulo** e **Fábio**, **Maria** e **Nair**, **Elefante** e **Foca** etc.

O DESPERTAR DA CONSCIÊNCIA FONOLÓGICA

UNIDADE 1 – *Consciência fonológica: conceito e dimensões*

1. Para Yuri, o tamanho do nome escrito corresponderia ao tamanho da pessoa; estava na fase do realismo nominal.

2. Resposta pessoal. Entre outras possibilidades: levar Yuri a comparar as fichas dos nomes de dois ou três colegas de diferentes alturas com seus nomes não condizentes com seu tamanho (por exemplo, JULIANA é menor em altura que LAÍS); colocar as crianças em fila da menor para a maior, cada uma com a ficha de seu nome nas mãos, e relacionar o tamanho de cada uma com o nome, ou formar a fila com base no nome, do maior para o menor ou vice-versa. Mostrar figuras de animais ou objetos de diferentes tamanhos com o nome escrito abaixo, sem relação com o tamanho (leão e joaninha, carro e motocicleta etc.).

UNIDADE 2 – *Escrita silábica sem valor sonoro*

1. Escrita das crianças:
   Eduarda (escrita com letras): **a.** A escrita é uma sequência de letras. **b.** A escrita é feita com letras. **c.** Ela não sabe que as letras correspondem a sons das palavras. **d.** Resposta pessoal (reveja esta unidade e identifique nela algumas sugestões).
   Lucas (silábico sem fonetização, aproximando-se da fonetização): **a.** Escreve colocando uma letra para cada sílaba da palavra. **b.** Não sabe que as letras devem corresponder a cada um dos sons das sílabas da palavra. **c.** Percebe: as vogais em PIPOCA (*OIA*), embora de forma desordenada; o som de uma letra em cada sílaba, como em **RATO** (RO) (interpreta a figura de um gato como sendo um rato) e em ABELHA (AER). **d.** Resposta pessoal (reveja esta unidade e identifique nela algumas sugestões).
   Eliel (rabiscos que se aproximam de desenhos): **a.** Procura representar o significante com rabiscos que pretendem desenhar os objetos. **b.** Não sabe que a escrita é feita com letras que representam sons das palavras. **c.** Resposta pessoal (reveja esta unidade e identifique nela algumas sugestões).

Luana (escrita com letras): **a.** A escrita é uma sequência de letras para cada palavra de um texto. **b.** Já sabe que a escrita é linear, que há um espaço entre as palavras. **c.** Resposta pessoal (reveja esta unidade e identifique nela algumas sugestões).

2. Resposta pessoal. Se possível, apresente a alguém sua sequência, peça críticas e sugestões. É importante que você não deixe de construir sua sequência, porque no capítulo "Planejamento no processo de alfabetização e letramento" você vai precisar dela para fazer a atividade de um "Pare e pense".

UNIDADE 3 – *Escrita silábica com valor sonoro*

1. João Victor e Helen usam quase apenas vogais para representar as sílabas; apenas em *jacaré* Helen representa a sílaba CA pela letra K.
2. Gabriel está mais avançado porque já percebe o fonema inicial de *jacaré*, que representa corretamente pela letra J, e os fonemas iniciais de *xícara*, que representa corretamente pelas letras XI.
3. Sugestões para apoiar o relato:
   - As escritas de *jacaré* já foram comentadas na unidade anterior e, nesta unidade, no relato apresentado no box "Na sala de aula". Reveja as observações feitas anteriormente para apoiar seu relato.
   - Não havendo na turma nomes próprios com o fonema /ʒ/ , representado pela letra J em **ja**caré, leve as crianças a identificar o fonema usando nomes próprios como **João, José, Júlio, Juliana, Jé**ssica, **Je**rusa etc., para confronto com **Jai**r, **Ja**queline, **Ja**cira; ou use palavras do vocabulário das crianças como **jiboia, jiló, jogo, ju**dô etc., para confronto com **ja**buti, **ja**ca, **ja**buticaba. Nesses casos, use fichas preparadas previamente com essas palavras, mostre-as às crianças, para que elas relacionem o fonema inicial da palavra com a letra J.
   - Da mesma forma, se não houver na turma nomes próprios com o fonema /ɾ/ (R fraco) entre vogais, como em jacaré (cara, pires, vitória), use, para confronto com jacaré, pala-

vras como café (**fé** é igual a RÉ, de jaca**ré**, sapé, filé, boné?). Em seguida, use palavras com a sílaba [ré]: maré (**ré** de maré é igual a **ré** de jacaré? E de pangaré?) ou palavras com sílaba medial, como careca (**re** de careca é igual a **re** de jacaré?). Prepare previamente fichas com as palavras, mostre-as às crianças, para que relacionem o fonema correspondente à letra R quando intervocálico. O uso de R e RR será discutido no capítulo "Consciência fonêmica: a apropriação do princípio alfabético".

4. Compare sua leitura da carta com a leitura que Mateus fez para a professora, que escreveu acima das palavras a leitura da criança. A leitura de uma escrita silábica, ainda que com valor sonoro, torna a leitura do texto difícil, ou mesmo impossível, até mesmo para a criança que o escreveu, se a leitura não for feita logo após a escrita. Provavelmente, você teve dificuldade de decodificar EU, usado para NOEL e para QUERO, talvez UDO como MUNDO, e, certamente, CQT.

Aspectos importantes a considerar na escrita silábica de Mateus:

▷ Mateus já compreendeu a separação das palavras por espaços em branco, apenas não fez isso em *PAPAIO EU* (PAPAI NOEL).

 • Na palavra PAZ, já identifica todos os fonemas; apenas usa, em lugar de Z, a letra S, que representa o mesmo fonema; em UDO por MUNDO, Mateus identifica o U nasal da 1ª sílaba e os dois fonemas na segunda sílaba. Talvez o contexto – pedidos a Papai Noel – permita inferir que: *PAS PA O UDO* representa, na escrita de Mateus, PAZ PARA O MUNDO.

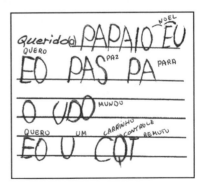

- A formação de uma palavra com as iniciais de <u>carrinho de controle remoto</u> (*CQT*) seria indecifrável sem a ajuda de Mateus. É interessante que ele tenha usado, para representar as palavras, consoantes e não vogais, e tenha usado a letra Q, e não C, para representar o fonema /k/. Isso parece revelar que ele já conhece a alternância de C e Q em dependência da vogal (C antes de A, O, U, e QU, que ele reduz a Q, diante de E e I). Uma outra hipótese é que o grupo de crianças de que Mateus faz parte tenha criado essa sigla para nomear o brinquedo.

RESPOSTAS E COMENTÁRIOS ÀS QUESTÕES

CONSCIÊNCIA FONÊMICA:
A APROPRIAÇÃO DO PRINCÍPIO ALFABÉTICO

UNIDADE 1 – *O avanço da consciência fonêmica e da compreensão do sistema de escrita alfabética: a escrita silábico-alfabética*

1. **Alexandre** – silábico-alfabético.
   Bernardo – silábico com valor sonoro.
   Carolina – silábico-alfabética.
   Rafael – silábico com valor sonoro.

2. Escolha pessoal. Aqui são analisadas todas as palavras, confira sua explicação com a das palavras escolhidas de cada criança.

   - **Alexandre** – CAOLA: C antes de A, atribuindo-lhe o fonema que C tem antes de E e I; KPACT: o nome da letra K pela sílaba CA; o nome da letra C pela sílaba CE e o nome da letra T pela sílaba TE; GLAINA: o nome da letra G pela sílaba GE; omissão da letra T. Nota-se a tendência de Alexandre de usar o nome da letra pela sílaba que a nomeia.

   - **Bernardo** – AOA: representa as sílabas apenas pelas vogais; KACI: usa o nome da letra K pela sílaba CA; a vogal A para a sílaba PA; em CI, usa a letra C para O, fonema que ela representa antes das vogais A, O, U e troca I por E, já que na fala se pronuncia I e não E.

   - **Carolina** – CAPACT: nas duas sílabas finais, usa o nome das letras C e T pelas sílabas CE e TE; também na sílaba inicial de GLTINA, usa o nome da letra G pela sílaba GE, e não coloca a vogal na sílaba LA – nessas duas palavras está no nível silábico-alfabético. Em SAOL, está ainda próxima do nível silábico com valor sonoro, apenas na primeira sílaba percebe dois fonemas: SA.

   - **Rafael** – SQA: representa a sílaba CO pela letra Q, atribuindo a essa letra o fonema que o C representa antes de A, O, U, substituído por QU antes de E e I; KPET: uma letra para cada sílaba, usando o nome da letra K para a sílaba CA; GAIA: usa a letra G para a sílaba GE, e as vogais das demais sílabas.

333

Nas quatro crianças, observa-se a influência do nome da letra pela sílaba que a nomeia, particularmente no caso das sílabas CA (K), CE (C), GE (G).

3. Resposta pessoal: oriente-se pela atuação descrita em relatos anteriores de estratégias de professoras.

UNIDADE 2 – *A estabilização de uma escrita alfabética*

1. A leitura do texto de Guilherme é feita sem dificuldade, porque ele já escreve alfabeticamente, sendo fácil inferir as palavras em que falta algum fonema.

2. Guilherme já escreve alfabeticamente e com bastante segurança no traçado das letras. Ele grafa todos os fonemas, embora ainda revele dificuldade com a nasalização de vogais, quando escreve "**mu**do" por *mundo* – uma dificuldade muito frequente nas crianças em fase de alfabetização; mas já domina a escrita do ditongo nasal, em "não" e "irmão"; parece, porém, estranhar a vogal nasal *ã*, quando escreve "irmão" por "irmã". Ainda não aprendeu o uso de S e SS: escreve "de**ss**ejo", e parece ver aí duas palavras, pois deixa um espaço entre "des" e "sejo"; escreve "pase" por *passe*. Usa corretamente o dígrafo QU, em "que" na segunda linha, por isso parece que apenas se esquece da vogal em "eu quro". Apesar desses equívocos, Guilherme é uma criança alfabética, embora ainda tenha dúvidas de natureza fonológica – nasalização de vogais, e desconhecimento de normas ortográficas – uso de S e SS.

UNIDADE 3 – *Da escrita alfabética à escrita ortográfica*

Sugestões de respostas para a análise do texto de Caroline.

1. Você não deve ter encontrado no texto de Caroline erros por desconhecimento de relações regulares: ela apenas escreveu cuidado, na primeira linha, e, provavelmente, por distração, escreveu *coidado* no final do texto, trocando U por O – talvez confundida pela relativa frequência de palavras em que o fonema /**o**/ é pronunciado como /**u**/, devendo ser representado pela letra O na escrita. No entanto, isso não acontece em outras

RESPOSTAS E COMENTÁRIOS ÀS QUESTÕES

palavras do texto de Caroline, por exemplo: a pronúncia mais comum da palavra <u>mosquito</u>, na variedade linguística da região, é [mu**s**qui**tu**], troca que Caroline não faz em seu texto.

2. Erros por desconhecimento de relações regulares contextuais: [MOSCITO]: uso de C antes da vogal **i**; segundo a regra, o fonema /k/ é representado por QU antes das vogais **i** e **e**; [CORENDE]: por *correndo*, entre vogais, usa-se o dígrafo RR; [CÉ]: por *quer*, mesmo erro cometido em *moscito*, uso de C antes da vogal E.

3. [SENHO] por <u>senhor</u>; [VOSE] duas vezes por <u>você</u>; [ISTA] por <u>está</u>; [PIRIGO] por <u>prigo</u>; [ISTÃO] por <u>estão</u>; [FASE] por <u>fazer</u>; [REIFESÃO] por <u>refeição</u>. Erros cometidos por influência da língua oral: *pirigo, istão*, pronúncia habitual dessas duas palavras. Em *vose, fase, reifesão*, há dificuldade de diferenciar S de C, de Z e de Ç. A escrita da palavra *sangue* suscita dúvida: Caroline parece ter escrito e rasurado uma parte da palavra e escrito por cima da rasura [SAEGUE]. Com algum esforço, consegue-se distinguir no original a escrita anterior de SAGE, depois corrigida para SAEGUE, o que leva a uma observação: é sempre conveniente recomendar às crianças que não apaguem o que escreveram para escrever "em cima", mas risquem a palavra e escrevam adiante, dessa forma pode-se saber que hipótese a criança fez e compará-la com sua reformulação.

Sugestões de respostas para a análise do texto de Henrique.

Palavras em que a letra U foi substituída pela letra L: *del* (por d**eu**); *cotol* (por cont**ou**); *coprol* (por compr**ou**); *ficol* (por fic**ou**). Observe que, por outro lado, Henrique escreveu corretamente termin**ou**, *cebrou* (em que usa a letra C por QU e parece escrever D por B).

Palavras em que a letra L foi substituída pela letra U: *futebou* (por futeb**o**l); *chote* (por ch**u**te); *todo* (por t**u**do).

1. A maior parte das palavras (com exceção apenas de *futebou* e *chote*) são verbos no tempo passado em que o final é -OU. A

335

criança substitui o U por L por ter sido corrigida várias vezes ao trocar L por U em palavras frequentes em seu vocabulário (por exemplo, poderia escrever *jornau, soutar, chinelu*, e ser corrigida para que escreva jornal, soltar, chinelo, tornando-se insegura no uso de L e U; é também por insegurança que Henrique escreve *futebou, chote, todo*).

2. Henrique escreve C por QU em *cedrou* (**que**brou) e K por QU em *ke* (que), erros que revelam dúvidas sobre relações contextuais fonema-grafema e sobre a confusão entre o nome da letra e a representação adequada do fonema. Os erros de Henrique em *feis* (fez) e seus erros de nasalização das vogais serão discutidos adiante, nos tópicos "Influência da fala na escrita" e "Nasalidade" nesta unidade – voltaremos ao texto de Henrique nesses tópicos.

Sugestões de respostas sobre as relações irregulares no texto de Caroline.

1. Os erros no texto de Caroline por representação irregular fonemas-grafema:

| *vose* por você | Fonema /s/ representado por C

| *fase*(r) por fazer | Fonema /z/ representado pelo grafema S.

| *reifesão* por refei**ção** | Fonema /s/ representado pelo grafema S.
Com relação à representação de **-ção** por **-são**, como fez Caroline em *reifesão*, são muito frequentes em português as palavras terminadas em **-ção**, mas, como supôs Caroline, há outros grafemas, além de Ç para representar o fonema **/s/,** como mostra o quadro das relações irregulares: **-são**, que Caroline usou, como em expul**são**, preten**são**; **-ssão**, como em expre**ssão**, profi**ssão**; **-s**, como ver**são**, divi**são**. Regras morfológicas explicam essas terminações, em geral palavras derivadas de verbos, mas são reflexões para séries mais avançadas do ensino fundamental, prematuras para crianças no ciclo de alfabetização.

RESPOSTAS E COMENTÁRIOS ÀS QUESTÕES

2. Análise de erros introduzidos na fábula de Esopo

Escrita "errada"	Análise	Escrita ortográfica
queichou	uso de CH em lugar X	queixou
cabessa, comessou	uso de SS em lugar de Ç	cabeça, começou
teimozo, dezistiu	uso de Z em lugar de S	teimoso, desistiu
Vosê (três vezes)	uso de S em lugar de C	você
Dice	uso de C em lugar de SS	disse
Ceguida	uso de C em lugar de S	seguida
Fossinho, enfuressido, venssido, venssedor	uso de SS em lugar de C	focinho, enfurecido, vencido, vencedor
geito	uso de G em lugar de J	jeito
consseguiu	uso de SS em lugar de S	conseguiu
esausto	uso de S em lugar de XC	exausto
espertesa	uso de S em lugar de Z	esperteza

Se você ler todas as palavras na escrita "errada" concluirá que essa escrita não altera a pronúncia da palavra (com exceção apenas de _vosê_ por você), em que há erro na representação de fonemas: fonema /**s**/ representado pela letra C.

Sugestões de respostas para a análise do texto de Armando.

1. Armando escreveu de acordo com a pronúncia da palavra em sua fala: em geral, reduzimos o ditongo -**ei** a -**e**. Leia as frases seguintes em sua fluência habitual de leitura e observe como você pronuncia as palavras grifadas:

O goleiro não conseguiu impedir o gol.

Fui à padaria, mas o padeiro ainda não tinha terminado de assar o pão.

Foi muito bonita a cerimônia de hasteamento da bandeira.

Você pronunciou _goLEro_ ou _goLEIro_; _paDEro_ ou _padeiro_; _banDEra_ ou _banDEIra_?

Relembre o tópico "Influência da fala na escrita", e temos aqui mais um exemplo. A redução de ditongos será discutida adiante, nesta unidade.

337

2. Muitas vezes, ao produzir textos, as crianças em início de alfabetização costumam separar a sílaba inicial de palavras quando essa corresponde a uma palavra funcional (esclarecemos o que são palavras funcionais em um quadro de texto da unidade 1 do capítulo "O despertar da consciência fonológica"), como pronome, preposição, conjunção, pequenas palavras de articulação nas frases, o que leva a criança a confundir a sílaba da palavra com esses elementos de articulação. Por exemplo: o pronome QUE, em QUE BROU; a proposição DE em DE POIS (Armando usa a preposição DE em outras partes do texto – *o vaso **de** flor, plantarão a flor **de** novo*); e ainda a preposição COM em COM TINUARÃO.

   A criança ainda não consolidou seu conceito de "palavra", que é realmente um conceito difícil. Ao discutir o texto de Armando, a professora terá uma oportunidade de levá-lo a reconhecer sílabas de palavras que são iguais a palavras independentes.

RESPOSTAS E COMENTÁRIOS ÀS QUESTÕES

LEITURA E ESCRITA NO PROCESSO DE ALFABETIZAÇÃO E LETRAMENTO

UNIDADE 1 – *A presença da leitura e da escrita no processo de apropriação do sistema de escrita alfabética.*

Escolha de figuras para a escrita de frases:

1. Duas figuras provavelmente serão do repertório da criança: a **Figura 2**, que se refere à história de Pinóquio; e a **5**, que mostra uma cena da história da *Princesa e o sapo*. As três outras, 1, 3 e 4, não têm relação com o repertório de leitura das crianças.
   Observação: ao criar uma atividade como esta para as **suas** crianças, escolha figuras com cenas ou personagens com que elas tenham familiaridade; isso varia muito em diferentes contextos.
2. Apenas sugestões:
   Figura 2: Pinóquio falou mentira e seu nariz cresceu. O nariz de Pinóquio cresceu porque ele falou uma mentira.
   Figura 5: a princesa deu um beijo no sapo. O sapo pediu um beijo e não virou príncipe.

UNIDADE 2 – *Leitura, compreensão e interpretação de textos: letramento no ciclo de alfabetização*

Critérios pessoais para seleção de textos:

Sua resposta à proposta que escolheu, proposta 1 ou proposta 2, é pessoal. Reflita e anote seus critérios para a escolha de textos para leitura na pré-escola ou em um dos três primeiros anos do ensino fundamental, e volte a eles após leitura do tópico seguinte: considere adequação dos temas aos interesses das crianças, as escolhas de gêneros dos textos e o nível de complexidade dos textos.

Escolha de texto informativo:

Responda primeiro, antes de ler os comentários a seguir, será uma experiência mais rica para você.

1. Embora os textos tenham sido deslocados de seu suporte original – informação buscada na internet e apresentada digitada em uma folha de papel A4 –, as crianças podem facilmente prever que se trata de um texto sobre vacinação pelo título, pela ilustração e pela relação com o texto lido anteriormente (o cartaz sobre vacinação). Neste momento inicial de previsão do conteúdo do texto, pode-se aproveitar a oportunidade para chamar a atenção das crianças para o endereço eletrônico no fim do texto, esclarecer o que ele informa sobre a origem do texto, a forma como esses endereços eletrônicos são apresentados, a razão de ter sido incluído o parênteses "ilustração acrescentada" (a ilustração não existia no texto tal como apresentado na internet).

2. Aspectos da estrutura dos textos:

- No texto A, a conexão entre as duas sentenças é anunciada na primeira sentença: "**Embora** os calendários... todos eles estabelecem...".

  Também no texto B a conexão entre as duas sentenças é anunciada na primeira sentença: "**Devido à** maior vulnerabilidade... a vacinação destes...".

  A ordem indireta aumenta o nível de complexidade dos textos, e os conectivos ***embora*** e ***devido à*** são provavelmente de difícil compreensão pelas crianças, por serem pouco usados em textos infantis e até mesmo na linguagem oral de adultos.

- Nos textos A e B, há casos de referenciação: palavras que se referem a alguma coisa que foi dita antes:

  Texto A: *todos **eles**...* Eles quem?

  Texto B: *por meio **dela**...* Por meio de quem? *a vacinação **destes**...* Destes quem?

  Para crianças ainda em formação como leitoras, apenas referenciações facilmente identificadas são compreendidas sem dificuldade, mas provavelmente não é o caso das existentes nos dois textos.

  Compare como os textos ficariam menos complexos se as segundas sentenças fossem alteradas para:

Texto A: Os calendários de vacinação variam entre os países, mas todos estabelecem uma série de vacinas para que as crianças cresçam e se desenvolvam, tornando-se adultos saudáveis.

Texto B: A vacinação deve seguir rigorosamente o calendário existente no país por causa da maior vulnerabilidade de crianças e bebês.

3. Vocabulário: as respostas dependem muito do nível de leitura já alcançado pelas crianças. Por hipótese, no **texto A**, apenas o adjetivo *preventivo* e o advérbio *praticamente* demandem esclarecimento. No **texto B**, *vulnerabilidade* é palavra desconhecida pelas crianças, mas não é difícil de ser explicada para crianças do ciclo de alfabetização e letramento: se for explicado antes o que quer dizer *vulnerável*, dando exemplos de uso desse adjetivo e do substantivo derivado dele, *vulnerabilidade*. O adjetivo *extrema,* na expressão *extrema importância*, pode ser esclarecido comparando a diferença entre *grande* importância e *extrema* importância. O advérbio *rigorosamente* pode ser explicado a partir de *rigoroso*, palavra talvez conhecida pelas crianças. Pode-se talvez considerar que, quanto ao vocabulário, o texto A é menos complexo que o texto B. Mais adiante, ainda nesta unidade, vamos ampliar a questão do vocabulário nos textos.

4. O objetivo dessa atividade foi dar a você a oportunidade de analisar textos sob a perspectiva do nível de complexidade, por isso foram escolhidos textos que, na verdade, não seriam adequados para crianças de um 2º ano, mas, por isso mesmo, oferecem oportunidades para esclarecer que aspectos prejudicam o nível de complexidade de textos.

Como é permitido, em texto para uso didático, realizar pequenas mudanças nos textos – a fim de adequá-los aos alunos a que se destinam, desde que se indique "texto adaptado" ou também, como no caso, "acréscimo de ilustração" –, as professoras que analisaram os dois textos concluíram por usar o texto A, alterando a segunda sentença para a ordem direta e evitando o conectivo "embora", como sugerido anteriormente. Cabe a você decidir o que faria: usaria um dos textos tal como está? Usaria um deles com adaptação? Qual? Preferiria buscar outro texto sobre o tema mais adequado a crianças do 2º ano?

Análise de tirinha:

1. Compare o registro de <u>suas</u> estratégias cognitivas com o <u>meu</u> registro, quando fiz a leitura da tirinha (coloco em itálico a habilidade em que me apoiei para a leitura):

   - A situação inicial, no primeiro quadrinho, mostra dois personagens, o Cascão – que eu já conheço, é da Turma da Mônica (*conhecimento prévio*) – e uma tartaruga, que estão andando por um caminho, mas não estão juntos, cada um caminha para um lado. Cascão não presta atenção na tartaruga, nem olha para ela, vai caminhando tranquilo e até alegre, como mostra a expressão fisionômica dele (*análise das informações visuais*).
   - No quadrinho seguinte, Cascão para de repente assustado: nuvens e relâmpagos e um trovão forte anunciado por uma onomatopeia – CABRUM – anunciam chuva (*análise de informações visuais; conhecimento de recursos de quadrinhos para comunicar barulho e do nome desse recurso*, onomatopeia); a tartaruga continua caminhando sossegada, ela não se importa com chuva, mora dentro de seu casco.
   - O problema é que Cascão tem pavor de água – sei pelas histórias da Turma da Mônica (*informação prévia*) –, ele está apavorado com a chuva porque vai se molhar.
   - Cascão resolveu tirar a tartaruga de seu casco e se esconder da chuva dentro dele.
   - O desfecho foi que Cascão resolveu seu problema se escondendo da chuva dentro do casco da tartaruga, que ficou tomando chuva. A expressão no rosto da tartaruga e as linhas em cima de sua cabeça mostram que ela não está gostando nada de o Cascão ter tomado seu casco.

   Observação: sobre toda essa reflexão, que você deve ter registrado por escrito como foi sugerido, como eu também registrei a minha reflexão, em geral, fazemos isso apenas mentalmente. O registro escrito teve por objetivo levar-nos a explicitar para nós mesmos o processo cognitivo de leitura, a fim de apoiar como devemos orientar a criança a ler a tirinha.

2. A criança leu superficialmente a tirinha – observou sem atenção a situação inicial: Cascão *não viu uma tartaruga*. Ela não explicitou por que o Cascão ficou com medo da chuva (embora possa ter feito a inferência, pelo conhecimento prévio que teria sobre Cascão); ela construiu uma inferência para relacionar o segundo com o terceiro quadrinho que a tirinha não explicitou ("tomou" a casa da tartaruga).

3. Habilidade de **observar a informação visual**, de **inferir** a relação entre os personagens no primeiro quadrinho; habilidade de **identificar conhecimentos prévios** (o medo de água do Cascão) no segundo quadrinho**; construir hipóteses** sobre a sequência do texto (o que terá acontecido entre o segundo e o terceiro quadrinho, que a tirinha não mostra?).

Análise da leitura mediada da fábula:

Infira, das estratégias usadas, as habilidades de leitura que a professora procurou desenvolver. A tabela que eu construí:

ANTES DA LEITURA	DURANTE A LEITURA	APÓS A LEITURA
• <u>Identificar</u> o portador do texto: o livro, a capa, o autor, as ilustrações da capa.	• <u>Apropriar-se</u> do significado de palavras desconhecidas.	• <u>Avaliar</u> a fábula em relação a outras lidas anteriormente.
• <u>Reconhecer</u> o gênero do texto, com base no título do livro.	• <u>Identificar</u> a *causa* de o gambá querer ficar invisível.	• <u>Diferenciar</u> ficção e realidade.
• <u>Prever</u>, analisando as duas páginas do livro onde está o texto, o assunto da fábula. • <u>Relacionar</u> o título da fábula e a ilustração.	• <u>Identificar</u> o efeito da tinta sobre o gambá.	
• <u>Conhecer</u> o animal gambá e a causa de seu fedor.	• <u>Prever</u> a causa de o gambá não ter conseguido roubar ovos e galinhas.	
	• <u>Prever</u> a resposta do vendedor à reclamação do gambá.	
	• <u>Identificar</u> a causa de não ter adiantado para o gambá ficar invisível.	

343

Observe que nessa tabela os verbos indicam **habilidades das crianças**, enquanto o quadro de estratégias da professora indica **ações dela** para desenvolver essas habilidades.

Unidade 3 – *Produção de textos: letramento no ciclo de alfabetização*

Análise do texto de Ana Luíza:

1. <u>Erros ortográficos de Ana Luíza</u>
   - <u>No título</u>
     Problema de conceito de palavra: divisão errada da expressão *Era uma vez*: a criança ouve com tanta frequência essa expressão que não a entende como três palavras; a orientação seria, não só para Ana Luíza, mas para toda a turma – que pode estar com a mesma concepção da expressão – escrever no quadro de giz a expressão ERA UMA VEZ, e seu significado no início de narrativas.
     Uso de s por z (ves por vez) – reveja a tabela de relações fonema-grafema irregulares, na unidade 3 do capítulo "Consciência fonêmica: a apropriação do princípio alfabético". A criança precisa memorizar a grafia da palavra **vez**.
   - *Poquinho* por pouquinho – recorde o que discutimos sobre o ditongo **-ou,** em que na fala não se pronuncia em geral a semivogal **u**; a criança precisa memorizar a grafia de *pouco, pouquinho.*
   - De nasalização em pintinhos – três vezes – rever a diferença entre vogal oral e vogal nasal.
   - Pasea por passear: uso de S e SS – orientar a criança sobre a pronúncia de S e de SS intervocálicos; falta do R final, por influência da fala, em que em geral não se pronuncia o R final de palavras.
   - Bateo por bateu: uso de U em final de palavra com O (ditongo -eu), por generalização inadequada da regra de que, em final de palavra, escreve-se O e pronuncia-se U (hipercorreção).
   - Vacilação no uso da concordância do artigo *o* com o substantivo: ausência de concordância em *o seus ovos*, *os pitinho*, e concordância em *levou os pitinhos* e em *comeu os pitinhos*.

2. <u>Organização do texto em parágrafos</u>

Comparar o texto com as cenas, levando a criança a identificar que para cada cena ela construiu uma parte da história, um **parágrafo**; e ensinar que, para indicar parágrafo, se muda de linha, pois ela mudou de cena, e se deixa um pedacinho em branco para indicar que é outro parágrafo.

3. No início do texto, Ana Luíza substitui *galinha* por *ela*: *ela* se refere à galinha; em seguida usa *a galinha* nos dois parágrafos seguintes. Sugerir que a criança evite a repetição: por exemplo, no segundo parágrafo, usar Maria, que é o nome da galinha, segundo o título – *Maria levou os pintinhos...*; no último parágrafo, usar *A galinha Maria ficou brava...* A repetição é uma forma de manter a coesão, mas a repetição também pode prejudicar o texto. A palavra repetida deve ser substituída por palavras ou expressões equivalentes.

ALFALETRAR • MAGDA SOARES

PLANEJAMENTO NO PROCESSO
DE ALFABETIZAÇÃO E LETRAMENTO

UNIDADE 2 – *Planejamento das práticas em alfabetização e letramento*

Análise do diálogo entre duas professoras:

1. A professora que chega à escola sem ter planejado a aula, e sem se lembrar do que fez na aula anterior, evidencia que seu conceito é que cada aula é uma unidade independente e que não vê a aprendizagem como um processo contínuo, cumulativo.

2. Infere-se que a escola mantém uma caixa com propostas de atividades, entre as quais a professora pode escolher uma para usar em sua aula, o que revela um processo de ensino não planejado, tanto que ela nem se lembra do que fez na aula anterior. A caixa pode ser um apoio se a/o professora/or procura uma atividade que corresponda ao objetivo da aula que planejou, em continuidade ao processo que desenvolve para a aprendizagem das crianças. Neste caso, a caixa, se bem organizada por tema, por ano, pode se tornar uma troca de experiências entre as/os professoras/es. Lembre-se ainda que, em capítulos anteriores, indicamos o uso de jogos para a alfabetização que podem ser encontrados na internet, um exemplo de apoio valioso ao ensino, mas aqui também a professora deve escolher o jogo ou os jogos que correspondem a seu objetivo no planejamento da aprendizagem contínua das crianças.

3. A resposta da colega comprova que o ciclo na escola não se orienta por organização curricular que garanta a continuidade da aprendizagem ao longo dos anos. Uma atividade realizada no 1º ano dificilmente pode responder adequadamente a objetivos de um 2º ano e ainda de um 3º ano. A não ser que se tratasse de recuperação de crianças com aprendizagem defasada, o que parece não ser o caso das duas professoras.

4. O diálogo entre Estela e Vitória revela claramente que elas se orientam pela continuidade das metas. Vitória informa à professora que vai receber suas crianças no novo ano sobre a meta que não conse-

346

RESPOSTAS E COMENTÁRIOS ÀS QUESTÕES

guiu atingir, e as duas se preocupam em corrigir uma inadequação na posição de determinada meta na continuidade da aprendizagem. Revela ainda como o currículo por metas funciona na escola de forma compartilhada: elas pretendem conferir com as colegas se elas também enfrentam o problema e sugerir mudança na posição da meta – um currículo em permanente aperfeiçoamento.

Análise das diferentes formas de apresentação de sequência didática:

1. Resposta pessoal, mas reflita sobre suas razões para organizar a sequência da forma que usou, a fim de ajudar sua reflexão na questão seguinte.

2. Reflexão sobre as formas de organização de sequências didáticas:

   a. A sequência apresentada no capítulo "O despertar da consciência fonológica", construída em um quadro dividido em etapas, detalha as ações da professora minuciosamente, é a que dá mais orientação para o desenvolvimento das atividades na sala de aula. A que dá menos, ou mesmo pouquíssima, orientação para o desenvolvimento da sequência é a apresentação por listagem: não prevê como desenvolver as ações listadas.

   b. Construir sequências na forma de quadro por etapas e também na forma quadro por aulas da semana, apresentadas na unidade, demanda conhecimento das metas, habilidades de definir práticas adequadas para desenvolver nas crianças reflexão e habilidades. A listagem pode ser útil para professoras que tenham muita prática com o desenvolvimento de atividades com consciência fonológica.

   c. A forma que demanda mais tempo para construir, tempo de que em geral não dispõem professoras/es, é a forma da sequência em um quadro por etapas. No entanto, toma-se tempo para construir, poupa tempo durante a semana, já tendo tudo preparado. Uma sugestão para poupar tempo é construir um quadro em branco, fazer várias cópias na impressora ou no xerox, que será ocupado apenas para o preenchimento do quadro. A mesma sugestão pode ser usada

347

para a forma do quadro por aulas previstas no horário.

d. As condições atuais de trabalho das/os professoras/es brasileiras/os, sobretudo na educação infantil e nas séries iniciais do ensino fundamental, responsáveis por várias disciplinas, não só a língua portuguesa, em geral não têm disponibilizado o tempo necessário para planejamento e outros trabalhos pedagógicos. Entretanto, considerando a grande responsabilidade que a escola pública tem pela educação das crianças, é preciso encontrar uma maneira de equilibrar tempo de planejar e ensino de qualidade. Sob esta perspectiva, a forma de planejamento por listagem resumida é a que demanda menos tempo em detrimento da aprendizagem das crianças e de um ensino de qualidade. Como comentado em c), há alternativas para poupar tempo para planejamento.

e. Dos comentários anteriores, conclui-se que a forma que garante melhor qualidade de ensino é o planejamento em um quadro por etapas, mas também é adequada, sobretudo se a/o professora/or já tem experiência e domínio de práticas pedagógicas, as formas do quadro por aulas previstas no horário.

3. Resposta pessoal. Ao justificar, considere os critérios de tempo para planejar, qualidade da aprendizagem e experiência com atividades de consciência fonológica.

UNIDADE 3 – *Acompanhamento do processo ensino-aprendizagem: diagnósticos*

Análise do quadro de resultados de diagnóstico de um 1º ano:

1. Das 23 crianças diagnosticadas, 16 acertaram todas as questões (cerca de 70%). A resposta sobre a percentagem de acertos é pessoal; para mim, a percentagem pode ser considerada boa, se observarmos que as crianças que erraram cometeram poucos erros.

2. **Menos erros**: Excetuando a criança 8, o componente que teve menos erros foi "reconhecimento das letras e conhecimento do alfabeto", apenas uma criança errou (questão 7, comentada a seguir), embora tenha acertado a questão 6, que pedia para

RESPOSTAS E COMENTÁRIOS ÀS QUESTÕES

relacionar a letra maiúscula com a minúscula correspondente, o que evidencia conhecimento das letras minúsculas. Uma análise da questão 7 talvez explique a dificuldade da criança: ela deveria circular onde estava escrita a palavra CARTOLA entre as seguintes opções, colocadas em forma de lista: **Cartola – Cartela – Cartola – Carteira**. A palavra que ela deveria circular, **Cartola**, mas como foi apresentada com a primeira letra em maiúscula, deve ter afastado a criança dessa resposta. Isso mostra como é necessário prestar atenção na formulação de questões: às vezes, a questão é que é responsável pelo erro da criança.

Mais erros: O componente em que houve <u>mais erros</u> (mais quadrinhos em preto) foi "leitura, compreensão, interpretação de textos". Realmente, no 1º ano, quando a leitura silenciosa ainda não é fluente, a criança tem dificuldade de compreensão e interpretação de textos. Nos 2º e 3º anos, quando a leitura se torna mais fluente, as habilidades de interpretação são mais facilmente adquiridas.

3. Sobre o texto, você deve ter percebido que faz parte de um livro de apoio à alfabetização (Coleção Estrelinha, livro 1): só com letras maiúsculas, quase todas as palavras compostas de sílabas CV, frases simples, independentes sintaticamente (sem conexões entre elas).

Questão 17: são muitas opções para as crianças confrontarem com as muitas opções que há no texto; duas opções que repetem a primeira palavra – "copo de gemada"/"copo de gelatina", a palavra *copo* complementada por palavras que começam com a mesma sílaba, GE, podem ter confundido as crianças.

Questão 18: A dúvida deve ter surgido entre Regina, que recebeu tudo, e a girafa que comeu tudo.

O objetivo dessa análise é que você conclua como é importante a escolha do texto para interpretação. O texto pode ser fácil para a leitura, mas difícil para a interpretação por crianças que estão começando a ler: textos com enumeração, oferecendo muitas opções, são difíceis quando se pede a escolha de uma ou duas opções entre várias.

349

A AUTORA

Magda Soares é professora titular emérita da Faculdade de Educação da Universidade Federal de Minas Gerais (UFMG). Pesquisadora do Centro de Alfabetização, Leitura e Escrita (Ceale) da Faculdade de Educação da UFMG. Graduada em Letras e doutora e livre-docente em Educação. Em 2017, recebeu o prêmio Jabuti de melhor livro de não ficção do ano com *Alfabetização: a questão dos métodos* (Editora Contexto). Também pela Contexto, publicou, como autora, *Linguagem e escola* e *Alfabetização e letramento* e, como coautora, *O Brasil no Contexto 1987-2007* e *O Brasil no Contexto 1987-2017*.

GRÁFICA PAYM
Tel. [11] 4392-3344
paym@graficapaym.com.br